KB116287

# GEN

**Gen Z, Explained**

by Roberta Katz, Sarah Ogilvie, Jane Shaw, and Linda Woodhead

# GEN Z: 디지털 네이티브의 등장

Gen Z,
Explained:

The Art of
Living in a Digital Age

로버타 카츠
세라 오길비
제인 쇼
린다 우드헤드

송예슬 옮김

문학동네

친구이자 동료인

마거릿 레비에게

**일러두기**

1. 원주는 미주로, 역주는 각주로 표시했다.

2. 본문 중 고딕체는 원서에서 이탤릭체로 강조한 부분이다.

3. 인명, 작품명 등 외래어는 국립국어원 외래어표기법을 따랐으나 일반적으로 통용되는 표기가 있을 경우 이를 참조했다.

# 들어가며: 디지털 네이티브의 등장

## 인터넷의 탄생과 함께 등장한 Z세대

Z세대, 포스트 밀레니얼, 주머zoomer, 또는 i세대로 명명되는 이들은 인터넷 없는 세상을 전혀 모르는 최초의 세대다. Z세대 최연장자 축에 속하는 이십대 중후반은 월드와이드웹이 대중 앞에 등장한 1995년 전후로 태어났다. 디지털 시대의 무궁무진한 정보와 무한한 연결의 가능성만을 경험하며 자란 첫 세대가 바로 이들이다.

Z세대는 인터넷 없는 세상을 아는 사람들과 근본적으로 다른 방식으로 형성되고 세상과 대면한다. 이들은 오프라인과 온라인 세상을 딱 떨어지게 구분하지 않고 넘나든다. 어른들의 도움 없이 낯선 디지털 세상을 항해해야 했기에, 빠르게 돌아가는 디지털 환경에서 살아가는 법을 스스로 깨쳤다. 그러면서 이들 세대만의 일상적 문화가 만들어졌

고, 점차 다른 세대까지 퍼져나갔다. 모두의 일상이 상당 부분 온라인으로 옮겨간 코로나19 팬데믹 기간에 그 경향은 더욱 가속화되었다. 코로나 시대는 곧 디지털 시대다. 디지털 기술에 능숙한 Z세대가 주도하는 흐름을 사회 전체가 따르기 시작한 기점으로 볼 수 있다.

『GEN Z』는 많은 Z세대가 공유하는 특유의 존재 방식과 가치, 세계관을 다룬다. 이들이 사용하는 언어와 밈 등으로 이들에 관한 이야기를 해보려 한다. 이 책을 Z세대에 관한 가장 신뢰할 만한 연구서로 보긴 어려울지 모른다. 그보다는 2016년부터 2020년까지 일부 Z세대의 삶을 포착하여 이들이 누구이며 어떤 일상을 사는지를 탐구한 스냅사진에 가까울 것이다. Z세대의 렌즈를 통해 Z세대가 무엇을 중대한 문제로 인식하며 그것에 어떻게 대응하는지 살핌으로써, 모두가 맞닥뜨린 역설과 압박을 비롯해 지금 우리 세계가 당면한 문제들을 점검한다. 이 책은 Z세대의 삶을 보여주면서 우리 세상에 많고 많은 망가진 부분들을 이들이 어떻게 고치려 하는지 이해하는 데 목적을 둔다.

## Z세대가 바라는 세상

대학에서 일하는 우리 넷은 2016년 어느 봄날 오후 스탠퍼드대 캠퍼스에서 대화를 나누다가 각자가 만난 포스트 밀레니얼 학생들에 관해 이야기하게 되었다. 요 몇 년 사이에 입학한 학생들은 그전 학생들과 확연히 달랐다. 이들은 자신의 정체성과 소속을 말할 때 새로운 어휘를 사용했다. 열심히 공부하면서도 개인의 행복과 자기돌봄을 중요시했다. 그리고 탈위계적이면서 협력적인 방식으로 사회운동에 참여했다.

포스트 밀레니얼이 스스로를 드러내는 방식에 호기심이 동한 우리는 함께 연구해보기로 했다. 각자 전공 분야인 인류학, 언어학, 역사학, 사회학, 그리고 종교학의 방법론을 동원해 데이터를 모으고, 사실을 정립하고, 커다란 역사적 맥락을 조명하는 연구를 고안했다. 목표는 '요즘 애들'을 더 잘 이해하는 것이었다. 이후 우리는 미국과 영국에서 18세부터 25세까지의 포스트 밀레니얼들을 대상으로 인터뷰와 설문조사를 진행하며 이들의 세상에 흠뻑 빠져들었다. Z세대가 사용하는 7천만 개 어휘를 수집해 'i세대 말뭉치'도 만들었다. 이 책은 이러한 협업을 거쳐 탄생한 결과물이다.

우리는 Z세대의 언어를 빌려와 이들이 새로운 세상을 항해하는 것을 넘어 신념과 가치, 정체성과 소속감에 유효한 일관성을 부여하기 위해 어떻게 세상을 활용하는지 보이고자 한다. 마음이 맞는 사람들을 찾아내 결집하기 위해, 또 그러한 탐험에서 각자의 정체성을 발견하고 다듬고 만들어내기 위해 인터넷에 펼쳐진 방대한 정보와 선택지를 어떻게 쓰는지도 살펴볼 것이다. 이들이 미지의 영역을 헤쳐나가려고 빚어낸 가치들을 탐구하고, 그 가치들이 이들이 지향하는 '안정'과 '안전'을 유지하는 데 얼마나 중요한지도 다룬다. 권위가 쓸모없어진 것처럼 보이고 오프라인과 온라인의 경계가 흐려진 지금, 이 세대가 선호하는 관계 맺기와 새로운 행동 방식도 밝힌다. 그리고 마지막으로 과도기를 살아가며 Z세대가 겪는 긴장감과 압박감, 또 이들이 미래를 바라볼 때 느끼는 두려움과 희망을 함께 논의하려 한다.

우리가 캠퍼스에서 연구하며 처음 감지한 변화는 단순한 세대교체보다 훨씬 큰 의미를 담고 있다. 이 책에 서술된 Z세대 이야기는 초점 렌즈처럼 꽤 오래전부터 사회에 존재해온 변화와 긴장을 구체적으로 드러낸다. 포스트 밀레니얼과 이들이 만들어내는 문화는 우리 사회의 혁신, 실패, 모순과 씨름하는 이들만의 방식을 거울처럼 비추는데, 이러한 문제들은 대부분 20세기 후반부터 이어져내려와 우리 모두에게 영향을 미치고 있는 것들이다.

Z세대의 경험은 역설적이고 심지어는 모순적이다. 이들은 과거 어느 세대보다 많은 '발언권'을 가졌으나(밈이나 유튜브, 틱톡 영상은 수십, 수백만 명에게 전달될 수 있다), '현실세계'에서는 자신들의 힘이 위축되었다고 느낀다(제도와 정치, 경제 체제는 폐쇄적이어서 이들의 진입을 가로막으며 잘못된 방향으로 나아가는 것처럼 보인다). 또 이들은 자기 세대에 관해서는 낙관적이나, 윗세대에게서 물려받은 문제들, 이를테면 기후위기, 폭력, 인종차별, 젠더 불평등, 정치체제의 실패, 자기 집을 소유하거나 부모 세대보다 부유해질 가능성이 희박해진 현실 같은 문제들에는 심히 비관적이다.

Z세대는 주로 이전에 없던 새로운 디지털 수단을 활용해 이러한 역설을 헤쳐나간다. 우리는 이들의 세 가지 전략에 특히 주목한다. 첫째, Z세대는 아주 선명한 자기 정체성을 지녔으며, 원치 않는 압박과 요구에 맞닥뜨렸을 때 그 선명한 정체성을 이용해 자신을 규정하고 저항한다("싫어요. 그런 건 나한테 안 맞아요"). 둘째, Z세대는 개인과 집단의

정체성, 목적의식, 그리고 (일부는) 사회운동에 부합하는 공동체, 또는 그것들을 지지하고 정교하게 만드는 (대부분 온라인 기반의) 공동체에 소속된다. 셋째, Z세대는 위계질서를 거부하고, 평등과 협업을 바탕으로 목소리와 권력이 고르게 분배되는 것을 지향하며 확고한 가치관을 지닌다.

그러나 이 책에서도 보게 되겠지만 Z세대가 짊어진 짐은 무겁다. 급격히 변화하는 세계에서 우리는 대체 어떻게 살아가야 할까? 디지털로 정의되고 네트워크로 돌아가는 사회가 유례없는 규모와 범위와 속도로 움직이는 현시점에서, 포스트 밀레니얼은 인류가 처한 위기를 잘 드러내 보인다. 대대적인 사회 재건의 필요성이 자명해지고 있고, 그 과업을 이루려면 우리 모두가 힘을 합쳐야 한다. 지금까지 이들이 선보인 대안들은 포스트 밀레니얼의 힘이 닿는 영역에서 효력을 발휘했다. 온라인 커뮤니티 관리와 학생운동을 그 예로 꼽을 수 있는데, 이에 관해서는 별도로 다룰 예정이다. 문제는 이들이 기존 제도와 위계질서 내에서 자신들의 대안을 작동시키거나 해당 영역 자체를 바꾸는 방법을 몰라 윗세대와 충돌할 때가 더러 있다는 것이다. 설령 윗세대와 비슷한 가치와 목표를 공유하더라도 그러한 충돌은 일어날 수 있다. 철저히 디지털 기술의 영향 아래 행동하는 Z세대가 일하고 관계 맺고 사회운동을 벌이는 방법은 이전과 전혀 다르기 때문이다. Z세대로서는 기존 제도와 위계질서, 고루한 아날로그식 존재 양식과 행동 양식이 지금 세상에 필요한 변화를 감당할 능력이 없다고 항변할지도 모르겠다.

포스트 밀레니얼에게는 배워야 할 것도, 다른 세대에게 가르쳐줄

것도 많다. 이들은 파국으로 치달아가는 듯한, 제멋대로인데다 비인간적인 세상을 인간답게 만들려고 노력한다. 이들이 가진 기술은 디지털 이전 세대에게 부족한 부분을 보완해준다. 기성세대―당연하게도 우리는 여기에 속한다―는 포스트 밀레니얼과 함께 일하며 이들의 대안적인 존재 양식과 행동 양식을 보고 배울 필요가 있다. 반대로 포스트 밀레니얼은 그간 자신들의 활동 영역에서만 시도한 변화를 더 넓고 지속적인 영역에 적용할 수 있게 다른 세대와도 어울려야 한다. 이들은 분명 다른 세대에게 훌륭한 통찰을 주지만, 단독으로는 이룰 수 있는 것의 한계가 있다. 어쩌면 이제는 '오케이 부머OK Boomer'*라는 말에 조롱이 아닌 협력의 의미를 덧입혀야 하는지도 모르겠다. 무너지고 있는 산업 시대의 사회제도를 재건해 디지털 시대 인류에게 필요한 것들을 채워나갈 수 있도록 모두가 힘을 합칠 때다.

변화할 방법을 모색하지 않는다면, 우리는 머지않아 위기를 맞이할 것이다. Z세대에게는 실현하고픈 세상이 존재한다. 이들의 말을 귀담아들어야 그 안에 담긴 메시지를 깨우칠 수 있다. Z세대는 언제 어디서나 진심일 것, 자신이 누구인지 알 것, 자기 행복에 책임을 질 것, 친구들을 지지할 것, 재능을 가진 소수의 사람들에게 의존하지 않고 다수에게 열려 있는 제도를 만들 것, 다양성을 포용할 것, 더 친절한 세상을 만들 것, 자신의 가치대로 살 것을 가르친다. 우리는 Z세대가 누구이며 그

---

\* 말이 통하지 않는 베이비부머 세대를 가리킨다. "'나 때는 말이야' 같은 이야기는 그만 집어치우세요" 정도의 뜻으로 해석할 수 있다.

들에게서 무얼 배울 수 있는지 나누고, 이 세대가 성인 다수를 이루고 공론장의 중심이 되어갈 때 사회적으로 큰 변화가 일어날 수밖에 없는 이유를 논할 것이다.

우리의 연구와 이 책의 목표는 Z세대를 병리학적으로 해부하거나 이상적으로 포장하려는 것이 아니다. 우리는 이들의 방식대로 Z세대를 이해하고, 인류가 직면한 문제들을 물려받은 세대를 파헤쳐보고 싶었다. 이들이 문제를 다루는 방법을 관찰하고 그 해법을 비판적 존중의 태도로 경청했다.

포스트 밀레니얼이 낯설게 느껴지는 (나이 많은) 독자들에게는 섣부른 판단 없이 포스트 밀레니얼을 이해하는 데 이 책이 도움이 되었으면 한다. 포스트 밀레니얼인 독자들은 이 책에 일부나마 정확히 드러난 여러분의 모습을 발견하고, 여러분과 여러분 또래가 세상에서 어떤 역할을 할 수 있을지 고민해볼 수 있기를 바란다. 우리는 한배를 탔다. 우리에게는 세대를 뛰어넘어 서로에게서 배울 귀중한 점들이 있다.

## 연구와 집필 방법

우리의 목표는 이들의 방식을 따라, 특히 이들이 사용하는 언어를 통해 그 형상을 이해하고 설명함으로써 Z세대의 고유한 특성을 알리는 것이었다. 이를 어떻게 실행할지 의논하는 데만 적지 않은 시간이 걸렸다. 후원해준 나이트재단의 열린 태도와 연구의 장을 마련해준 CASBS(스탠퍼드대 부설 행동과학 고등연구센터)의 지원 덕에 자유롭게 협력할 수 있었고, 연구 결과가 최초의 아이디어에 의문을 던지고 새로운 주제를 길어올릴 때마다 접근법을 가다듬으며 프로젝트를 유기적으로 발전시킬 수 있었다. 연구 주제가 학문의 경계를 넘나드는 만큼 각자의 전문성이 중요했다. 사회심리학과 커뮤니케이션학 분야의 동료들에게도 신세를 졌다.

2017년부터 진행한 인터뷰 대상자는 대다수가 대학생이었다. 이 책의 구조와 서사는 이들의 언어를 중심으로 짜였다. 우리는 연구 조교 학생들이 인터뷰를 진행하도록 설정했다. 또래끼리 대화해야 더 흥미롭고 솔직한 반응이 나오리라 예상해서였다. 인터뷰 참여자에게는 첨단기술을 어떻게 활용하는지, 세계 속 자신을 어떻게 바라보는지, 어떤 가치관을 가졌는지, 그리고 가족, 친구, 지인 등 타인과 어떻게 관계 맺는지에 대해 질문했다. 되도록 폭넓고 개방적인 질문을 하려 했고, 학생들의 사회경제적 배경, 문화, 인종, 민족, 종교 등이 다양하게 반영되도록 신경썼다. 인터뷰를 보완하기 위해 포커스 그룹을 꾸려 캠퍼스마다 다양한 그룹의 학생들이 서로 대화하도록 했다. 참고로 학생들의 발언을 책에 인용할 때는 이름을 달리 표기했다. 정체성을 보호하고 익명성을 보장하기 위해 정체성이 특정되는 표지(인종, 성별, 성적 지향, 국적 등)를 일부러 밝히지 않았으며, 주제와 관련 있지 않으면 출신 캠퍼스도 언급하지 않았다.

인터뷰는 대부분 3개 캠퍼스에서 진행되었다. 북부 캘리포니아의 풋힐 커뮤니티 칼리지는 주로 2년제 준학사 학위를 따려는 학생들이 모여 있다. 랭커스터대학교는 영국의 쇠퇴한 제조업 도시에 세워진 공립 연구대학이다. 명문 사립대로 꼽히는 스탠퍼드대학교는 실리콘밸리나 테크 업계와 관계가 깊다. 이 3개 대학은 각각 다른 유형의 고등교육 제도를 상징한다.

우리는 몇 년 동안 3개 캠퍼스에서 백이십 차례 공식 인터뷰를 진행하고 10개가 넘는 포커스 그룹을 운영하며 데이터를 모았다. 그다음에는 이 질적 연구의 결과를 대규모 또래집단과 비교했다. 특히 고등교육을 받지 않은 인구와 유심히 대조했다. 이를 위해 언어학적·사회학적 두 가지 방법으로 양적 데이터를 모았다.

우선 언어가 문화로 진입하는 열쇠라는 전제하에, 다양한 출처에서 얻은 포스트 밀레니얼의 언어를 탐구했다. 우리가 만든 i세대 말뭉치는 특정 연령대가 사용하는 7천만 개 영어 어휘를 모은 것으로 소셜미디어와 시간순으로 정렬된 영상 녹취록, 밈, 우리가 진행한 인터뷰 등에서 텍스트, 이미지, 영상 형태로 등장했다. i세대 말뭉치를 구성하는 포스트 밀레니얼의 언어는 소셜(트위터), 게임(트위치), 토론(레딧), 이미지보드(포챈), 영상(유튜브) 등 여러 유형의 소셜미디어 플랫폼에서 쓰인다. 우리는 원하는 연령집단의 언어를 추출하기 위해 머신러닝 알고리즘을 적용하기도 했다. i세대 말뭉치에는 페이스북이나 인스타그램 같은 플랫폼에서 사용되는 밈, 이모지, 카피파스타(copypasta, 풍자를 목적으로 온라인에 떠도는 텍스트나 이미지를 '복붙해서' 편집한 것)도 포함된다. 이 거대한 언어 모음 덕에 BNC(영국국립말뭉치)와 COCA(현대미국영어말뭉치) 등으로 대표되는 광범위한 인구(전 연령) 집단의 언어 모음과 비교하면서 포스트 밀레니얼 집단의 가치관과 의견을 파악할 수 있었다. 우리는 컴퓨터 분석을 통해 일반 인구 대비 포스트 밀레니얼에게 현저성 또는 '핵심도keyness'를 띠는 어휘와 개념을 이 책에서 소개한다.

인터뷰를 상당 부분 마무리짓고 초기 결과가 어느 정도 도출된 후부터는 미국과 영국에서 18세에서 25세 사이의 대학생과 비대학생 모두를 대상으로 두 가지 설문조사를 진행했다. 이를 통해 앞선 인터뷰 결과가 광범위한 인구를 얼마나 대표하는지 가늠하며 큰 그림을 그려볼 수 있었다. 말뭉치와 설문조사는 높고 먼 곳에서 찍은 설정 숏처럼 연구 대상인 연령집단의 전체 윤곽을 드러냈다. 우리는 참여자들을 관찰하고 인터뷰하고 포커스 그룹과 만나면서, 깊이 있고 생생하며 다채로우면서도 밀도 높은 연구를 이어갔다.

더불어 온라인 사회학 학술지 퍼시픽 스탠더드에 포스트 밀레니얼에 관한 짧은 기사 연재를 의뢰했다. 다양한 배경의 Z세대 당사자들을 비롯해 교사, 부모, 기자, 학자, 고등교육 행정가, 그 밖에도 예술, 기술, 과학, 종교 종사자 들을 모아 각자가 생각하는 포스트 밀레니얼의 특징과 세대 관계 등에 관하여 글을 써달라고 청했다.[1] 더 상세한 연구 방법론은 부록에 따로 실어두었다.

이 책은 결국 '세대'에 관한 질문을 던진다. 우리가 몇 년간 바쁘게 자료를 모으는 동안 Z세대, i세대, 포스트 밀레니얼에 관해 논하는 책이 여러 권 나왔다. 주제는 다를지라도 우리가 지금 이야기하는 담론을 그 책들이 먼저 형성해주었다. 세대 연구는 전통적으로 각 세대가 약 20년 주기로 교체되며 이전 세대와 구분된다고 전제한다. 실제로 포스트 밀레니얼은 1980년 무렵 이후에 태어난 밀레니얼, 일명 'Y세대'와 상당한 차이를 보인다. 이에 앞선 연구들은 1995년 무렵 이후에 태어난 세대를 구분 지어 명명할 이름이 필요하다는 결론에 이르렀다. 그 결과로 Z세대, 포스트 밀레니얼, 최근 들어서는 주머까지 이 세대를 주로 이 세 가지 이름으로 지칭한다는 합의가 이뤄진 듯하다. 앞서 말했듯이 이 책은 Z세대에 관한 확정적 연구서는 아니나, 도출된 연구 결과에 역사적 맥락을 부여하고자 시도한다. 우리는 Z세대의 경험과 생각, 무엇보다 이들이 미세한 차이들을 구분해 정립한 미립자 정체성을 선택하는 행위를 역사적으로 좀더 긴 궤적 안에서 바라보고자 했다. Z세대가 이후 세대(2010년 이후에 태어난 알파 세대)와 이전 세대(Y세대, X세대, 부머)를 어떻게 평가하고 생각하는지도 일부 다룰 것이다. 이 책은 표본의 한계로 인해 전 세계 포스트 밀레니얼에 관한 확정적 연구서는 더더욱 되지 못한다. 그래도 미국과 영국의 Z세대를 포착하는 데는 유용한 책이기를 바란다. 다른 문화권과 사회에서 Z세대를 연구하는 사람들에게도 이 책이 영감을 준다면 기쁠 것 같다.

Z세대를 연구하면서 가장 먼저 깨달은 사실은 이들이 협력, 이들 언어로 말하자면 '컬래버'에 높은 가치를 매긴다는 것이다. 마침 우리의 연구 프로젝트와 책 작업 역시 철저히 협력을 바탕으로 진행되었다. 우리 넷은 한목소리가 되어 이 책을 함께 집필했다. 우리가 재미있게 작업한 만큼 부디 독자들도 재미있게 읽어주었으면 좋겠다. 또 우리가 책을 쓰며 그러했듯이, 독자들도 이 책을 읽으며 자신과 주변 사람들에 관해 더 많이 알게 되기를 희망한다.

# 차례

# 디지털 세상을 항해하는 Z세대

» 온라인과 오프라인을 구분하지 않는다 «

나 자신이나 소셜미디어에 관해 생각하는 순간, 온라인 상태가 된다. 스마트폰을 확인하건 아니건 그런 생각을 하는 순간 이미 온라인 상태나 마찬가지다. 실제로 확인하는 것쯤이야 아주 쉬운 일이기 때문이다. 수업 도중에 '아빠한테 답장이 올 것 같은데?' 하고 생각하면 바로 그 순간 정신적으로 온라인 상태가 되는 거다.[메이]

디지털 기술은 포스트 밀레니얼의 삶과 밀접하게 엮여 있다. 이 세대는 인터넷이나 그와 관련된 디지털 네트워크와 도구들을 당연하게 받아들인다. 디지털 기술과 온라인 활동은 어디에건 빠지지 않는다. 우리가 만난 인터뷰 참여자 하나는 "나에겐 온라인과 오프라인의 구분이 없다. 기본적으로 통합된 하나의 공간이다"라고 말했다.[조던] 이러한 관점은 다른 참여자들에게서도 일관되게 나타났고, 설문조사 결과로도 드러났다.

이는 놀라운 일이 아니다. Z세대 가운데 연장자들은 1995년 전후로 태어났다. 최초의 브라우저가 세계 시장을 뒤흔들고 전 세계에 '웹사이트'라는 것이 폭발적으로 생겨나던 해였다. 전에 없던 온라인 플랫폼이 등장하고(아마존은 1995년부터 온라인으로 책을 팔았다) 디지털 기기가 본격적으로 유행하기 시작한 해이기도 했다. 언론인이자 역사학자인 W. 조지프 캠벨은 (그로부터 20년 후인 2015년에) 이때의 '변곡점'이 미국 사회에 끼친 어마어마한 영향을 논하면서 1995년을 미래가 시작된 해라고 평했다.[1] 포스트 밀레니얼은 20여 년 전에는 (공상과학에서나 이야기됐을 뿐) 상상도 못했을 만큼 널리 연결된 네트워크 환경에서 자라난 최초의 집단으로 기성세대와 구분된다. 밀레니얼, 또는 Y세대로 불리는 인터넷 이전 세대와도 확실히 다르다. 인터넷 없는 세상을 한번도 겪어본 적이 없기 때문이다.

인터넷보다 훨씬 먼저 태어나 온라인과 오프라인 활동을 분리하는 데 익숙한 사람들은 2020년 코로나19 팬데믹 당시 록다운을 겪으면서 비로소 포스트 밀레니얼 방식의 온/오프라인 삶을 경험했다. 록다운 이전까지는 대면으로 이루어졌던 여러 활동과 소통을 디지털 기기로 해야 하는 상황을 맞닥뜨리면서 기성세대는 비로소 온라인과 오프라인의 경계가 얼마나 흐려질 수 있는지 또렷이 이해하기 시작했다. 이런 점에서 팬데믹은 이미 Z세대의 일상이던 추세를 대폭 가속화했다. 20세기에 자라난 사람들은 스마트폰과 인터넷이 없던 시절의 삶을 기억한다. 반면 포스트 밀레니얼에게는 강력하고 신속하며 모든 것을 연결하는 디지털 기술 이전의 삶이란 것이 아예 존재하지 않는다. 이들은 아주 어려서부터 읽고, 쓰고, 만들고, 경쟁하고, 이해하고, 정리하고, 교류하고, 처리하고, 질문할 때, 즉 직간접적으로 타인과 연결될 때 소프트웨어 도구를 사용해왔다. 태어날 때부터 디지털 기술과 함께했기에 그것이 없는 삶을 상상하지 못한다. 한 인터뷰 참여자는 "디지털 기술이 없는 세상에서는 살고 싶지 않다"고까지 말했다.[말리아]

현재 우리가 사용하는 통신 도구들은 사람 사이의 상호작용을 근본적으로 바꾸어놓았다. 기술은 사용자들을 문화화enculturate한다. 다시 말해 사용자들은 기술의 구조를 행동과 언어와 사고에 투영한다. 문화는 기술에 의해 형성되고 변화한다. 포스트 밀레니얼의 일상은 이 변화의 유례없는 규모와 범위와 속도를 실증한다. Z세대가 행동하고 사고하는 방식과 원리를 이해하기 위해서는 새로운 디지털 기술이 인간의 상호작용, 무엇보다 **소통**의 방식을 어떻게 근본적으로 확장했는가를 알아야 한다.

우리가 인터뷰한 Z세대는 가족, 친구, 타인과 상호작용할 때 온라인과 오프라인을 호환 가능한 공간으로 인식한다. 한 인터뷰 참여자의 말대로, 스마트폰 확인하기는 이들의 일상에서 빼놓을 수 없는 부분이며 스마트폰이나 소셜미디어, 문자메시지를 통해 보고 읽는 것들이 오프라인에서 친구를 만나 대화하는 내용과 다르지 않다.[조던] 또다른 참여자는 현실 세계IRL, in real life에서 실제로 아는 사람들과 교류하고 유행에 뒤처지지 않기 위해 소셜미디어를 활용한다고 답하기도 했다.[앤디]

인터넷 없는 세상을 알지 못하고 태어나면서부터 인터넷과 함께 자라난 경험은 Z세대가 삶을 '실천'하는 방식을 근본적으로 형성해왔다. 속박과 자유를 동시에 부과하는 디지털 기술은 Z세대가 온라인에서 존재하는 방식은 물론이고 실제 삶과 관행, 나아가 온라인과 오프라인의 통합에까지 영향을 미친다. 우리는 인터뷰에서 기술과 관련한 눈에 띄는 주제들을 세 가지로 추려보았다.

→   여러 가지 사회적 규범을 익히기

→   협업 방식으로 함께 일하기

→   시간 활용을 위한 새로운 행동과 태도

## 마침표를 찍으면 화가 났다는 뜻

행동 규범에는 늘 매체를 어떻게 활용해야 하는가에 대한 내용이 포함된다. 예를 들어 20세기에는 전화를 걸어도 되는 '적당한' 시간대에 관한 규칙이 존재했다. 이 책을 쓴 우리는 밤 아홉시가 넘어 친구 집에 전화를 건다는 건 감히 상상할 수 없는 일로 알고 컸다. 오늘날에는 **온라인**에서 통하는 사회적 규범이 아주 많다. Z세대는 그것들을 인지하고 발달시켜 디지털 세상에서의 상호작용에 솜씨 좋게 적용해야 했다. 그와 동시에 결혼식처럼 격식을 차리는 자리부터 조부모를 만나는 것처럼 편한 자리까지 다양한 오프라인 공간에서 적절히 행동하는 법도 익혀야 했다. 온라인이건 오프라인이건 장소, 활동, 맥락에 따라 달라지는 행동 규범 역시 터득해야 했다. 이는 높은 수준의 사회적 기술을 요구하는 일이다. 소셜미디어 연구자 다나 보이드는 십대의 네트워크 생활에 관한 연구에서 다음과 같이 밝힌다. "저마다 다른 사회적 맥락들을 다루는 것 자체야 새로운 일이 아니지만, 디지털 기술은 젊은 사람들이 다양한 사회적 환경 사이사이를 빠르게 이동할 수 있도록 함으로써 마치 이들이 다수의 공간에 동시에 존재하는 듯한 인상을 만들어낸다. 십대는 다양한 사회적 맥락을 빠르게 넘나들며―그리고 높은 확률로 그 경계를 흐리며―복잡하게 움직인다."[2]

Z세대는 온라인 사이트마다 다른 규범과 에티켓, 그리고 그것이 자신들의 온라인 행동에 갖는 의미를 막힘없이 설명해낼 줄 안다. 아래 인터뷰 참여자의 발언이 이를 잘 보여준다.

그냥 콘텐츠만 구경하는 게 아니라 집단과 유의미하게 교류하는 게 편안해질 즈음이 되면, 보통은 그 집단의 규칙을 꽤 정확히 인지한 상태다. 다른 사람들이 댓글로 콘텐츠를 공유할 때 자기들끼리 주고받는 농담 같은 것을 보고 규칙을 자연스럽게 익히는 편이다…… 집단마다 대화의 주제가 다 달라서 비교하기는 힘들지만, 굳이 비교해보자면 어느 집단은 굉장히 사적으로 교류하면서 무조건 서로를 지지하는 반면 어느 집단은 악성 댓글 전쟁을 각오하고서라도 거의 모든 사안에 대해 토론하기를 선호한다.[앤디]

또다른 인터뷰 참여자는 태깅(특정 사용자에게 게시글 알림을 보내기)으로 밈을 공유할 때도 에티켓이 있다고 설명했다. "밈을 공유할 때는 진짜 친한 친구들만 태깅한다. 태깅한다는 것은 상대와 농담을 주고받을 만큼 가까운 사이라는 뜻이다…… 대화도 안 해본 사람을 밈에 태깅하는 것은 이상하게 느껴진다…… 스팸봇 계정이 아닌 이상, 밈에 무작위로 아무나 태깅하는 계정은 본 적이 없다."[말리아]

Z세대는 인터넷 규범에 대한 자신들의 인식과 관찰력이 윗세대와 다르다고 말한다. 복잡한 규칙을 나이 많은 사용자들이 '눈치채지' 못한다는 것을 일부 포스트 밀레니얼은 쉽사리 이해하지 못한다. 2019년 9월 BBC와 인터뷰한 포스트 밀레니얼은 이렇게 말했다. "나보다 나이 많은 사람들이 인스타그램 게시글에 해시태그를 잔뜩 붙인 걸 보면 인터넷 에티켓을 전혀 모르는구나 싶다. 그냥 우리와는 인터넷을 사용하는 방식이 아예 다른 거다. 우리 눈에는 무척 이질적이다."[3]

새로운 사회적 규범과 세대 차이는 이메일에서도 나타났다. Z세대에게 이메일은 과거의 비즈니스 서신과 같이 내용과 문법에 정성을 들여야 하는 공적 통신수단이다. 교수 또는 고용주와 주고받는 이메일이 대표적이다. 몇몇 학생은 이메일에 깊은 불호를 드러냈다. 예를 들어 학교 직원에게 이메일을 쓸 때도 너무 격식을 차려야 해서 부담스럽고 시간을 많이 잡아먹는다는 것이다. 한 학생이 말했다시피 "친분이 없는 교수에게 이메일을 쓰려면, '안녕하세요, 교수님. 교수님 수업을 듣는 학생입니다'라거나, '이러이러한 것에 관심이 있습니다' 하고 설명해야 한다. 즉, 틀에 맞춰 글을 써야 한다. 왜 이메일을 쓰게 되었는지로 시작해 무엇을 부탁하고 싶은지 전달하면서 예의를 차려야 하고 상대방에게 너무 부담을 주지 않게 신경써야 한다. 시간이 꽤 걸린다!" 게다가 이메일에 들어가는 **내용**도 필요 이상으로 장황하다는 인식이 지배적이다. "교수님 외에 다른 사람과는 이메일을 주고받지 않는다. 가끔 아빠가 무언가를 이메일로 보내고는 하지만 나는 답장하지 않는다. 아빠는 사이언스 데일리라는 웹사이트의 기사 같은 것을 이메일로 보내놓고는 나와 대화할 일이 생기면 '내가 보낸 기사 읽어봤니?' 하고 매번 묻는다. 그러면 나는 '아뇨' 하고 만다. 아빠가 이메일을 삼백 통 보낸다고 치면 그중에 한 통이나 읽을까 말까다."[말리아]

Z세대는 휴대전화 문자와 SNS 메시지를 더 선호한다. 친구나 가족과 소통할 때는 이러한 통신수단이 더 자연스럽고 적당하다고 여긴다. 이와 관련된 규칙은 미묘하고 복잡하다. 구두점부터 대문자, 숫자 사용에 따라 의미가 달라지고, 메시지를 언제 어떻게 주고받는지에도 다 의미가 있다. 문자와 메시지의 뉘앙스에서부터 세대 차이가 드러나기도 한다. 다음은 어느 인터뷰 참여자의 말이다. "나이 많은 사람들은 (문자에) 구두점을 많이 쓰는 편이고, 의미를 강조하려고 모든 알파벳을 대문자로 적고는 한다…… 나는 강조하고 싶은 단어가 있으면 양옆에 별표(*)를 붙인다. 그래서 어른들이 쓴 글을 보면 어색하게 느껴진다. 특히 모든 단어가 대문자로 쓰여 있으면 확 티가 난다. 요즘 애들은 웬만해선 대문자를 쓰지 않기 때문이다."[앤디] 이와 유사하게, 문장이나 축약어 다음에 마침표를 찍는 것은 작성자가 상대방에게 화가 났다는 것을 암시한다. 문자나 메시지에 바로 답하지 않는 것 역시 반감의 증거로

읽힐 여지가 있다.

　기술이 진화할수록 관련된 사회적 규범과 행동도 달라진다. 1980년대와 1990년대에 1세대 휴대전화로 SMS 문자를 보내던 사람들은 이른바 '텍스트스피크' 속어에 익숙했다. 예를 들어 c u 18r(see you later), gr8(great), 2mrw(tomorrow)처럼 알파벳 자리에 숫자를 넣거나 :-)와 :- / 처럼 표정 이모티콘을 만드는 식이었다(이모티콘에 '코'를 넣은 것이 이 시기의 특징이다). 숫자 키패드를 여러 번 눌러 글자를 조합해야 했던 폴더폰으로 메시지를 주고받던 시절에는 단어가 글자 하나로 축약되었고 숫자로 특정 발음을 표현하고는 했다. 이후 완전한 키보드가 장착된 블랙베리폰과 터치스크린이 달린 아이폰이 나오면서 단축키는 필요 없어졌고, 숫자로 글자를 대신한다는 사회적 규칙은 한물간 것이 되었다.

　디지털 기술과 그와 관련된 사회적 규범이 빠르게 진화할수록 세대 차이는 극명해진다. Z세대의 부모라면 자녀에게 "okay"라고 문자를 보낼 때 그 차이를 실감했을 것이다. "okay" "ok" "K" "kk" "k"를 비롯한 다양한 표현들 중에 무엇이 적당한 표현일까? 포스트 밀레니얼은 이 다섯 가지 반응을 전부 다른 메시지로 받아들인다. 만약 답장이 "k."라고 오면 두 가지 의도가 읽힌다는 점에서 '큰일났다'는 것을 의미한다. 첫째, 소문자를 썼다는 것은 작성자가 굳이 시간을 써가면서 자동 적용된 대문자 기능을 '되돌리기'했다는 의미다(스마트폰으로 문장을 작성할 때 첫 알파벳은 자동으로 대문자로 표시된다). 둘째, 글자 뒤에 마침표가 찍혀 있다. 작성자가 시간을 들여 이렇게 '맞춤형' 반응을 표현했다는 것은 확실히 불쾌감의 표현이다. 반면 "kk"에는 긍정적이고 유쾌한 함의가 있다. 글자 하나만 달랑 보낼 때의 퉁명스러움을 신속하고 간편한 방법으로 완화한 것이다.

아무래도 문자 기반 소통에는 어조와 몸짓언어처럼 대면 대화에서 익히 주고받는 신호들이 빠져 있다. 이에 Z세대는 글자를 활용해 어조를 달리하는 법을 완벽히 체득했다. 한 인터뷰 참여자는 말했다. "나는 문자로 나 자신을 훨씬 잘(심지어는 어조까지 느껴지게) 표현할 수 있다."[일라이자] 포스트 밀레니얼은 문자와 메시지가 자칫 빈정거린다거나 무례하고 공격적인 인상을 주기 쉽다는 것을 알기에 '요란한' 대문자, 쉼표, 마침표 등을 피해 나름의 전략을 고안해냈다. 이들은 웃는 얼굴 이모지를 일종의 연화제이자 사회적 윤활유로 활용한다. 물결표(~), XML 클로징 태그(⟨/s⟩), 윙크하는 이모지, 별표(*)를 비꼬기에 써먹는다. 또 문장 안에서 어디에 쓰이는지에 따라 의미가 달라지는 lol(크게 웃다laugh out loud 또는 웃음 가득lots of laughs의 약어)을 이용해 비꼬기부터 누그러뜨리기, 수동적 공격 등을 표현한다.[4]

급속도로 변화하는 디지털 기술은 사회규범을 계속 변화시키며 일상적 관행에도 영향을 미친다. 캘리포니아에서 20년째 유치원 교사로 일하고 있는 사람은 요즘 들어 눈에 띄는 변화가 있다고 했다. 5세 아이들이 자신에게 퉁명스럽고 직설적으로 말을 건네며, 말씨에서 공손함, 예의, 정중함을 찾아보기 힘들다는 것이다.[5] 그는 요즘 아이들이 유치원 교사인 자신을 '인간 알렉사'로 인식하기 때문이라고 믿는다. 아이들에게 교사는 아마존 에코(알렉사), 애플 홈팟(시리), 구글 홈(구글 어

시스턴트)과 같은 정보 제공자인 것이다. 이 새로운 기계들은 아직 초기 단계인 기술의 한계로 사람들이 아무렇게나 내뱉는 자연 발화를(말씨, 멈추기, 얼버무리기, 문화에 따른 정중한 화법 등을) 처리하는 데 어려움을 겪고 있다. 그러다보니 사용자들은 다른 맥락에서라면 무례하게 인식될 법한 방식으로, 좀더 직설적이고 명료하게 기계에 말을 건네야 한다.

## 사슬을 잇는 고리처럼, 따로 또 같이

협업 방식으로 일하고 문제를 해결하려는 열망은 포스트 밀레니얼 사이에 널리 퍼져 있다. 이들은 '함께 협업'하여 문제를 풀어나가고 싶어 한다.[6][수니타] 이러한 경향성은 우리의 연구 프로젝트 초기부터 두드러졌다. 인터뷰를 진행한 미국 캠퍼스 중 한 곳에 다니는 학생은 다른 학생들과 협업해 공부하기 용이한가를 기준으로 전공을 고를 생각이라고 밝혔다. 이 학생에게는 다른 사람들과 함께 배우고 문제를 해결하는 것이 혼자 작업하는 것보다 훨씬 보람차고 즐거운 일이었다.

Z세대가 협업 활동을 선호하게 된 데는 디지털 기술이 큰 몫을 했다. 포스트 밀레니얼은 공동으로 과제를 수행해 함께 성적을 받는 것에 익숙하고, 대부분 어려서부터 공동 작업을 유도하는 소프트웨어와 웹사이트를 사용해왔다. 그룹미, 구글독스, 오피스, 페이스북 메신저, 스카이프 같은 디지털 도구를 활용해 함께 문서를 만들고 그룹 채팅에 참여하고 일정을 공유하는 데 불편을 느끼지 않는다. '크라우드소싱'과 '크라우

드펀딩'에 참여하고, 고펀드미, 킥스타터, 페트레온, 체인지.org, 인디고고, 위키피디아, 주니버스, 아마존 메커니컬 터크* 등 유명 웹사이트를 통해 집단행동에 나선 경험도 많다. 오프라인에서도 디지털로 운영되는 승차 공유, 공유 숙박, 커뮤니티 조직 등을 경험하며 공유의 감각을 키웠다.

Z세대는 협력이 멋진 결과로 이어질 수 있다는 것을 안다. 인터넷 자체도 그렇거니와 각종 위키 프로젝트는 상의하달식 관리 없이 협력으로 굴러가며, (탈중앙화 데이터베이스 시스템에 기초한) 블록체인 기술 역시 합의와 탈중앙화를 바탕으로 만들어진다. 오픈소스 소프트웨어는 전 세계의 많은 개발자가 자발적으로 만들고 다듬어간다는 점 때문에 인기를 끈다. 실리콘밸리의 신생 기업들은 실제로는 허울뿐이더라도 '수평 조직'을 지향한다. 몇몇 스타트업은 프로젝트를 추진하기 전에 크라우드소싱이나 크라우드펀딩을 진행하기도 한다.

포스트 밀레니얼 사이에서 **컬래버**는 공동으로 하는 모든 일을 지칭하는 표현이다. '컬래버 데이(틱토커들이 협업하기 위해 다른 콘텐츠 창작자들과 만나는 날)'나 '컬래버 하우스(공동으로 콘텐츠를 만들려고 모이는 가상 또는 물리적 공간)'가 그 예다. 요즘 컬래버 하우스는 대부분 가상공간을 가리키지만, 사실 이 개념은 소셜미디어 인플루언서들이 각

---

* 고펀드미, 킥스타터, 페트레온, 인디고고는 크라우드 펀딩을, 아마존 메커니컬 터크는 크라우드 소싱을 위한 웹사이트. 체인지.org는 전 세계 시민이 직접 청원을 올릴 수 있는 웹사이트이며, 위키피디아는 누구나 자유롭게 온라인 백과사전을 만드는 데 참여할 수 있다. 주니버스는 시민 참여형 과학 포털이다.

자 팔로워 수를 늘리겠다는 공동의 목적을 가지고 오프라인 공간을 빌려 함께 생활하며 콘텐츠를 만들면서부터 시작되었다. 컬래버 하우스는 2018년 몇몇 유튜버들이 할리우드 힐스에 클라우트 하우스를 세우면서 유명해졌다. 이듬해에는 틱토커, 유튜버, 인스타그래머 19명이 로스앤젤레스에 하이프 하우스 문을 열었다.

포스트 밀레니얼이 때때로 어떠한 인정이나 보상도 기대하지 않고 폭넓게 공동작업에 참여하는 모습은 인상적이다. 산업 시대엔 공장 조립라인에서조차 노동자 한 명 한 명의 노력이 인정받으리라는 문화적 기대가 있었다. 그런데 우리가 연구한 Z세대는 새롭고 가치 있는 일에 참여하는 그 자체만으로 만족스러워한다. 왓패드라는 웹사이트가 좋은 사례다. 월 사용자가 6500만 명에 달하는 이 사이트는 "글에 대해 작가와 상호 소통하고 싶어하는 젊은이들을 위한 허브"를 표방한다.[7] 소설가가 왓패드에 아이디어를 올리면 사용자들이 플롯과 캐릭터를 어떻게 발전시키면 좋겠다고 조언한다. 이와 유사하게 팬픽션은 저자의 본래 개념을 재정의하며 유의미한 창작 공간을 만들고, 팬들을 수동적인 소비자가 아니라 적극적인 참여자로 탈바꿈하고 있다. 일례로 해리 포터 팬픽션닷컴은 『해리 포터』의 캐릭터, 배경, 플롯을 이용해 해리 포터 시리즈를 다시금 새롭게 상상한다. 이 웹사이트에는 무려 8만 5000개가 넘는 이야기가 쌓여 있다. 이러한 팬덤은 인터넷이 새롭게 만들어낸 '참여 문화'의 증거다.[8] 제품 디자인 전공생이라고 밝힌 인터뷰 참여자는 드리블이라는 사이트에 자신이 만든 그래픽디자인을 무료로 올린다. "보고 마음에 들면 보관함에 담아두고 자기 컬렉션에 저장할 수 있다.

나는 영감을 얻으려고 (드리블에) 자주 들어간다. 정확히는 거기서 영감과 모방의 재료를 찾아 인터페이스 디자인 능력을 키우기 위해서다."[트랜] 또다른 참여자는 오픈소스 교통 체계 건설 게임 시뮤트랜스로 협업을 경험한다. "시간 여유가 있는 사람들이 느슨하게 모여서 게임의 모든 그래픽과 프로그래밍을 공동으로 설계한다." 공동 작업자들은 "열차와 버스를 그려 게임에 입힌다. 수많은 사람이 게임 자산을 만든 덕에 어느덧 이 게임은 굉장한 규모를 자랑하게 되었다." 이 참여자는 시뮤트랜스가 지향하는 협업의 목표를 다음과 같이 정의했다. "이 게임은 하나의 목적을 위해 뭉친 커뮤니티다. 우리는 친목을 다지려고 이 포럼에 있는 것이 아니다. 사회적 교류를 위한 소셜미디어나 밈 그룹과 달리 우리는 게임을 만들려고 모였다. 내가 그린 버스를 업로드하면 사람들이 저마다 의견을 낸다. 그럼 그걸 반영해 수정본을 또 올린다. '다들 이거 어때, 괜찮아? 좋아. 그러면 이걸 최종 파일로 할게. 원하는 사람은 게임에 가져다 써' 이런 식으로 진행된다."[앤디]

조립성과 유연성은 현대 협업의 개념에서 빼놓을 수 없는 두 가지 요소다. 한 인터뷰 참여자는 현재 테크 대기업에 재직중인데, 협업 없이 일하는 것을 상상할 수조차 없다고 응답했다. 예를 들어 (오늘날 업무 조직의 단위로 통용되며 사무용 소프트웨어로 인해 그 개념이 전보다 강화된) **팀**이 어떤 문제를 해결하기 위해 추가로 전문성이 필요한 경우, 직원 명단에서 전문가를 물색한다. 해당 전문가는 임시로 팀에 합류해 문제 해결에 도움을 준다. 그가 경험하는 현대사회, 특히 실리콘밸리의 근무 환경은 유연한 구조로 이루어져 있고 고정적이지 않으며 필요에 따라 시

시각각 변화하는 조립형 업무 조직으로 지탱된다.[9] 이 졸업생의 응답은 Z세대의 협업 방식이 지닌 몇 가지 측면을 보여준다. 첫째, Z세대의 협업은 참여자마다 집단 내부에서 수행하는 고유의 역할이 있다는 발상에서 출발한다. 둘째, Z세대의 협업은 대개 프로젝트별로 이뤄지므로 유연한 업무 구조를 필요로 한다. 셋째, Z세대의 협업은 유연성과 안정성이 공존할 수 있음을 보여준다. 유연한 구조에서도 일시적일지언정 안정적인 조립형 업무 조직을 만들어 각각의 업무상 문제를 해결할 수 있다는 말이다.

이 독특한 형태의 협업은 (뒷부분에서 다룰) 학생운동의 사례에서도 확인된다. 한 인터뷰 참여자는 활동가로서 협업을 경험한 일을 설명하며 '사슬을 잇는 고리'라는 비유를 사용했다. "이론에 해박한 사람이 있고, 그 이론을 스무 장짜리 논문으로 정리하는 사람이 따로 있다. 누군가는 그 스무 장짜리 논문에 관해 글을 쓴다. 또 누군가는 그 스무 장짜리 논문에 관한 글을 읽고 나서 조직 전략을 짠다. 그러고 나면 또다른 사람이 바통을 이어받는 식이다."[아요툰데]

2016년 봄, 소수자성을 띠는 배경을 지닌 스탠퍼드대 학생들의 연합체 '후즈티칭어스(WTU)'가 대학 행정처에 서신을 보냈다. 앞으로 교수 임용과 교육과정 수립에 소수자성을 띤 학생들의 경험을 반영하고 이들의 역사에 대한 교육을 포함하라는 내용이었다. 이를 시작으로 미국과 영국의 여러 대학에서 교수진과 교육과정 다양화를 요구하는 움직임이 본격화되었다. 이러한 학생운동이 촉발한 정체성 문제는 포스트 밀레니얼을 이해하는 데 핵심적이다. 이후에 이에 대해서도 자세히 다룰 것이다.

WTU가 꺼내든 **방법**은 이전 세대 학생운동가들과 전혀 달라 대학 행정처를 깜짝 놀라게 했다. 학생들은 공동작업과 공유가 가능한 구글 문서를 활용해 온라인으로만 소통했다. 정해진 리더는 없었다. 학생들과 행정처 사이에 대면 회의가 열릴 때면 매번 다른 학생들이 참석했다. 행정처 직원들은 학생 전원을 만족시켜야 한다는 막막함을 느꼈다. 서한에 실린 요구들이 '타협 불가능한' 성질의 것이라는 인상도 받았다. 온라인 협업이 오프라인 활동으로 이어지는 것이 Z세대 학생들에게는 지극히 자연스러운 일이었지만, 이러한 활동과 업무 방식을 처음 접한 대학 행정처의 기성세대에게는 당황스러운 일이 아닐 수 없었다.

요즘 활동가들은 유연성과 조립성, 그리고 협업을 기반으로 온라인과 오프라인을 자유로이 넘나든다. 이들이 일하고 조직하는 방식은 기술의 제약(또는 부재)으로 형성되고 결정되는 측면이 있다. 협업은 디지털 네트워크와 도구를 사용하며 가능해진 규모와 범위와 속도 덕에 가속화된 경향이지만, 일에 대한 새로운 태도를 반영하는 것이기도 하다. 블랙라이브스매터(BLM) 활동가들은 전국을 아우르는 지도부를 결성하는 대신 지역 조직에 더 많은 자율권을 주는 협업 방식을 의도적으로 택했다. BLM 창시자 중 한 명인 오팔 토메티는 "우리가 좀더 안전하도록 권력을 분산한 조직을 만들었다…… 지역 공동체의 평범한 사람들이 이끄는 유기적인 리더십을 존중하려는 것이기도 하다"[10]고 말한다.

그렇지만 Z세대라고 무조건 협업을 선호하는 것은 아니다. 특정 정체성이나 능력, (비)장애, 성향이 이러한 호오를 가르는지는 확실치 않다.[11] 인터뷰 참여자 중 한 학생은 유달리 협업에 거부감을 보였다. 그는 스스로 협업에 어울리지 않는 사람이라고 인식했으며, 따라가는 사람보다 이끄는 사람이 되는 것을 선호한다고 표현했다. 또래집단의 의견과는 확실히 차이가 났다. "나는 리더 유형에 가깝다. 무언가를 그냥 따르는 일은 영 내키지 않는다. 티를 내진 않지만 매 순간 경쟁의식을 느낀다. 그러니 그룹 프로젝트와 맞지 않는다. 고분고분하게 따르는 게 아니라 앞장서서 이끌고 싶으니까."[히바]

## 지금 이 순간을 살다

Z세대는 나인 투 파이브 근무가 문화적으로 널리 퍼져 있던 과거보다 파편적이면서 연속적으로 시간을 경험한다. 사회 전반에 24/7 시간 감각이 자리잡고는 있지만, 그중에서도 포스트 밀레니얼은 점점 빨라지는 컴퓨터와 네트워크 덕에 넘치는 정보와 함께 자란 세대로 언제나 '깨어 있기on'의 가능성을 경험한 사람들이다. 그렇다보니 포스트 밀레니얼의 삶은 오프라인과 온라인 시간을 오갈 때 발생하는 긴장을 아주 잘 보여준다.[12] 시간을 계획하고 활용하는 문제는 실제 우리가 만난 인터뷰 참여자들이 반복적으로 언급하는 주제이기도 했다.

한 학생은 자신과 친구들 모두 웬만하면 강의실에 나가지 않는다고 했다. 자전거를 타고 강의실까지 가서 강의를 듣고 다시 자전거로 기숙사까지 돌아오는 시간을 계산해보니 그냥 기숙사 방에서 녹화 영상을 보는 게 낫다고 결론 내렸다는 것이다. 영상을 볼 때는 3배속으로 시청한다. 시간을 아낄 수 있을 뿐 아니라 집중력을 잃지 않을 수 있어서다. 3배속으로 강의를 들으면 딴짓하거나 소셜미디어에 접속하지 않고 강의 내용에만 집중할 수 있다고 했다.[13] 엄청난 양의 정보를 생산하는 디지털 도구를 활용해 하루를 조직하고 시간을 절약하는 일이 포스트 밀레니얼에게 얼마나 일상적인지 보여주는 사례다. 이 밖에도 이들이 디지털로 일상을 조직하는 방법은 다양하다.

Z세대는 시간을 귀중한 상품으로 여긴다. 한 인터뷰 참여자는 이렇게 설명했다. "나에게는 관심이 일종의 화폐다…… 원하는 곳에 마음껏 쓸 수 있는 화폐."[이선] 이 세대는 철저히 현재 지향적이어서 지금 당장 눈앞에 있는 것에 관심을 쏟는다. 토머스 대븐포트 같은 이론가들은 '관심경제'라는 용어를 만들어 관심이 곧 돈이라는 것을 증명하기도 했다.[14] 디지털 플랫폼의 경제 논리를 꿰고 있는 포스트 밀레니얼은 가령 유튜브 영상을 볼 때 자신의 관심도가 영상 제작자에게 실제 광고비 형태로 전달된다는 것을 간파한다.

관심에 대한 강조와 '현재를 산다'는 감각은, 여러 활동 동시에 하기와 이 활동에서 다른 활동으로 끊임없이 옮겨다니기의 맥락에서 이해해야 한다. 포스트 밀레니얼은 화면에 창 여러 개를 한꺼번에 띄워놓고 앱과 창을 수시로 바꿔가며 사용하는 경향을 보인다. 바이런 리브스가 이끄는 연구팀이 조사한 디지털 기술 헤비 유저들도 비슷한 양상을 보인다. 리브스 연구팀은 미국, 중국, 미얀마에서 사용자가 시청하고 반응하는 스크린의 흐름을 파악하기 위해 컴퓨터 사용자 400명의 '스크리놈screenome'*을 관찰했다. 사용자들의 기기를 오 초에 한 번씩 캡처해 관찰한 결과, 사용자들은 평균 이십 초마다 다른 스크린을 띄웠다. 한 가지 활동에 이십 분 넘게 시간을 쓰는 경우는 드물었다.[15]

시간이 진정 귀중하고 나아가 상품 가치를 가진다면, 그것을 최대한 활용하는 것이 우선순위에 놓일 것이다. Z세대가 이메일보다 문자나 메시지를 선호하는 건 이러한 이유에서다. 문자와 메시지는 짧은데다 즉각적인 반응을 약속하기 때문이다. Z세대는 수업 사이 휴식시간을 이용해 친구나 가족과 연락하고 뉴스 피드를 보거나 영상을 시청한다. 클릭으로 무엇이든 가능한 인터넷의 편리함 덕분이다. Z세대는 자연스럽게 삶의 모든 면면에서 그러한 편리함을 기대하게 된다. 실제로 많은 Z세대가 편리함을 극대화하기 위해 시간을 '기록'하고 관리한다.

인터넷에서 얻을 수 있는 정보의 규모가 어마어마하다보니, 포스트 밀레니얼은 적절성을 우선시한다. 온라인 데이터를 빠르게 검토해 처리해야 할 문제, 또는 쓸모 있어 보이는 정보를 추려내고 당장 크게 의미가 없는 정보는 무시한다. 이러한 태도는 오프라인에서의 삶을 살아가는 데도 적용된다. 요즘 학생들은 적절성의 측면에서, 즉 취업과 소득 전망에 유리할지를 고려해 전공이나 연구 주제를 고른다. 학생들에게 실용적인 조언을 주거나 정확히 필요하다고 여겨지는 것을 가르치는 강사들은 바로 이 '적절성'을 이유로 높게 평가받는다.[16]

---

\* 개인이 반응하는 스크린 시퀀스로 구성된 디지털 활동 기록 총체. 게놈(genome)에서 따온 표현.

이와 유사한 논리로 Z세대는 온라인으로 소통할 때도 '공감할 수 있는' 콘텐츠를 원한다. 한 인터뷰 참여자의 말을 빌리자면, 온라인에서 다른 사람들의 관심을 붙들려면 그들이 가장 공감할 만한 게 무엇인지를 고민해야 한다. 오프라인에서는 굳이 그럴 필요가 없다. 눈앞의 상대가 나의 말을 듣고 있는 것이 확실하므로 그의 관심을 '붙들기' 위해 노력하지 않아도 된다. 소셜미디어 사이트에서 팔로워들을 붙들어두려고 애써야 하는 것과는 다르다.[조던] 온라인 콘텐츠가 '공감할 수 있는' 것 혹은 '존나게af 공감할 수 있는'(af는 as fuck의 줄임말로 강조하는 의미로 쓰이며, i세대 말뭉치에서 빈도수가 높게 나타난다) 것이어야 한다는 생각은 인터뷰에서 꽤 자주 드러났다. 한 공학 전공생은 더이상 페이스북에 글을 올리지도, 밈에 사람들을 태깅하지도 않는다고 했다. 공감할 수 있는 콘텐츠를 궁리하는 게 '지긋지긋'해졌기 때문이다.[헨리] i세대 말뭉치를 보면, **공감할 수 있는**이라는 표현이 일반 인구 언어보다 포스트밀레니얼 언어에서 훨씬 자주 언급되었다.[17]

속도와 적절성, 그리고 생산성에 대한 강조가 과연 깊이 사고하는 능력을 해치는지, 해친다면 어느 정도인지는 아직 분명치 않다. 그러나 디지털 기술과 미디어 사용이 정신과 두뇌에 끼치는 영향에 관해서는 각계 학자와 논평가들이 입을 모아 우려하고 있다. 니콜라스 카는 저서『생각하지 않는 사람들』에서 "알파벳과 숫자 체계를 제외하고 범용기술 중에 인간 정신에 가장 강력한 영향을 미친 기술은 아마도 넷Net일 것이다"[18]라고 지적한다. 신경과학자 수전 그린필드는 "동떨어진 정보 단편들을 수집하는 사고방식이 흩어진 사실들을 이어붙여 활용하는 기존의 일반적인 사고 과정을 대체하게 될지"[19] 물음을 던진다. 문학평론가 매리언 울프는 우리 사회가 "깊이 읽는 행위를 구성하고 지탱하는 필수적인 능력을 유지시켜주는 양질의 주의력을 점차 잃고 있는 것은 아닐지"[20] 우려한다. 교육계에서는 샘 와인버그가 이끄는 연구팀이 디지털 문해력과 추론 기술을 가르치는 K-12 교육과정을 개발하기 시작했다. 연구 도중에 "젊은 사람들이 인터넷 정보를 가지고 추론하는 능력을 한 단어로 요약하자면 **참담하다**일 것이다"[21]라는 결론을 내린 것이 계기가 되었다. 그런데 일부 논평가들은 미디어 문해력을 길러야 한다는 필요성에 반대하지 않으면서도 현재 벌어지고 있는 변화에 그리 비관적이지만은 않다. 가령 인류학자 이토 미즈코는 "뉴미디어가 문해력과 글쓰기 수준을 떨어뜨리고 있다는 불안감은, 전통적으로 문해력의 기준을 정의해온 기존 제도(학교 혹은 가족)의 주변화를 가리키는 하나의 지표일 수 있다"고 주장한다.[22]

포스트 밀레니얼 학생들이 취업과 소득 전망과 관련해 적절성을 따지기 시작하면서 이들이 교육을 도구로 인식하는 것에 대한 우려가 나오기도 한다. 배움 자체에 목적이 있는 것이 아니라 일자리를 얻으려고 교육받는 것이라면, 철학이나 문학을 공부하며 접하는 추상적 생각과 관념의 가치를 경시할 가능성이 있기 때문이다. 역사가 주는 중요한 교훈도 당장 현재와 관련이 없다는 이유로 쉽게 외면받을지 모른다. 실제로 최근 몇 년 사이 여러 대학에서는 인문학과 사회과학을 전공하는 학생 수가 눈에 띄게 줄어들었다. 자연과학과 공학을 공부해야 취업에 유리하다는 학생과 부모의 판단이 작용한 결과겠지만, 동시에 인문학과 사회과학이 자신들의 삶에 크게 의미가 없다고 생각해서이기도 하다. 이러한 흐름에 맞서기 위해 몇몇 대학은 신입생들에게 STEM\* 이외 분야가 현시대에 얼마나 가치 있는지 설명하느라 열심이다. 실리콘밸리 기업들도 인문학의 가치를 깨닫고서 인문학 전공생들을 구인하고 있다. 특히 인터넷 '프론트 엔드(사용자 인터페이스)'를 개발하는 데 인문학의 효용이 인정받는다. 한편 영국과 미국 대학들은 디지털 시대를 맞아 달라진 사회의 요구와 과제에 과연 자신들이 적절히 반응하고 있는지 고민한다.[23]

인터뷰 참여자 일부는 '적절한' 정보를 처리하기가 어렵다고 토로했다. 한 참여자는 현대인의 삶에 '깊이 스며든' 파편적이고 피상적인 콘텐츠를 계속 접하는 것이 자신의 사고 습관에 악영향을 주었다며 속상해했다. "아이디어가 떠올라서 한 걸음, 두 걸음, 세 걸음 물러서서 바라보며 발전시키고 싶다가도, 어느 지점에 이르면…… '아, 별로야. 그냥 관두자' 하고 만다…… 사고의 자유도가 10에서 3 정도로 낮아지는 거다. 시각화해보면 더 피상적으로 보일 것이다."[루크] 이어지는 논의에서도 다루겠지만, 이 인터뷰 발언은 Z세대가 새로운 디지털 도구와 네트워크를 빠르게 받아들인 사회의 변화를 인지하고 있음을 시사한다. 그 변화 덕에 Z세대는 여러 방면으로 혜택을 누렸으나 동시에 새로운 역설과 어려움, 걱정거리에 직면했다. 이제 그에 대해 이야기해보자.

---

\*  과학·기술·공학·수학 분야를 일컫는다.

# 스멀거리는 불안, 낙관과 비관 사이

> 전화기는 계속 울려댔고, 전화를 받은 위니프리드는
> 안주인에게나 아널드에게, 또는 두 사람 모두에게 온
> 하찮고 쓸데없는 메시지들을 매번 안주인에게 전달했다.
> 전화기. 다른 집에 있어도 서로 끊임없이 이야기를
> 나눌 수 있도록 사람들이 발명한, 그런 물건이었다.
> ─로즈 매콜리, 『크루 트레인』(1926)[24]

진 트웬지 같은 사상가들은 디지털 시대의 부정적인 면을 강조하면서 디지털 기술이 포스트 밀레니얼에게 유해하다고 주장한다. 기계에 너무 빠져 살고, 비판적 사고 능력이 현저히 떨어지고, (트웬지가 보기에는 비판할 요소인) 지나치게 함께 일해버릇한 결과, 불안해하고 우울해하고 외로워한다는 것이다.[25] 이제 이 주장을 역사적 맥락에서 검토해보자.

도덕적 공황과 기술적 진보는 대부분 함께 일어난다. 요즘 사람들은 소셜미디어, 개인정보 추적, 자율 인공지능, 드론, 가상현실, 통제를 벗어난 자동화, 유해한 로봇, 바이오 의료 기술, 자율주행차 등을 걱정한다. 한편 19세기 사람들은 전기를 발견하고 열차가 만들어지면서 불안을 느꼈다. 전기는 인간이 시공간과 맺는 관계를 변화시켰다. 전깃불로 넓은 공간을 밝히면서부터 도시와 건물의 모습은 이전과 영영 달라졌다. 가정에 처음으로 전기가 공급되었을 때 집주인들은 훤해진 집안을 보고 약탈자가 여성과 어린이를 노릴까봐 전전긍긍했다. 반면 어떤 사람들은 대도시의 공간을 밝히는 불빛 덕분에 안전함을 느꼈다. 인류학

자 제너비브 벨은 "(전기가) 도시 경관을 완벽하게 재조성했다"고 분석한다. 벨에 따르면, 열차도 초기에는 위험한 발명품으로 여겨졌다. 여성의 몸이 시속 50마일의 속도를 견디도록 만들어져 있지 않아 여성이 열차를 타면 자궁이 몸밖으로 튀어나올 것이라는 우려 때문이었다.[26]

인류는 오래전부터 기술이 인간의 상호작용에 미치는 영향을 우려해왔다. 전화기는 다른 장소에 있는 사람들끼리 실시간 소통을 가능하게 만들어 판도를 뒤바꿨다. 그전까지 가장 빠른 통신수단은 전보였다. 전화기는 1876년 발명되어 1900년 즈음 미국 회사들에서 쓰였고, 1920년대와 1930년대에 들어서는 미국은 물론 영국에서도 여성들의 사교 활동을 위한 상품으로 홍보되어 많은 가정에 보급되었다. 전화기는 연락을 주고받는다는 본래 목적에 충실하면서 사교를 도모하는 물건이었고, 일련의 예절과 관행에 맞춰 쓰였다.[27]

디지털 기기와 소셜미디어에 관해 요즘 대두된 낙관론과 비관론은 20세기 초 전화기가 처음 등장했을 때도 마찬가지였다. 앞서 인용한 로즈 매콜리의 1926년 소설 『크루 트레인』에 묘사되었듯, 전화기가 사람들을 어느 때고 불러내 상시 접속 상태로 만들었다는 우려가 당시에도 똑같이 불거졌다. 가족끼리 보내는 시간을 방해하고, 진정한 우정에 해를 입힌다며 걱정하는 사람들도 있었다. 사생활 침해와 보안 위험에 대해서도 우려했다. 1917년 발표된 카프카의 소설 「이웃」을 보면, 주인공이 업무상 전화 통화를 하면서 벽 너머 이웃이 엿듣지 않을까 불안해하는 대목이 나온다.[28] 반면 어떤 사람들은 전화기라는 새로운 기술이 멀리 있는 사람과도 우정을 지속할 수 있게 해 새로운 즐거움을 선사

| 표 1. Z세대 설문조사·미국 응답 결과 | |
|---|---|
| 새로운 기술혁신이 삶을 향상시켰는가, 악화시켰는가? 훨씬 악화시켰으면 0점, 훨씬 향상시켰으면 5점으로 답하시오. | |
| 0 — 훨씬 악화됨 | 3% |
| 1 | 3% |
| 2 | 10% |
| 3 | 31% |
| 4 | 24% |
| 5 — 훨씬 향상됨 | 18% |
| 잘 모르겠음 | 10% |

한다고 여겼다.

20세기 전반은 기술을 매개로 한 경험이 점차 심화되던 시기였다. 전화기뿐 아니라 라디오와 유성영화가 양차 세계대전 사이에 인기를 끌었고, 20세기 중반에는 TV도 등장했다. 20세기 통신 기술의 발달은 21세기 초반을 상징하는 초연결사회의 모든 조각을 마련했다. 즉, 현재의 디지털 시대는 적어도 한 세기 전부터 가능해진 연결과 정보 수집 역량이 만들어낸 산물이다.

그렇다면 뭐가 달라진 걸까? 새로운 네트워크와 디지털 기술의 유례없는 규모와 범위와 속도는 사반세기 동안 우리가 온라인과 오프라인에서 일상을 살아가는 방식을 근본적으로 변화시키고 있다. 디지털 시대의 어마어마한 규모와 범위와 속도는 이 책을 관통하는 주제다.

Z세대는 첨단기술의 잠재력과 문제점을 모두 파악하고 있다. 삶

**표 2. Z세대 설문조사·영국 응답 결과**

**새로운 기술혁신이 삶을 향상시켰는가, 악화시켰는가?**
**훨씬 악화시켰으면 0점, 훨씬 향상시켰으면 5점으로 답하시오.**

| | |
|---|---|
| 0 — 훨씬 악화됨 | 1% |
| 1 | 2% |
| 2 | 8% |
| 3 | 34% |
| 4 | 29% |
| 5 — 훨씬 향상됨 | 16% |
| 잘 모르겠음 | 9% |

의 모든 순간을 그와 함께하고 있으니 파악하지 못하는 게 더 이상한 일일지 모른다. 한 학생은 이렇게 표현했다. "첨단기술이 내 인생의 효율을 높인다. 시간을 절약해주고 일상을 효율적으로 살게 해준다. 하지만 기술이 부패와 권력의 문제, 이를테면 지배력을 부적절하게 사용하는 문제 등과 얽혀 있다는 것도 알기에 기술 발달이 무섭게 느껴지기도 한다."[조던] 〈표 1〉과 〈표 2〉는 우리가 미국과 영국에서 조사한 포스트밀레니얼 대표 표본의 응답을 정리한 것이다. 질문은 "새로운 기술혁신이 삶을 향상시켰는가, 악화시켰는가? 훨씬 악화시켰으면 0점, 훨씬 향상시켰으면 5점으로 답하시오"였다.

Z세대는 첨단기술이 여러 방면에서 삶에 큰 영향을 끼친다는 사실을 비판적으로 인지한다. 특히 잠재적으로 사회에 해악을 미칠 가능성(인터넷의 유해성, 알고리즘의 편향성 등)과 사람들과의 대면에서 얼

을 수 있는 무언가를 온라인 연결이 대신 주지 못한다는 한계를 정확히 알고 있다. 이들은 전방위적으로 기술에 의존하면서 그로부터 얻는 혜택을 부정하지 않지만, 우리가 인터뷰한 Z세대 다수는 기술의 잠재적인 유해성 역시 인정했다. 컴퓨터과학을 전공한다고 밝힌 인터뷰 참여자는 다음과 같이 지적했다. "기술은 불완전하다. 인간의 오류를 뛰어넘는 것이 기술의 목표라지만 가끔은 기술 자체가 대단히 해롭기도 하다. 기술이나 알고리즘, 소프트웨어를 무턱대고 믿었다가 심각한 피해를 보는 사람들이 그 증거다…… 흔히 기술은 중립적이라 여겨지지만 실제로는 아니다. 따라서 경계해야 한다. 사람들은 그 사실을 알 필요가 있다."[릴리]

　　민족과 사회경제적 배경이 다양한 학생들은 인종과 사회경제적 불평등이 알고리즘에 반영되고 있다는 사실을 의식했다. 이는 사피야 노블의 『구글은 어떻게 여성을 차별하는가』, 버지니아 유뱅크스의 『자동화된 불평등』이 다룬 주제이기도 하다.[29] 다음은 어느 학생의 말이다. "기술이란 건 정말 멋지고 많은 걸 가능케 한다. 하지만 따져볼 문제도 적지 않다. 기술 덕에 한꺼번에 많은 사람과 이어질 수 있지만, 혹시 특정한 유형의 사람들과만 이어지는 것은 아닌지 살펴볼 필요가 있다." 또다른 학생은 이렇게 설명했다. "일례로 페이스북은 특정 유형의 구인 광고를 백인에게만 노출하도록 허용한 광고 관리 기능으로 거센 비판을 받은 바 있다. 이처럼 기술에는 우려할 부분이 많아 신경을 써야 한다. 그래도 전반적으로 보면 기술은 꽤 멋지다."[라이언] 몇몇은 윤리적인 부분을 고려해야 한다고 주장했다. "기술을 내놓기에 앞서 윤리적이고 사회적인 관점에서 검토하는 것의 필요성이 좀더 강조되어야 한다. 인간이 무분별하게 기술을 발달시켜 생긴 폐해가 상당하지만, 분명 좋게 쓰일 수 있는 여지도 있다."[존]

2020년 8월, 영국에서 코로나19 팬데믹 록다운으로 고등학교 졸업반 학생들이 교실에 앉아 시험을 볼 수 없게 되자 전국 고등학교 졸업 시험(A레벨 시험) 결과를 알고리즘으로 결정하는 참사가 일어났다. 이 사례는 포스트 밀레니얼 중에서도 가장 어린 축에 속하는 사람들이 잘못된 기술 활용의 문제를 어떻게 바라보는지를 잘 드러냈다. 알고리즘은 해당 학교 졸업생들의 과목 성적을 참작해 그해 A레벨 시험 점수를 결정했다. 그 결과, 응시한 학생의 약 40퍼센트가 교사들의 예상치보다 저조한 점수를 받았다. 이에 예상 점수를 기준으로 받아놓았던 대학 입학 허가가 번복되는 사례가 속출했다. 포스트 밀레니얼 학생들은 "우편번호가 아니라 가능성으로 판단하라"* 같은 팻말을 들고 시위에 나섰다. 이 대참사가 터지기 전, 마치 이를 예견하기라도 한 듯이 알고리즘이 학생들을 계급별로 나눈다는 내용의 디스토피아 소설을 발표한 18세 작가 제시카 존슨은 '자신이 지은 이야기 속 세상에 빠져버린' 꼴이 되었다. 존슨은 교육제도가 좇는 능력주의의 허구를 폭로한 소설「넘을 수 없는 등급」으로 2019년 오웰 청소년 문학상을 받았다. 그리고 1년 후인 2020년 여름, 세인트앤드루스대학교에 낙방했다. 알고리즘이 부여한

---

\*　당시 알고리즘이 부여한 점수가 소득 계층에 따라 큰 편차를 보여 더욱 논란이 되었다.

A레벨 시험 점수가 예상치보다 낮아서였다. 존슨은 "자기 소설 속 인물과 같은 피해자가 되다니 참으로 아이러니하다"고 심경을 전했다. 이후 영국 정부는 입장을 선회해 알고리즘이 결정한 A레벨 시험 점수 대신 학생의 능력과 가능성을 익히 아는 교사들이 매긴 점수를 인정해주었다. 다행히 존슨도 다시 입학 허가를 받았다. 이 사건은 알고리즘의 편향성에 관한 젊은 Z세대의 이해도가 영국 자격시험감독청보다 낮다는 사실을 보여준다.[30]

포스트 밀레니얼은 기술 낙관주의가 비관주의로 변모해가던 무렵 성년이 되었다. 지금 사회는 데이터 유출 사고와 기만행위의 증거, 그리고 테크놀로지스트들이 조성하는 '감시 자본주의'로 요동치고 있다. 이제 인류는 인공지능과 유전공학이 인류 사회를 심각하게 교란할 수 있다는 사실에도 눈을 떴다.[31] 포스트 밀레니얼은 봇을 이용한 협박, 해킹, 가짜 뉴스의 존재를 인지하며 가전제품이 염탐 도구로 쓰일 수 있고 얼굴 인식 기술이 인종차별에 악용될 수 있다는 점을 잘 안다. 이들은 하나의 기술이 좋은 쪽으로도 나쁜 쪽으로도 쓰일 수 있다는 것을 점차 자각해가고 있다. 예를 들어 딥페이크 기술은 재촬영할 필요 없이 영상을 더빙하거나 편집하는 데 유용하지만, 수업 도중 교사 얼굴을 따다가 포르노 영상에 덧입히는 데 악용될 수도 있다. 드론은 아마존 택배를 배달하는 데도, 무고한 민간인들에게 집속탄을 투하하는 데도 쓰일 수 있다. 포스트 밀레니얼이 살아가는 미디어 세상에는 가짜 뉴스 봇, 일명 '텍스트 딥페이크' 논란이 끊이질 않는다. 그로버 AI* 같은 기술은 가짜 뉴스를 그럴싸하게 가공해 무수히 많은 기사를 재생산한다. 한마디로 오정보를 퍼뜨리는 장치다. 인터뷰 참여자 다수는 그것의 부정적인 영향을 정확히 포착했다. "페이스북에서 읽고 보는 모든 것을 의심해야 한다. 심지어는 '내가 왜 이렇게 이 소셜미디어를 좋아하지?' 같은 질문도 스스로 던져보아야 한다. 단순히 습관처럼 소셜미디어를 사용하더라도, 반드시 의심해야 한다."[릴리] 참여자들은 소셜미디어에서만 뉴스를 접하는 것의 문제성도 인지했다.

> 페이스북은 사용자가 보고 싶어하는 것만을 골라 보여주는 경향이 있다. 그래서 나는 가끔 BBC나 워싱턴 포스트 같은 언론사 홈페이지에 방문한다. 그런 곳은 적어도 중립적이고 꽤 편견 없이 뉴스를 보여주기 때문이다. 홈페이지에 실린 헤드라인을 읽고 있으면, 아, 이게 실제로 가장 중요하고 현재 일어나고 있는 뉴스의 정확한 표본이겠구나, 감이 잡힌다. 페이스북이 예상한 내가 원하는 뉴스와는 분명 다르다. 보통은 이런 식으로 문제를 해결한다.[앤디]

이 학생의 발언에서 드러나듯, 포스트 밀레니얼이 신문마저 온라인으로 접한다는 사실은 그리 놀라운 일이 아니다. 2015년 기준으로 18세부터 24세 인구 중에 종이 신문을 읽는다고 응답한 비율은 불과 6퍼센

---

\* 사용자가 제목을 입력하면 자동으로 가짜 뉴스 기사를 생성하는 인공지능 기술. 본래는 가짜 뉴스를 탐지하는 목적으로 개발되었으나 가짜 뉴스 확산의 도구로 악용될 수 있다는 우려가 있다.

트였다.[32] 인공지능이 이들 일상에 깊숙이 침투한 것은 엄연한 현실이다. 일부는 이를 섬뜩한 일로 받아들였다.

모든 게 무섭게 느껴진다…… 걸을 때 감정에 따라 달라지는 체열을 감지해 음악을 틀어주는 기술도 개발중이라고 한다. 눈물을 흘리면 슬프다는 신호이므로 행복해지는 음악을 틀어준다는 거다, 그것도 곧바로. 나는 그렇게 나의 모든 것을 알려고 드는 게 싫다. 진심으로 무섭다. 하지만 동시에 무척 끌리기도 한다. 나의 체열까지, 모든 것을 알아주는 존재가 있다니.[아나]

개인정보와 보안에 대한 위기의식은 Z세대의 온라인 행동을 좌우한다. "(평소 자주 사용하는 페이스북과 트위터 같은) 플랫폼의 운영 방식에 불만이 많다. 플랫폼이 현대사회에서 디지털 기술을 떠받드는 거대 구조의 일부분이라는 것은 인정하지만, 페이스북만 봐도 플랫폼을 소유하는 건 사용자 정보를 팔아서 막대한 돈을 챙기는 한 사람뿐이다. 정작 그 플랫폼을 관리하는 건 그러한 행위에 관심조차 없고 매우 낮은 임금을 받고 사는 사람들이지 않나."[잭] 인터뷰 참여자 대다수는 감시를 피하고 개인정보를 보호하기 위해 각자 나름대로 노력을 기울였다. "민감한 금융정보는 평생 인터넷에 떠돌 수 있으므로 절대 공유하지 않는다. 주소도 되도록 공유하지 않는다. 누가 언제 우리집에 들이닥칠지 모르기 때문이다. 스냅맵(스냅챗에서 사용자가 특정 시간에 어느 장소에 있는지를 보여주는 기능)은 친구들에게만 공개한다."[알렉스] 포스트 밀레니얼은 크래밍(휴대전화 사용자의 승인 없이 부가 서비스 사용료를 과금하는 사기 수법), 웨일링과 피싱(공인 기관인 척 이메일을 보내 가짜 웹사이트로 이어지는 링크를 통해 개인정보나 신용카드 정보를 탈취하는 사기 수법), 파밍(기밀 정보를 빼내기 위해 가짜 웹사이트로 우회 접속을 유도하는 사기 수법), 스케어웨어(바이러스로부터 컴퓨터를 보호하려면 소프트웨어를 구매해야 한다고 유도하는 악성 프로그램), 랜섬웨어(컴퓨터 기능을 제한하거나 못쓰게 만든 뒤 문제 해결의 대가로 돈을 요구하는 악성 프로그램) 등 다양한 사기 수법을 기성세대보다 노련하게 감지하며 더 잘 대응한다. 우리가 만난 인터뷰 참여자 일부는 독싱(개인 신원을 추적해 온라인, 특히 익명 사이트에 악의적으로 유포하는 행위) 피해를 우려해 일부 플랫폼을 '염탐'하기만 할 뿐 적극적으로 참여하지는 않는다고 했다. 특히 이미지보드 사이트나 다크 웹에서 정보 공개를 꺼렸다. 그런 곳에 개인정보나 노출 영상 또는 사진을 섣불리 공유했다가 신원을 추적당해 공개적으로 망신당하고 소셜미디어 계정에 해당 영상이나 사진이 올라가는(혹은 그것으로 협박당하는) 사례가 적지 않게 일어나기 때문이다.[33] 한 학생은 열네 살 때 비슷한 피해를 겪어 깨달은 게 있다고 했다. 한때 그는 관심사가 비슷한 사람들끼리 교류하는 화상 채팅 사이트에서 활동했는데, 시간이 지날수록 부적절한 말과 행동을 일삼는 사람들이 넘쳐났다. 그와 친구들 컴퓨터에 바이러스를 심어 해킹하려는 사람들도 있었다. 그때 일을 계기로 그는 온라인상에서 정보를 거의 공유하지 않게 되었다.[조] 또다른 참여자도 경험담을 나눠주었다. "한번은 온라인에서 파워 블로거와 논쟁이 붙었다. 팔로워 수백만 명을 거느린 사람이었는데, 내 계정을 떡하니 공개해버린 거다. 그러면서 내가 잘못했으며 내 의견이 틀렸다는 식으로 몰고 갔다. 그 사람 팔로워들이 내 페이지로 몰려와 공격을 퍼붓고 괴롭혀댔다. 그 사람이 올린 게시글을 500만 명은 봤다고 생각하니 당황스러웠고 망했구나 싶었다. 후회도 되었다. 사람들이 온라인에 솔직한 의견을 공유하기 두려워하는 데는 다 이유가 있다. 가끔은 가혹한 대가를 치러야 하니까."[준]

Z세대는 온라인에 무언가를 올리면 그것이 두고두고 영향을 준다는 사실 역시 잘 알고 있다. 한 학생은 "나중에 취업할 때 불리할까 싶어 온라인에 정치적 견해나 몸 상태에 대해 올리지 않는다"라고 밝혔다.[말리아] 다른 학생은 "무조건 냉소적이고 모두를 불신하는 분위기를 원하는 것이 아니다. 그건 그것대로 문제다. 하지만 온라인에 정보를 올릴 때 신중해야 하는 것은 맞다."[사이러스]

## 오프라인에서만 경험할 수 있는 것

Z세대가 숨쉬듯 자연스럽게 디지털 기술에 파묻혀 살면서도 인터넷의 해악을 이해하고 있다는 것은 결국 이들이 온라인과 오프라인을 넘나들며 생활하는 것과 별개로 오프라인에서 다른 사람들과 더불어 시간을 보내는 것의 가치와 안전함을 이해하고 있다는 뜻이다. 한 인터뷰 참여자는 '가장 안전하기' 때문에 대면 만남을 선호한다고 했다. 그가 사람들을 대면하는 시간의 소중함과 온라인 보안의 필요성에 관해 생각

하게 된 것은 아버지의 영향이 크다. 그의 아버지는 보안 문제를 유별나게 우려해 스마트폰을 아예 사용하지 않았고, 소셜미디어 계정도 없었다. 자녀들에게도 소셜미디어에 가입하지 말라고 권유했다(자녀들은 그 말을 무시했지만). 한편 그의 어머니는 그런 기술을 '전혀 모르는' 사람이었다.[말리아] 다른 인터뷰 참여자는 여러 경로로 온라인 생활을 부족함 없이 영위하지만 '진짜' 세상은 오프라인에서 보내는 시간이라고 표현했다. 오프라인 세상에서는 "내 모습 그대로일 수 있고 남들을 신경쓰지 않는다. 남들이 하는 말마다 관심을 기울일 필요도 없다"는 것이다.[히바] 일부 참여자들에게 온라인 미디어는 오프라인에서의 부족한 경험을 보완하고 돕는 수단이었다. 멀리 있는 사람들과 이어지고 현실에서 사람들과 만나는 계기가 되었다. 그럼에도 이들은 오프라인에서만 경험할 수 있는 무언가가 있다고 주장했다. 특히 충만한 관계를 경험하려면 오프라인에서의 생활이 중요했다. 이들은 직접 만나서 노는 시간을 소중히 생각했고, 일부러 그럴 시간을 낸다고도 했다. 급한 일이 아니면 누구도 스마트폰을 사용하지 않는다는 규칙을 세우고 만나기도 했다. 한 인터뷰 참여자는 전자기기 화면만 들여다보는 데 질릴 때면 스마트폰을 멀리하고 사람들을 직접 만나 대화하기를 즐긴다고 했다. 대면해서든 전화 통화로든 '목소리로 하는 대화'를 즐긴다는 것이다.[윤]

대면 만남이 다른 유형의 소통 방식보다 선호되는 데는 여러 이유가 있다. "더 빠르고 편리해 논리적으로 참여하기 쉽고, 하려는 말을 표현하기도 용이하다. 하고자 하는 말을 전달하는 능력의 측면에서 문자는 절대 음성을 대체할 수 없다고 본다"[헨리], "대면 만남을 선호하는 건 내가 전달하는 정보에 대한 사람들의 반응과 전체적인 감정 상태를 확인할 수 있어서다"[카밀라], 온라인으로는 "감정을 전달하기가 꽤 어렵다"라는 의견들이 있었다.[루크] 이 밖에 "오해를 유발한다"[수니타], "자세히 설명하기 어렵다"[이브], 소셜미디어에서는 "진짜 의도나 어조를 파악하기 힘들다"[말리아], 사람과 대면해 표정과 몸짓언어를 눈으로 보아야 "(상대방을) 더 잘 이해할 수 있다"[준] 같은 의견도 나왔다. 몇몇은 얼굴을 마주보아야 진정성을 평가하기 쉽다고 했다. 앞서 우리는 이 세대가 현재 순간에 충실하려는 욕망을 가졌다고 논했는데, 오프라인에서 의미 있는 만남을 추구하는 것 역시 그 욕망에서 비롯된다고 할 수 있다. 한 학생은 우정을 소중하게 생각하는 이유를 "그 순간에 충실해 타인에게 마음을 쓰고, 훌륭한 지지적 관계가 되어주는 일이기 때문"이라고 풀어냈다.[이브] 오프라인에서 친구들과 보내는 시간의 가치를 뚜렷이 인정하는 인터뷰 참여자들의 태도는 S. 크레이그 왓킨스가 텍사스대 학생들을 대상으로 한 연구 결과에서도 마찬가지로 확인된다. 그는 젊은 세대가 "또래집단과의 친밀성을 포기하면서까지 전자기기 화면과의 친밀성을 선택하는 것은 아니다"라고 결론지었다.[34] 우리가 만난 인터뷰 참여자 한 명은 이 논지를 다음과 같이 정리했다. "현실은 인터넷이 주지 못하는 것을 준다. 이를테면 공감과 인간관계, 접촉 같은 것은 인간만이 줄 수 있다. 인간이 기술보다 우위에 있는 지점과 인간다움의 감각이 주는 이점이 분명 존재한다고 생각한다."[벨라]

친구를 사귀어 깊은 관계를 형성하는 과정에서 온라인과 오프라인을 자유로이 넘나들더라도, 결국 가장 소중한 우정을 지속하기 위해서는 오프라인에서 함께 보내는 시간이 필수적이라는 게 대다수의 의견이다. 한 인터뷰 참여자는 현실에서 거의 만나지 않거나 한 번도 만난 적 없이 "온라인에서만 교류하는 친구"는 더이상 만들지 않으며, 그러한 관계는 "나이가 들면 서서히 사라지는 미숙한 사고방식"이라고 표현했다. 이 참여자는 온라인에서만 아는 친구들과 있을 때면 다른 사람이 된다고 했다. 온라인 친구들에게 그는 실제보다 '덜 연약한' 사람이었다. 결국에는 직접 만날 수 있고 만나본 적 있는 사람들이 가장 가까운 친구가 되었다. 온라인에서는 컴퓨터 뒤에 숨을 수 있기에 거리낌없이 목소리를 내는 편이었지만, 스스로 생각하기에 그는 낯을 가리는 사람이었다.[조]

타인과 물리적으로 함께하려는 욕망은 포스트 밀레니얼이 현실 공간을 대하는 방식에도 영향을 미친다. 랭커스터대학교와 스탠퍼드대학교의 사례를 예로 들 수 있다. 랭커스터대학교 도서관은 요즘 여러 캠퍼스 도서관에서 나타나는 경향을 고스란히 반영해 공부와 사교 활동이 혼합된 공간으로 변모하고 있다. 그곳의 도서관 사용 양태를 연구한 결과, 학생들은 기숙사에 모이는 것과 유사하게 도서관에 모이고 있었다. 아늑하고 사적인 아지트를 조성해 함께 공부하는 것은 물론 거기서 먹고 마시고 수다를 떨고 각자 노트북으로 작업을 했다. 학생들은 각자 방에 갇혀 공부하기보다 물리적인 공용 공간에 나란히 앉아 공부하는 걸 더 선호했다.[35]

랭커스터대학교 도서관이 온라인과 오프라인을 통합해가는 동안, 스탠퍼드대학교 학생들은 한 걸음 더 나아가 아예 친목 도모를 위한 오프라인 전용 공간을 조성하자고 나섰다. 학생들 주장에 따르면 카페, 학생회관, 기숙사, 그 밖에 캠퍼스에 마련된 모임 공간으로는 한계가 있었다. 그런 장소에는 노트북을 들고 공부하러 갈 수 있기 때문이다. 학생들은 컴퓨터와 온라인 소통이 금지된, 철저히 사교 활동만을 위한 공간이 필요하다고 주장했다. 그리하여 기존의 IT Information Technology 센터가 SI Social Interaction 센터로 재단장되었다. Z세대가 일상 대부분을 온라인에서 보내며 일과 놀이를 끊임없이, 그리고 구분 없이 경험하고 있음을 고려할 때, 이들이 어떤 식으로든 일과는 무관하면서 사람들과 직접 대면해 친해지는 새로운 종류의 공간을 요구하고 있다는 것은 의미 있고 진정성 있는 방식으로 타인과 연결되고 싶어하는 욕망을 드러낸다.

또 Z세대는 디지털 기술 사용, 특히 소셜미디어 사용을 줄이려고 함께 노력하기도 한다. 인터뷰 참여자 중에는 스마트폰을 일부러 집에 두고 외출하기, 온라인에서 보내는 시간을 제한하기 위한 감시 앱 내려받기, 회의나 식사시간에는 아무도 스마트폰 사용하지 않기로 약속하기, 기한을 정해두고 특정 플랫폼을 스마트폰에서 아예 삭제하기 등의 방법을 시도한 적이 있다고 응답한 이들도 있었다. 하지만 실제로 사용을 자제하기란 쉽지 않다고 한 학생은 고백했다. "인터넷에 쓰는 시간이 아깝다는 생각이 들어서 인스타그램 앱을 안 쓰는 앱 폴더로 옮겼다. 그런데 나중에는 무의식적으로 그 폴더를 눌러 앱을 열고 있더라. 앱을 닫고 나서도 다음에 뭘 해야겠다고 힘주어 의식하지 않으면 무심코 앱을 다시 누르게 되었다. 정말 기이했다. 결국에는 앱을 아예 지우는 편이 낫겠다는 생각이 들었다." 그러고 난 후로는 산만함이 덜해졌고 "무엇보다 중요한 변화는 이전보다 삶에 통제권을 갖게 되었다고 느낀다는 거다."[앨리사]

Z세대는 손아래 세대인 알파 세대가 디지털 기술을 사용하는 방식에 우려를 표한다. 인터뷰 참여자 중 일부는 주변 친구들, 특히 손아래 형제자매가 소셜미디어나 게임에 지나치게 의존적이라며 걱정했다. 한 인터뷰 참여자는 자기 또래가 다 커서 사용하기 시작한 디지털 기술을 요즘 아이들은 훨씬 더 이른 나이에 습득하고 있다며 염려했다.[조] 이들은 동생이 사용하는 소셜미디어 앱을 비판적으로 바라보았는데, 그럴 때의 태도는 나이가 지긋한 어른들을 방불케 했다. 다섯 살짜리 아이들이 스마트폰을 사용하는 것을 두고 걱정스러운 목소리를 내는 이도 있었다. "어린아이들이 사용하는 모습을 보면, 대단히 자기중심적으로 (디지털 기술을) 소비하는 경향이 보인다…… 사람들이 모인 장소에서도 혼자 구석에 가 스마트폰만 들여다보고 있지 않나."[산티아고] 또 다른 인터뷰 참여자는 어린아이들과 기술 '격차'를 느낀다고 표현했다. "뮤지컬리musical.ly라는 앱을 쓰던데, 나는 도저히 이해를 못하겠다. 열 살짜리 애들이 그 나이에 알아서는 안 되는 노래를 부르고…… 타이드 팟* 먹기 챌린지 같은 것도 하던데…… 그게 다 뮤지컬리에서 유행해서 그런 게 아닐까 싶다." (이 인터뷰 참여자가 사는) 동네 꼬마들은 "페이스

---

* 캡슐형 고농축 액상 세제.

북을 사용하지 않고, 오리지널 콘텐츠에도 별 관심이 없다. 나에게는 개성이 더 중요하다. 뮤지컬리는 정말 별로다!"[말리아]라고 말한다. 이와 비슷한 심정을 토로한 인터뷰 참여자는 또 있었다. 여덟 살짜리 아이들이 자신들 사이에서 유행하는 앱을 사용하지 않는다는 이유로 그를 '바보 취급'하더라는 것이다. 그는 "그런 앱에 그렇게나 열광하다니 이상한 일"이라고 푸념했다.[매디슨] 또다른 인터뷰 참여자는 이렇게 말했다. "어린 세대는 우리와 다른 방식으로 디지털 기술을 사용한다. 나는 그 세대와 교감하지 않는다. 요즘 아이들은 뮤지컬리를 좋아하던데, 내가 보기에는 이상하기 짝이 없다."[게이브] 아마 Z세대는, 그 문제의 플랫폼이 외양을 바꾸자 자신들도 그 플랫폼에 빠져 살게 되리라고는 미처 예상 못했을 것이다. 2018년 뮤지컬리는 중국 기업 바이트댄스가 소유한 틱톡과 합병했다. 그리고 2년 후 세계에서 가장 가파르게 성장하는 소셜미디어가 되었다. 2020년 상반기에만 다운로드 횟수가 무려 6억 2천만 건에 달했다. 어린 연령대에서 인기를 끌던 이 앱은 어느덧 전 연령대로 퍼졌고 포스트 밀레니얼도 예외는 아니었다. 이들은 틱톡 앱의 스마트 추천 알고리즘에 넘어가 순식간에 중독되었다. 2020년 6월, 틱톡 사용자들은 인스타그램, 와츠앱, 트위터를 사용하는 시간의 두 배를 틱톡에 쓰는 것으로 나타났다.[36]

# 결론: Z세대는 알고 있다

인터뷰 참여자들이 언급한 바대로 첨단기술에는 좋은 점과 나쁜 점이 공존하는 만큼, 좋은 방향으로 쓰이도록 하는 게 자신들 책임이라는 감각이 Z세대 사이에는 존재한다. 한 인터뷰 참여자는 첨단기술이 우리를 "마음대로 움직이지" 못하게 한다고 불안해하면서도 "기술이 사라질 일은 없으니 어떻게든 좋게 활용할 방법을 찾아야 한다"고 지적했다.[리나]

디지털 기술은 우리 모두에게 역설을 드러내 보인다. 기술이 가져다준 경이로운 변화는 더 나은 미래로 가는 열쇠가 될 테지만, 지금까지는 누구도 이 기술로 유토피아를 실현하지 못했다. 도리어 아직도 베일에 싸인 인공지능 발달의 미래는 사람들의 삶을 더욱 불안하게 만들었다. 인터넷 덕분에 방대한 정보 자원과 여러 관계, 네트워크, 연결망에 접근할 수 있고 예전보다 더 큰 목소리와 힘을 가지게 되었으나, 개인정보와 보안이 위태로워지는 허점이 드러난 것 역시 사실이다. 우리가 연구한 Z세대는 이 역설을 정확히 인지하고 있다. 태어나 지금까지 첨단기술과 더불어 살아온데다, 이후에 다루게 되겠지만 기성세대가 급격한 변화에 어쩔 줄 몰라 하는 동안 그 변화에 홀로 대처해야 했던 사람들이 바로 이들이기 때문이다.

우리가 인터뷰한 Z세대 사이에서 유명한 블로그 〈잠깐 그런데 왜 Wait but Why〉의 운영자 팀 어번은 이 문제를 냉철하게 직시한다.

첨단기술은 이 순간 우리를 향해 달려드는 괴물 같은 신이다. 그 신이 자비롭고 놀라운 존재일지, 아니면 지독하게 사악한 존재일지는 지금 우리가 무엇을 하느냐에 달렸다. 그러므로 우리는 여기에 관여해야 한다. 현재 첨단기술 분야 종사자들이 그 신을 만들고, 어떤 모습일지를 결정하는 사람들이다…… 인간에게 관심을 기울이고 후대를 아끼는 마음이 있다면, 이 문제에 주목해야 한다.[37]

세대를 막론하고 인간은 누구나 자신들이 만들지 않은 세상을 물려받는다. 휘청이는 제도와 깊어진 불평등, 기후위기를 모두 떠안게 된 Z세대는 자신들이 마주한 세상을 심히 우려하고 있다. 이들에게는 익숙한 도구인 디지털 기술과 네트워크로 문제를 해결하는 것 말고는 다른 방도가 없다. 이들은 디지털 기술이 문제를 일으키기도 하지만 그 해법 역시 줄 수 있음을 잘 안다.

디지털 기술의 역설로 인한 문제들과 포스트 밀레니얼이 그 문제에 대응하는 방식에 관해서는 이 책 후반부에서 다시 다룰 예정이다. 이제 우리는 정체성이 포스트 밀레니얼에게 얼마나 중요한지, 또 그 과정에서 인터넷이 어떤 핵심적인 역할을 하는지에 관해 논의해볼 것이다.

# 다양한 조각들로 이루어진 '나'

» 중요한 건 내가 나를 어떻게 느끼는가다 «

시인 엘리자베스 알렉산더는 2018년 스탠퍼드대 학위 수여식에서 열살 난 종손의 일화로 연설을 시작했다.

맥시는 스코틀랜드인과 에리트레아인 혼혈로 태어나 스코틀랜드 애버딘에 사는데, 얼마 전 이모 결혼식장에 갔다. 사진 속 맥시는 친가 전통에 따라 격자무늬 킬트를 허리에 둘렀고, 머리에는 사원에 갈 때 쓰려고 뜬 타탄무늬 키파를 썼다. 수줍게 이 세상 누구보다 사랑스러운 미소를 띠고, 친척 어른들에게 에리트레아 전통춤을 배우는 맥시는…… 아마도 세계에서 유일하게 타탄무늬 키파를 쓴 스코틀랜드-에리트레아 소년일 것이다. 하지만 앞으로는 맥시 같은 아이들이 더 생길 거라고 장담한다.[1]

알렉산더가 들려준 일화에 Z세대 졸업생들은 공감했다. 그는 종손을 가리켜 **한 명뿐인 부족**, (특성의 조합이 독특한) **유니콘**이라고 표현했는데, 이러한 수식어는 미립자 정체성을 스스로 만들어나가는 Z세대 전반에 적용되는 말이다.

디지털 시대의 정체성은 개인의 여러 특성이 복잡다단하게 얽힌 혼합물이자 신중한 탐색의 결과물이다. 우리가 3개 캠퍼스에서 인터뷰한 학생들은 자신들의 미립자 정체성을 탐구하고 표현하는 행위에 관해 거듭 이야기했다. 랭커스터대학교에서 만난 학생은—마커스라고 하겠다—신앙이 독실한 게이 남성이다. 그는 중국에서 영국으로 건너와 정착한 부모님을 두었다. 마커스는 십대 시절 자신의 정체성을 발견하고 받아들이기까지의 과정을 가슴 절절하게 고백했다. 그는 인터넷 검색을 통해 자신의 성적 지향에 붙일 이름을 발견했고, 비슷한 지향성을 가진 공동체를 찾았다. 자신처럼 중국인 핏줄을 물려받은 게이 친구들을 알게 되면서 깊은 위안을 얻었다. 어린 시절 동네에서 영국 무슬림들과 친구로 지내면서 이슬람 종교에 관심이 생겨 2년 동안 무슬림 개종자로 살기도 했다. 이후로는 다시 부모님을 따라 기독교도가 되었다.

마커스는 이토록 복잡한 자신의 특성들을 어떻게 감당하고 있는지 우리에게 설명해주었다. 그가 생각하기에 아마도 기독교도 친구들은 그의 성적 지향을, 게이 친구들은 그의 종교를 수용하지 못할 것 같다고 했다. 그에게는 백인 친구도 아시아인 친구도 있는데 그들은 마커스를, 또는 서로를 이해 못 할 때가 있다. 그래도 마커스는 이질적인 여러 공동체와 관계 맺으며 자신의 정체성을 이루는 각각의 측면들을 키워갔다. 그가 생각하기에 어떤 측면은 고정불변의 것이지만 어떤 측면은 가변적이어서 세월이 지나며 변함없이 유지될 수도 달라질 수도 있다. 놀랍고 다행스럽게도, 그는 온라인 커뮤니티를 통해 자신과 꼭 닮은 사람을 만났다. 게이이면서 기독교도이고 중국인 핏줄을 물려받은 사람을 말이다.

이때 정체성은 자아의 발견이라는 도덕적 성찰의 결과물로, 개인에게 내적 안정감을 준다. 과거에는 가족이나 직장에서 안정감을 얻었을 테지만, 포스트 밀레니얼은 그런 제도나 조직에 대개 회의적이다. Z세대는 물려받은 정체성 표지들 중 일부를 지키면서 소중히 여기기도 하지만, 어떤 표지들은 아예 거부한다. 정체성을 선별하고 거부하는 과정에는 가족이나 사회가 이들에게 붙인 라벨들을 비판적으로 따져보는 행위가 수반된다. 영성 전문가 캐스퍼 터 카일은 이 과정을 '개별화와 재혼합' 과정이라고 명명한다. **개별화**는 한데 묶인 것을 각각의 요소로 분리하는 것을 뜻한다. 분리된 것들의 일부 또는 전체를 자신에게 맞게끔 재혼합하면 철저히 개인적이면서 진정성 있는 정체성이 형성된다.[2]

포스트 밀레니얼의 정체성은 탐색 과정에서 바뀔 수도 있는 일련의 특성들을 아우르는 만큼 미세한 조각들로 구성될 수밖에 없다. 탐색 과정을 거치면서 정체성은 점점 더 정밀해지고, 여러 가지 정체성 표지를 받아들이는 결과로 이어지는 경우가 많다. 이를테면 마커스처럼 기독교도이자 게이이고 아시아계 영국인 1세대로서의 정체성이 형성되는 것이다. 인터뷰 참여자들이 자신의 정체성을 얼마나 명확하게 언어화하는지 매번 놀라울 정도였다. 이들이 정체성 선언에 유창한 이유를 하나 꼽자면, 여러 특성 중에서도 젠더, 섹슈얼리티, 인종, 민족의 특성이 무엇보다 중요하다는 합의가 세대 전반에 널리 퍼져 있기 때문일 것이다. 그러나 결국 핵심은 고유한 자아를 탐색하고 구성하고 표현하는 과정에서 아주 다양한 정체성 요소들을 개인이 직접 다듬어 결합한다는 데 있다. 이렇듯 스스로 탐색해가는 정체성은 이 세대가 대단히 가치 있게 생각하는 또다른 개념, 진정성과 밀접하게 엮인다. Z세대는 자신들이 일치감과 소속감을 느낀다고 주장하는 민족 또는 젠더 공동체에 (이 영역에만 한정되는 것은 아니지만) 반드시 솔직해야 하며 위선적으로 굴어서는 안 된다고 생각한다. 진정성은 Z세대를 이해하는 핵심 개념 중 하나로, 다음 장에서 본격적으로 다룰 예정이다.

포스트 밀레니얼은 이러한 정체성 형성 방식을 자기 세대의 특징으로 여긴다. 그렇다면 이들이 자아를 탐색하는 과정은 정체성 탐색이라는 유구한 전통 가운데 과연 어느 지점에 놓일까?

## '나'를 명료하게 표현하기

정체성은 20세기 중반에 이르러서야 사회적 개념으로 굳어졌다. 당시에는 젠더, 인종, 민족, 종교, 계층, 국적과 같이 비교적 고정적인 범주로 묶였는데, 대개 이러한 범주는 개인의 생물학적 특징과 가족 배경, 소속 따위로 결정되었다.[3] 그러다 정체성 정치 운동이 시작되고 미국과 영국의 이민정책이 변화하면서 상황이 달라졌다. 1960년대 시민권 운동에 바로 뒤이어 시작된 여성 해방과 동성애자 해방 운동은 1970년대에 꽃을 피웠다. 그 결과, 이 정체성 정치 집단들은 점점 더 많은 대중의 이목을 끌었다. 권리를 쟁취하려고 정체성을 천명하고 주장할수록 더 많은 관심을 받았다. 동시에 이러한 운동은 정체성에 억압적으로 부여된 특성들의 '당연함'에 의문을 던졌다. 사람들은 젠더가 문화적으로 구성된 것일 수 있음을 차츰 이해하기 시작했다. 예컨대 19세기 '집안의 천사' 개념은 여성을 정숙하고 동정적이고 순종적인 존재로 보며 집 또는 사적인 영역과 결부하는데, 사실 이러한 여성상은 중산층의 성장과 산업혁명의 도래에 따라 구성된 개념이다.[4] 우리가 만난 Z세대 인터뷰 참여자들은 이제 젠더 구성에 관한 논의가 **남성**과 **여성**이라는 이분법을 의문에 붙이고 가변적인 섹슈얼리티의 가능성을 제안하는 쪽으로 확장되었음을 보여준다.

미국과 영국에서 민족 다양성이 어느 때보다 확대된 만큼, 민족과 인종은 자연스레 이전보다 중요한 정체성 표지가 되었다. 1965년 미국 이민법이 개정되면서 서유럽과 북유럽 이민자들에게 압도적으로 유리했던 국적 할당 이민제가 폐지되었다. 1960년만 해도 미국에 정착하는 이민자 10명 중 7명이 유럽 출신이었으나, 2010년에는 10명 중 9명이 비유럽 출신이었다. 1990년 이민법이 개정되면서부터는 동성애자라는 이유로 이민 희망자를 차별할 수 없게 되었다. 한편 영국에서는 제2차세계대전 이후(와 포스트 제국주의 시대)의 브리튼 이민정책으로 새로운(필요했던) 노동력이 영국으로 유입되어, 마찬가지로 인구 다양성이 증대되었다. 1948년 영국 국적법은 영연방 국적 시민에게 일제히 무료 입국을 허가했고, 1948년 자메이카에서 출항한 엠파이어 윈드러시호가 영국에 입항한 사건은 새 시대의 서막을 알렸다. 이 법안을 계기로 1950년대부터 1960년대, 1970년대까지 인도아대륙과 아프리카 국가들에서 이민 행렬이 이어졌다. 포스트 밀레니얼의 부모 세대는 미국과 영국에 민족 다양성이 증대되는 환경에서 자라났고, (많은 경우 종교 다양성도 포함하는) 이 민족 다원주의는 우리가 만난 Z세대 인터뷰 참여자들에게 당연한 규범이 되어 있었다. 이렇듯 서구사회 문화가 다양해지면서 정체성을 명료하게 표현하는 문제는 더욱더 중요해졌다.

포스트 밀레니얼은 정체성이란 거대한 사회집단 내에서 스스로 주장하고 개인적으로 형성해야 할 사회적 개념이라는 생각을 물려받은 세대다. 따라서 이들은 자신을 스스로 규정해야 한다는 의무감을 느낀다. 이를 촉발한 사회적·정치적·정책적 경향은 이들이 태어나기 수십 년도 전에 시작된 것이지만, 오프라인과 온라인에서 이들이 겪는 사회화의 여러 측면이 이 경향을 한층 강화했다. Z세대 사이에서 정체성 형성은 중요하게 받아들여지며, 1980년대 대학가에 등장했던 '정체성 정치'의 연장선으로 여겨진다.[5] 하지만 이는 아주 정확한 진단은 아니다. 실제 Z세대가 언급한 정체성은 훨씬 미묘하고 세밀했으며, 빠르게 변화하는 환경에 발맞추어 반응했다. 즉, 포스트 밀레니얼은 정체성 형성 과정을 유산으로 물려받아 훨씬 더 확장하고 발전시켰다.

# 맞물리고 교차하며 만들어지는 정체성

정확히 무엇이 달라진 걸까? 인구 증가, 세계화, 도시화가 동시에 이루어지며 이 세상에서 개인의 자리는 어디인지에 관한 질문이 대두되었고, 자연스럽게 정체성이 중요한 문제로 자리잡았다. 마커스 사례가 보여주듯, 정체성은 특히 이 두 가지 지점에서 중요하다. 첫째, 개인의 정체성은 고유하고 미세한 조각들로 구성되고, 유연하며, '교차적'(이 용어는 곧 자세히 다룰 것이다)이다. 둘째, 형성 과정에서 인터넷이 중대한 역할을 한다. 디지털 기술은 고유한 정체성을 생성하고 형성하는 데 다양한 선택지를 제공하며 온라인에서 '나와 같은 사람'을 만날 수 있게끔 도와 포스트 밀레니얼이 정체성에 관한 생각을 정립할 수 있도록 해왔다. 그런가 하면 인터넷은 포스트 밀레니얼이 직접 선별해 구성한 정체성을 소셜미디어에 전시할 기회도 제공한다.

학생 활동가들을 비롯해 Z세대 대다수는 미립자 정체성을 다듬어가는 과정에서 교차성 개념을 수용했다. 이 개념은 1989년 페미니스트 법률 이론가이자 시민권 운동가인 킴벌리 윌리엄스 크렌쇼가 주창했다. 정체성의 여러 조각이 상호작용하면서 총합보다 더 커다란 정체성을 완성하며, 그러한 상호작용이 사회에서 우리가 어떻게 인식되고 취급되는지에 실질적 영향을 미친다는 것을 드러내고자 제안한 용어다. 크렌쇼는 이 용어의 함의를 다음과 같이 요약했다.

교차성은 힘이 발생하고 충돌하는 지점, 서로 맞물리고 교차하는 지점을 보여주는 렌즈다. 단순히 이건 인종 문제와 젠더 문제, 저건 LGBTQ 문제라고 말할 수 없다. 이러한 구분이 이 모든 것에 해당하는 사람들이 겪는 일을 지워버릴 때가 너무 많다.[6]

2020년 여름 NYC 자유 행진을 공동 기획한 포스트 밀레니얼 활동가 첼시 밀러(컬럼비아대학교 2018년 졸업생)는 교차성이라는 용어에 왜 공감하는지를 다음과 같이 설명한다.

혹인이자 여성이고, 1세대 미국 시민권자이며, 이민자의 딸로서, **교차성**이라는 말을 처음 들었을 때 바로 이거다 싶었다…… 타인의 어려움을 직접 겪지 않고도 이해할 수 있었던 이유를 마침내 언어로 표현할 수 있게 된 거다. 정체성과 경험이 서로 교차하고 있기에, 나는 굳이 북미 원주민이 되거나 LGBTQ+ 공동체의 일원이 되지 않고도 그들의 이야기에 공감할 수 있다. "나는 상처받았다. 이 시스템이 나를 억압해왔고 침묵을 강요한다"고 말하는 사람에게 수 세대가 흘러 비로소 "내 눈에 당신이 보인다. 당신도 우리와 같은 인간이니까"라고 답하게 된 것이 실로 감동적이다.[7]

교차성 개념은 어느 세대보다 정밀하게 정체성 표지를 찾는 포스트 밀레니얼의 방식에 정확히 들어맞는다. LGB(레즈비언, 게이, 바이섹슈얼) 운동이 (트랜스, 퀴어를 더한) LGBTQ 운동으로 확장되고 (인터섹스, 에이섹슈얼, 그 밖에 모든 섹슈얼리티와 성, 젠더를 포함한)

LGBTQIA+로 옮겨간 것이 일례다. 미세한 조각들로 구성된다는 특수성과 그에 요구되는 정치에 대한 섬세한 이해는 우리가 인터뷰를 진행한 3개 캠퍼스에서 정체성의 특수성과 교차성을 대표하는 학생 집단(흑인 프리 로스쿨 학회, 라티노 엔지니어 협회, 컴퓨터공학 전공 여성 모임, 유대인 퀴어 모임, 아시아인 퀴어 모임 등) 수가 늘어나고 있는 현상에서도 잘 드러난다. 이 집단들은 고유하고 개별적이고 복잡한, 그러나 명료하게 전달되는 일련의 정체성 특성들 안에서 진짜 자기 모습대로 살아갈 기회를 개척하고 다른 사람들에게도 그러기를 독려한다.

인터넷은 계속되는 정체성 다듬기를 더욱더 촉진한다. 아주 구체적으로 정의된 정체성을 가진 사람들끼리 '동호회'를 결성하기도 하는데, 구성원들끼리 공유하는 어휘들, 농담과 밈, 영웅, 행동 기대치가 하나둘 늘어나면서 공동의 정체성, 나아가 공동의 문화가 형성된다. 어느 소셜미디어를 보아도 알 수 있듯이, 이러한 현상은 오프라인은 물론 온라인 모임에서도 일어난다. 페이스북, 레딧, 텀블러에는 무수히 많은 하위 그룹이 존재한다. 스스로를 '넘텃Numtots'이라고 규정하는 사람들을 예로 들어보겠다. 20만 명이 넘는 이들은 페이스북 그룹 '대중교통을 지향하는 십대를 위한 신도시주의 밈New Urbanist Memes for Transit-Oriented Teens'에 참여하며 그룹과 자신을 동일시한다.[8] 한 인터뷰 참여자는 이렇게 설명한다. "이보다 적확한 정체성이 있을까 싶다. 그저 도시주의와 대중교통에 관한 모임이지만, 아주 구체적인 주제라서 현실에서는 이에 관해 대화할 기회가 좀처럼 없다…… 그런데 이 모임은 깜짝 놀랄 정도로 활성화되어 있다. 새로운 콘텐츠가 끊임없이

만들어지고 모두가 같은 시간대를 살아가는 것처럼 교류가 끊이질 않는다."[앤디]

## 남성적이라거나 여성적이라는 말을 넘어서

Z세대가 인터뷰와 포커스 그룹에서 논의하고 싶어한 정체성 특성 중에 가장 자주 거론된 것은 젠더와 섹슈얼리티다. 이 두 가지 주제는 긴밀히 엮여 있지만 점차 분리된 범주로 구분되는 추세다. 온라인 언어를 수집한 i세대 말뭉치에서도 **정체성**이라는 단어는 젠더와 함께 쓰이는 경우가 유독 잦았다. 이를테면 **젠더 정체성**이라는 표현은 그 밖에 다른 정체성 관련 용어보다 두 배 더 자주 쓰였다. 젠더와 섹슈얼리티 정체성의 핵심은 가변성과 다양성이다. 모델이자 배우인 카라 델러빈(1992년생이므로 포스트 밀레니얼보다 살짝 나이가 많은 축에 속한다)은 이렇게 말했다. "젠더라는 것이 '남성적'이라거나 '여성적'이라는 개념보다 훨씬 더 유동적이라는 사실을 안 순간 돌파구를 찾은 기분이었다."[9]

학생들은 온라인과 오프라인에서 자신을 소개할 때 젠더와 섹슈얼리티 정체성을 적어도 1개 이상 언급하는 경우가 흔하다. 이러한 정체성의 측면들은 당연하게 주어진 '패키지'가 아니라 하나하나가 탐색과 선택의 대상이 됨으로써 차별화된다. 하나의 범주 안에서도 선택지는 넘쳐난다. 어떤 건 고유한 이름표와 분류 라벨을 갖고 있다. 이를테면 (남성으로도 여성으로도 정체화하지 않는) '논바이너리', (태어났을 때

74

부여받은 젠더와 젠더 정체성이 일치하는) '시스젠더', (양성 중 한 성에서 다른 성으로 변한) '트랜스', (남성과 여성 어디에도 속하지 않으며 논바이너리로도 정체화하지 않는) '젠더 비순응자', (젠더의 표현과 정체성이 남성성, 여성성, 양성성 사이를 오가는 논바이너리 유형의 일종인) '젠더 플루이드', (남성이나 여성으로 확실히 정체화하지 않고 둘이 혼합되어 나타나기도 하는) '젠더 퀴어', (사회적 범주로서 젠더를 전면 부인하는) '포스트젠더' 또는 '에이젠더' 등이 그 예다.

젠더와 섹슈얼리티 정체화가 점점 다양해지고, 연애 성향이나 정체성과도 점점 더 긴밀히 얽히고 있다는 것은 이 책의 공동 저자인 세라 오길비가 스탠퍼드대 언어학 수업에서 수집한 어휘에서도 잘 드러난다. 이 어휘 목록은 Z세대가 생각하기에 또래집단의 고유한, 또는 특징적인 단어들을 모은 것이다.[10] 해당 단어들과 의미를 아래에 실었다.

| | |
|---|---|
| **에이스** | 에이섹슈얼asexual의 준말 |
| **에이팹** | 지정 성별 여성assigned female birth의 약어 |
| **에이맵** | 지정 성별 남성assigned male birth의 약어 |
| **에이로맨틱** | 로맨틱한 끌림을 경험하지 않음 |
| **바이로맨틱** | (반드시 성적인 끌림이 아니어도) 두 가지 이상의 젠더에게 로맨틱한 끌림을 느낌 |
| **보이boi** | 소년을 연상케 하는 방식으로 자신을 표현하는 젠더 불특정 인간 |
| **데드네임** | 새 이름을 사용하는 트랜스인이 출생시 부여받은 이름 |

| 데미걸 | 남성이나 여성으로 정체화하지 않으나 소위 여성스럽다고 여겨지는 성향에 끌리는 사람 |
| --- | --- |
| 데미섹슈얼 | 감정적으로 깊은 유대감이 형성되어야만 성적 끌림을 느낌 |
| 엔비enby | 논바이너리 인간(논바이너리nonbinary의 'nb') |
| 펨 | 여성스러운 젠더 또는 미적 표현 |
| 고잉 스텔스 | 트랜지션* 중에 자기 보호를 위해 지정 성별대로 외양을 표현하는 것 |
| 그레이섹슈얼 | 특정 상황이 아니고서는 성적 끌림을 거의 느끼지 않는 에이섹슈얼 |
| 인터섹스 | 일반적인 남성이나 여성에 들어맞지 않는 성징을 지닌 사람 |
| 인터젠더 | 남성이나 여성으로 정체화하지 않는 인터섹스의 논바이너리 정체성 |
| 적세라juxera | 여성에 가깝지만 여성과 확연히 구분되는 젠더 (연관어: 프록스버) |
| 마스크masc | 남성스러운 젠더 또는 미적 표현 |
| 미스젠더 | 누군가를 틀린 성별 대명사나 이름으로 부르는 것 |
| OTP | 최애 커플one true pairing의 약어로, 소설이나 현실에서 |

---

\* 자신의 성 정체성에 맞게 살아가기 위한 성별 전환 과정을 뜻한다. 의료적 조치와 성 역할 변화까지 포괄한다.

가장 좋아하는 커플을 지칭하며 대부분 로맨틱한 관계
를 뜻함

**팬섹슈얼**　　　모든 젠더에게 성적 끌림을 느낌

**패스pass**　　　자신이 정체화하는 젠더와 외양이 일치함

**폴리아모러스**　다수의 로맨틱 또는 섹슈얼 파트너와 관계 맺는 것에
　　　　　　　홍미를 느낌

**폴리젠더**　　　동시에 여러 젠더로 정체화하는 논바이너리 젠더 정체성

**프록스버proxvir**　남성에 가깝지만 남성과 확연히 구분되는 젠더
　　　　　　　(연관어: 적세라)

**사피오섹슈얼**　지성에 끌림

**스콜리오섹슈얼**　젠더 비순응자에게 성적으로 끌림

**유니콘**　　　　성향을 정확히 밝히지 않고 이성애 커플과 성관계하는
　　　　　　　바이섹슈얼로 주로 여성임


　　이렇게 라벨과 이름들이 차고 넘치게 존재함에도 타인이 자신의 고유한 정체성을 무시하고 오해한다고 느낄 때의 좌절감은 여전하다. 레딧에 글을 올린 어느 포스트 밀레니얼은 전통 규범에 순응하라는 압박 속에서 정체성을 발견해가는 이들 세대의 여정을 다음과 같이 설명한다.


　　내가 할 수 있는 최고의 조언은 라벨과 범주 따위 신경쓰지 말고 원하는 대로 자신을 표현하라는 거다. 지도는 지도일 뿐 영토가 아니다. 나는 가족과 친구들, 의사들에게 트랜스로 커밍아웃하기 시작하

면서, 주변 사람들로부터나 나의 내면에서부터 젠더 이분법에 순응해야 한다는 압박에 시달렸다······ 결국은 5년이 지나서야 (충격적이게도) 젠더 이분법이 나에게 맞지 않는다는 것을 깨달았고, 어쩌면 내가 논바이너리인 것이 진실에 더 가깝겠다는 생각이 들었다. 하지만 논바이너리로 정체화하는 것도 마찬가지로 걱정스러웠기 때문에, 나는 사람들이 뭐라 말하건 무시하면서 외부 요인으로 나의 젠더 정체성이 흔들리지 않을 때까지 자신감과 안정감을 충분히 길렀다. 이제는 남들이 나를 가리켜 남자라고 하든 여자라고 하든 하나도 신경쓰이지 않는다. 가장 중요한 건 내가 나를 어떻게 느끼느냐 하는 것이니까.[11]

한 인터뷰 참여자는 자신의 젠더 정체성을 일종의 탐험 여정에 비유하며 유동적인 언어로 표현했다. "나의 젠더 정체성을 이해하려고 노력중이다. 나의 정체성은 조금 특이하다. 나는 여전히 남자로 정체화한다. 그러니까 나는 남성이다. 하지만 나의 젠더는 유동적이고 퀴어하다. 이걸 어떻게 분류해야 하는지 모르겠지만, 그럼에도 나는 정체성을 선언한다. 그래야 마음이 편해진다. 나는 그냥 이런 사람이다." 다만 이 참여자는 일상에서 의복과 같은 표지로 유동적인 젠더 정체성을 표현하는 데는 조심스러웠다. "특정 의복"은 "주변이 어두운" 밤에만 주로 입는 편이었다. "지켜볼 문제다. 언젠가는 맞서게 될 거다. 내가 얼마나 자신감을 찾게 될지에 달렸다."[트래비스]

조사 결과에 따르면, 포스트 밀레니얼의 과반수가 젠더 중립적 대명사를 받아들였다. 퓨 리서치 센터가 2018년 실시한 조사 결과, 미국 포스트 밀레니얼(이 조사 기준으로는 1996년 이후 출생 인구)의 35퍼센트가 "남들이 자신을 가리킬 때 젠더 중립적 대명사를 쓰는 것을 선호하는 사람"을 안다고 응답했다. 포스트 밀레니얼의 약 60퍼센트는 "문서 서식이나 온라인 프로필이 개인의 젠더를 물을 때 '남성'과 '여성' 이외의 선택권도 포함해야 한다"라는 주장에 동의했다.[12]

라벨을 선별하는 것이 전부가 아니다. 그 라벨에 각자가 어떤 의미를 부여하느냐도 무척 중요하다. 우리는 이 사실을 미국과 영국에서 (각국 포스트 밀레니얼 전체의 대표 표본을 대상으로) 실시한 포스트 밀레니얼 인구조사 결과를 가지고 학생들과 대화하면서 발견했다. 조사 결과, 대학 진학 여부와 상관없이 압도적인 다수(91퍼센트)가 스스로 '남성' 아니면 '여성'으로 정체화했다. 자신을 '젠더 플루이드 또는 논바이너리' 혹은 '기타'로 정체화한 인구는 4퍼센트에 그쳤다. 5퍼센트는 정체성을 밝히기를 선호하지 않았다. 수치는 두 국가에서 정확히 똑같이 집계되었다. 이 조사 결과에 대해 학생들은 응답자들이 '남성' 또는 '여성'을 **의미 그대로** 해석한 것은 아니라고 지적했다. 흥미로운 지점은 개인이 라벨을 스스로 선택하는 것은 물론, 그것에 결부되는 의미와 실천하는 방식까지 선택한다는 것이다. 조사에서 남성이나 여성으로 정체화한다고 집계된 인구 중 일부는 트랜스 남성과 여성이란 점도 주목할 필요가 있다. 즉, 양성 이분법 안팎에서 트랜지션을 마쳤거나 트랜지션중인 인구가 포함된 것이다.

젠더 정체성과 유동성이 확대되면서 개개인을 부르는 새로운 대명사(ze, ey, em, eir, sie, hir, they, them, their 등)도 속속 등장했다. 우리가 만난 인터뷰 참여자 대다수가 자신의 젠더 범주를 스스로 밝힌 후에 어떤 대명사로 자신을 불러주면 좋겠다고 우리에게 부탁해왔다. 논바이너리 학생들은 주로 'they'나 'them'을 선호했다. 이들에게 대명사가 왜 이렇게까지 중요한 문제가 되었을까? 스스로 시스 여성이라고 밝힌 한 학생은 다수든 소수든 모든 정체성을 존중하고 배려하고 싶다는 공감대가 자기 세대에 널리 퍼져 있기 때문이라고 주장했다. "시스젠더가 아닌 이들에게는 자신이 느끼는 감각과 일치하는 대명사로 호명되는 것이 중요한 문제다. 시스젠더에게는 '필수적인' 문제라기보다 일종의 연대를 표현하는 방식이다. 시스젠더가 아닌 사람들과 친구들이 먼저 얘기를 꺼낼 필요 없이 희망하는 대명사를 자연스럽게 알릴 수 있도록 하는 쉬운 방법인 것이다."[이브]

소수에 해당하는 정체성을 존중하고, 적대감과 반대에 맞서 소수자성을 보호하고 선언해야 한다는 주장이 연구 과정 내내 들려왔다. 포스트 밀레니얼에게 이는 리버럴 성향에만 국한되는 문제가 아니었다. 스스로 정치적 보수라 밝힌 오하이오주 출신 남학생은 뉴욕 타임스 인터뷰에서 게이와 트랜스젠더 친구들, 동급생과 함께 성장했다면서 "인생의 절반 이상을 나와 정반대에 놓인 섹슈얼리티와 젠더를 목격하며 살았다……나는 그들의 성별이나 젠더에 신경쓰지 않는다. 그저 개개인을 존중할 뿐이다"[13]라고 말했다.

퍼시픽 스탠더드의 Z세대 연재 기사에서 섹슈얼리티와 젠더 다양성을 연구하는 사회심리학자 필립 해맥은 Z세대가 논바이너리 혁명을 일으켰다고 분석했다.

혁명이 진행중이란 사실을 유의해야 한다. 혁명은 아직 완수되지 않았다. 논바이너리는 **미래**다. 현재는 유동하는 상태다. 논바이너리 미래가 도래한다는 것은 청소년들이 반항과 실험에 빠져 산다는 뜻이 아니다. 우리 사이의 다름을 다 함께 인정하는 새로운 문화가 만들어진다는 뜻이다. 우리가 이 세상에서 생각하고, 느끼고, 행동하는 방식에 창의성과 진정성을 더한다는 뜻이다. 거울 앞에 섰을 때 우리 마음속에서 '옳다'고 느껴지는 모습을 마주할 수 있다는 뜻이다.[14]

젠더 정체성의 확대는 좀더 긴 역사적 맥락에서도 보여진다. 성적 차이, 즉 고대와 중세 과학자들이 믿었던 바대로 단 하나의 성에 우월한 버전(남성)과 열등한 버전(여성)이 있는 게 아니라 두 개의 고유한 성이 존재한다는 생각은 18세기에 처음 등장했을 때 실로 파격이었다. 이 이분법적 '성적 차이'는 19세기 서양 문화의 정체성 개념을 이루는 핵심이었다.[15] 그러다 20세기 들어 여성운동이 젠더의 '당연함'에 반기를 들면서, 여성에게 부여되는 '여성성'과 남성에게 부여되는 '남성성'이 문화적으로 구성된 특징일 뿐이라는 목소리가 힘을 얻었다. 이 운동은 변화와 논쟁으로 점철된 기나긴 역사에 새 물꼬를 텄다. 20세기 말부터 21세기에 이르며 호르몬 치료, 외과 수술 기법, 생식술이 발전을 거듭한 것도 한몫했다. 젠더는 고정적이지도 이분법적이지도 않다는 생각을 일상에서 실천하며 그것을 미립자 정체성에 통합한 Z세대는 이 진화의 역사를 한 걸음 더 진전시키고 있다.

최근 젠더 범주가 요동하는 것에는 제2물결 페미니즘이 상당한 영향을 주었는데, 이에 더해 세대 차이도 의견 충돌과 논쟁을 이끄는 양상이다. 포스트 밀레니얼은 『해리 포터』 시리즈를 읽으며 열광하던 세대다. 작가 J. K. 롤링이 트위터에 "성별은 실존한다sex is real"라고 글을 올려 여성 범주에 대한 자신의 페미니스트적 이해를 변호했을 때, 많은 포스트 밀레니얼이 실망감을 감추지 못했다. 롤링은 이른바 '터프 TERF(트랜스를 배제하는 급진적 페미니스트)'로 비판받았고, 트위터에서는 #RIPJKRowling 해시태그가 트렌드로 떠올랐다.[16] 인터넷 언론 복스에 인터넷 문화에 관한 글을 기고하는 에이자 로마노는 이렇게 논평했다. "롤링은 여성이자 성폭력 생존자로서의 경험을 앞세워 사람들의 이성에 호소하며 노골적인 트랜스 혐오를 은폐했다. 자기 경험에 대해서는 공감과 존중을 바라면서도 정작 자신이 겨냥한 사람들을 향해서는 그러한 것들을 보여주지 않았다."[17]

포스트 밀레니얼이 J. K. 롤링에게 분노한 것은 그들 세대에 지대한 영향을 주었으며 여성과 소수자 권리를 옹호해온 인물이 자신들의 가치관과 어긋난 데서 오는 실망감 때문이었다. 유튜버 제이미다저는 롤링과 그의 지지자들을 가리켜 이렇게 말한다. "시스젠더는 트랜스젠더가 아닌 사람을 간편히 묘사하기 위한 말에 불과하다…… 시스젠더, 트랜스젠더 모두 '여성'이라는 범주에 포함된다…… 앞에 붙는 말은 별도의 형용사일 뿐이다." 즉, 트랜스 여성은 시스 여성과 마찬가지로 여성이며, 여성의 권리를 보장받아야 한다는 것이다.[18] 또 로마노는 이렇게 말한다. "내가 젠더퀴어라는 것을 이해하기까지 오랜 시간이 걸렸다. 마침내 그 사실을 이해한 순간, 여태껏 내가 나도 모르게 가상인물에 나의 정체성을 투영하고 있었다는 커다란 깨달음을 얻었다. 『해리 포터와 불사조 기사단』에 등장하는 통스 캐릭터가 대표적이다. 2003년 『해리 포터』 5권을 읽으면서 님파도라 통스를 처음 만나고 느낀 전율이 지금도 생생히 기억난다. 변신 마법사인 통스는 삐죽삐죽한 핑크색 머리에 펑크로커처럼 꾸미고, 이름 대신 젠더 중립적인 성으로 불러달라고 말하는 인물이다." 로마노는 롤링 소설에 열광했던 과거를 부인하려 들기보다 롤링이 『해리 포터』 캐릭터들을 자유롭게 풀어주면 좋겠노라고 제안한다. "원하는 대로 자신들을 표현하고, 트랜지션도 하고, 마음껏 급진적으로 유대하고 소란을 피웠으면 좋겠다. 해리 포터가 인도아대륙 출신이 되고, 헤르미온느 그레인저가 흑인이 되고, 위즐리 가족은 유대인이, 덤블도어 군대는 안티파(안티파시스트) 부대가 될 수 있다면 좋겠다."[19]

인터뷰에서 알 수 있듯이, 포스트 밀레니얼은 성적 지향을 정체성 표지로 받아들인다. 예를 들면 이런 식이다. "중국계 미국인, 여성, 스트레이트."[제니] "인도인이며, 인도 이민자들을 친구로 두었고, 퀴어이자, 반려견과 함께 살고, 필드하키, 독서, 예술을 좋아한다."[앨리샤] 영국과 미국에서 포스트 밀레니얼 대표 표본을 조사한 결과, 놀랍게도 두 국가 모두 스트레이트라고 정체화한 응답자가 60퍼센트에 그쳤다. 응답률이 이례적으로 낮은 것은 질문의 구성 방식에 연유한다고도 볼 수 있다. 우리는 일부러 기존의 표준 설문조사 질문을 사용하지 않았다. 그 질문

| 표 3. Z세대 설문조사·미국 응답 결과 | |
| --- | --- |
| 반드시 하나를 선택해야 한다면, 자신을 가장 정확히 표현해주는 단어는 무엇인가? | |
| 게이/레즈비언 | 5% |
| 주로 게이/레즈비언 | 2% |
| 바이섹슈얼 | 9% |
| 주로 스트레이트 | 12% |
| 스트레이트 | 60% |
| 어디에도 속하지 않음 | 3% |
| 기타 | 2% |
| 말하고 싶지 않음 | 6% |

들로는 조사 대상을 직접 만나며 발견한 범주들을 제대로 반영할 수 없었다.[20] 우리는 이성애와 동성애 범주로만 구분하지 않고 〈표 3〉처럼 질문을 던졌다. 표에 실린 것은 미국 조사 결과다.

수치는 영국에서도 대동소이하다. 대학 교육 여부는 사실상 아무 변별력이 없고, 젠더에 따른 차이도 없다. 다만 종교와 정치 성향은 약간 연관이 있어 보인다. 예를 들어 도널드 트럼프에게 투표했다고 밝힌 미국 포스트 밀레니얼 중 62퍼센트가 스트레이트라고 응답한 데 반해, 힐러리 클린턴에게 투표한 포스트 밀레니얼 중에서는 57퍼센트가 스트레이트라고 밝혔다. 개신교도라고 밝힌 미국 응답자 중에서는 72퍼센트가 스트레이트로 정체화하고 있는 반면, '무종교'라고 밝힌 응답자 중에서는 56퍼센트가 스트레이트로 정체화했다.

Z세대 인터뷰 참여자들은 젠더와 섹슈얼리티에 관한 문제에서 세

대 차이를 확실히 느낀다고 했다. 이들은 젠더, 섹슈얼리티, 연애 지향을 탐구할 자유가 있다고 응답했는데, 이러한 개방성은 이전 세대에게서는 찾아볼 수 없다. 인터뷰 참여자 다수는 섹슈얼리티와 이분법적 젠더에 대한 순응적 태도야말로 자신들과 부모 세대의 가치관 차이를 극명히 드러낸다고 지적했다. 다음은 한 참여자의 말이다. "내가 보기에 단절감은 배경을 이해 못해서 발생한다. 대명사를 쓰는 목적이 무엇인지, 젠더 정체성과 인종 문제를 어떻게 다뤄야 하는지 이해 못하는 어른들이 많다. 그러니까 (세대 차이는)…… 열린 태도로 그런 걸 받아들이지 못하고 우리 세대가 눈송이같이 유약하다고만 생각하는 데서 비롯된다고 본다." 이 참여자는 "성장기에 젠더, 인종, 정체성 따위에 관한 논의를 접하지 못한 어른들"에게 자기 또래집단이 먼저 손을 내밀어 요즘 아이들이 어떻게 자라고 있는지를 이해시켜야 한다고 주장했다.[앨리사] 나중에 더 논의하겠지만, 윗세대를 가르쳐야 한다는 의무감은 인터뷰 참여자들이 억울해하고 때로는 자랑스러워하며, 그러나 무엇보다 절박한 심정으로 목소리를 내는 사안 중 하나다.

## 당연하던 특권과 차별을 심문하다

현재와 과거의 인종차별에 주목하는 블랙라이브스매터와 유사 운동들은 인종 문제가 정체성의 한 범주를 차지하는 여러 방식을 조명한다. 우리가 만난 Z세대 아프리카계 미국인들에게는 대규모의 대학 공동체에 소속되어 뜻이 같은 흑인 학생들과 가까이 지내는 것이 정체성을 안전하고 바람직하게 지키는 방법이었다. 그중 한 명은 이렇게 말했다. "지난 한 해 동안 행복했다. 나와 접점이 있는 친구들을 만났기 때문이다. 나의 정체성, 인종 정체성, 그리고 흑인 공동체 내부 문제들에 대해 많은 걸 배웠다."[제이든] 또다른 아프리카계 미국인 여성은 중요한 대의를 묻자 이렇게 답했다. "나에게는 흑인 여성이 특히 소중하다. 단순히 내가 그중 한 명이어서가 아니라 과거에, 특히 대학 시절에 내 곁을 지켜주었던 사람들이 언제나 흑인 여성들이었기 때문이다. 그들은 어디에서나 모습을 드러냈다. 특히 스탠퍼드대에서 그들은 언제나 앞장설 것을 요구받고 해야 할 일을 했지만 마땅한 인정을 받지 못했다."

이 여성 인터뷰 참여자는 비욘세를 롤모델로 꼽으면서 획기적인 앨범 'Lemonade'를 언급했다. "'Lemonade'가 나온 순간 흑인 여성인 것이 뿌듯했다"고 했다.[아요툰데] 다른 학생들도 흑인 정체성에 대한 자긍심을 망설임 없이 선언했다. 한 남성 인터뷰 참여자는 "흑인이라는 사실은 나라는 존재에게 굉장히 중요하다"라고 말했다.[트래비스]

포스트 밀레니얼 예술가이자 활동가이고 가수인 할시는 자기 정체성을 혼혈, 양성, 양극성으로 규정한다.[21] 우리가 만난 인터뷰 참여자들 역시 서로 맞물리고 교차하는 정체성 요소들을 스스로 인지하여 언어화했다. 정체성의 어느 측면이 두드러지느냐는 환경에 따라 달라지기도 한다. 다음은 한 남학생의 말이다.

내가 흑인이라는 사실은 중요하다. 내가 퀴어라는 사실도 중요하다.

내가 여기서(대학에서) 플리*라는 사실 역시 중요하다. 학교 밖에서는 이런 것들을 딱히 생각하지 않지만, 이 세 가지 정체성이 나에게는 가장 중요한 것 같다. 동시에 나는 기독교인이기도 하고, 테니스 팬이기도 하다. 정체성은 단순히 내가 이런 사람이라고 정의하는 것보다 훨씬 커다란 개념이 아닌가 싶다. 나는 이러이러한 사람이고 그 모든 것에 속하지만, 또 한편 저러저러한 사람이기도 하다. 이 모든 특성은 아주 잘 어우러진다.[제이든]

포스트 밀레니얼이 젠더와 섹슈얼리티 정체성을 유연하게 표현하는 것과 대조적으로, 인종과 민족 정체성은 일부 예외적인 상황을 빼놓고는 젠더와 섹슈얼리티 정체성만큼 개인의 선택 내지 통제에 좌우되지 않는다. 이는 다음 장에서 본격적으로 논의할 주제인 '진정성'이 포스트 밀레니얼에게 얼마나 중요한지와 관련이 있다. 사회에서 인종과 민족성이 부여되고 해석되는 방식을 보면, '주어진 것'이라는 감각이 존재한다. 그로 인한 차별과 위협도 당연하게 여겨진다. 흑인이자 스스로 레즈비언이라고 정체화한 학생은 다음과 같이 말했다. "내게는 살아가는 과정에서 남들보다 위험해지기 쉬운 정체성 요소가 분명 존재한다. 그러나 나에게는 계층과 배경, 내가 미국 시민이라는 사실, 또 스탠퍼드대에 진학했다는 사실과 같이 다른 정체성 요소들도 많다. 그러한 요소들

---

\* first generation, low income을 줄인 말로, 저소득층 가정에서 대학에 입학한 첫 세대를 일컫는다.

은 살아가면서 나의 사촌들이나 다른 미국인들, 또는 이 세상 어딘가 다른 곳에 사는 사람들보다 나를 훨씬 더 안전하게 지켜준다."[아요툰데]

사회학자 로저스 브루베이커는 저서 『트랜스』에서 최근의 젠더 논란과 인종 논란을 나란히 비교하며 둘 사이에 대칭성이 존재한다고 지적한다. 요즘 세대는 1970년대 이후로 페미니스트 이론이 닦아온 길을 따라 섹스와 젠더에 관한 생각들을 꽤 많이 발전시켰고, 치열하게 교섭하여 선택할 수 있는 범주로 만들었다. 젠더와 섹슈얼리티를 스스로 탐색할 수 있고, 법률 개혁과 사회 변화까지 동반된 개방성은 전에 없던 것이다. 그런데 인종 문제에서는 개인이 탐험하고 스스로 발견할 만큼의 개방성이 선뜻 허용되지 않는다. 브루베이커는 억압과 폭력의 역사를 지나는 동안 조상들이 인종과 민족에 관해 떠안게 된 무거운 부채감을 그 원인으로 지목한다. 하지만 그는 변화의 가능성을 낙관한다. 인종과 민족의 혼합이 문화적으로 점점 두드러지고 있고, DNA 검사가 수많은 사람의 혼혈 배경을 밝혀내고, 또 대중매체가 '인종과 젠더 범주의 인위성, 구성성, 불안정성'을 강조하고 있기 때문이다.[22] 아마도 브루베이커라면, 인터뷰 참여자들과 이들 또래집단이 자주 접하는 온라인게임에서 플레이어가 '피부색'을 다양하게 선택할 수 있다는 점도 유의미하게 보았을 것이다. 다만 이러한 온라인 활동이 오프라인에서의 인종 개념을 유동적으로 만들지는 두고 보아야 한다. 나중에 다시 살피겠지만, 우리가 실시한 설문조사에서 영국 포스트 밀레니얼의 20퍼센트는 영국 해리 왕자 부부의 자녀가 어떤 민족 정체성을 갖게 될지는 선택의 문제라고 답했다. 반면 미국 포스트 밀레니얼은 12퍼센트만이 이 의견에 동의했다. 이는 미국 포스트 밀레니얼이 진정성을 지키기 위해 민족 정체성을 정확히 표명하는 것과 (역시 다음 장에서 탐구할) 도용의 위험에 빠지지 않는 것을 대단히 중요하게 생각하고 있음을 보여준다.

일부 인터뷰 참여자들은 민족 집단마다 경험하는 인종차별의 정도가 다르다는 사실을 날카롭게 인식했다. 앞서 언급한 학생은 흑인 학생 둘과 사회운동 기사를 함께 쓰기로 했을 때의 일화를 털어놓으며 이 지점을 지적했다. 정치 담론에서 **유색인종**이라는 용어가 자주 쓰이고는 있으나 "인종차별과 편견에도 층위가 존재하며, 심지어 유색인종 사이에서조차 흑인에 대한 반감이 존재"하더라는 것이다. 이 학생이 관찰한 바로는 백인과 비백인을 이분법적으로 구분하는 것은 소용없는 짓이다. "모든 걸 백인과 비백인으로 나누는데, 비백인이라고 해서 모두 동등하게 대접받는 것은 아니다."[제이든]

포스트 밀레니얼은 정체성 표지에 내재한 권력의 역학을 예리하게 포착하는데, 그중에서도 존중받는 인종과 민족 정체성이 따로 있다는 사실을 명확히 인식한다. 인터뷰에 참여한 흑인 여성은 민족과 젠더 정체성으로 인해 이 세상에서 '감지덕지'로 느껴지는 자기 자리를 의식할 수밖에 없다고 말했다. "나의 자리와 공간이 세상을 바라보는 관점에 어떤 영향을 미치는지, 또 사람마다 제각기 얼마나 다른 자리에 위치하고 있는지를 생각하게끔 은근히 강요받는다"는 것이다. 그는 바로 이 지점이 오랜 세월 심문받은 적 없는 규범으로서의 정체성을 가진 사람과 자신의 차이라고 보았다. "만약 백인 남성이라면 그런 걸 느끼기 쉽지 않을 것이다. 백인 남성이 선천적으로 그런 능력이 부족해서가 아니

다. 그들에게는 주관적이거나 편향된 특수한 라벨을 자동으로 부여받은 경험이 없기 때문이다."[아요툰데]

미세한 라벨 붙이기는 정체성을 가시화하며, 한때 당연하게 받아들여진 특권 또한 가시화한다. 감춰지고, 심문받지 않고, '표시되지 않던' 정체성이 언명되기 시작했다. 인터뷰 참여자 중에 스스로 백인이라고 밝힌 사람들은 의식적으로, 가끔은 변명조로, 자신의 인종 정체성에 따라붙는 '특권'에 관해 이야기했다. 소수 인종 집단이나 부유하지 않은 친구들에게는 골고루 주어지지 않은 경제적·사회적 이점을 자신들이 더 누렸다는 사실 역시 인정했다. 한 인터뷰 참여자는 정체성 질문을 받자 다음을 강조했다. "백인이고, 부유하며, 비장애 신체를 가졌고, 시민권을 소유했다. 이 모든 특성이 내가 세상을 안전하고 수월하게 헤쳐나가도록 도와준다." 하지만 이들은 자신에게 가장 의미 있는 정체성은 자신의 소수자성을 드러내는 부분이라고 주장했다. "방금 말한 정체성에 맞는 사람이 되고 그 안에 머무르느라 분투해야 했다. 나는 퀴어이자 논바이너리이기도 하기 때문이다."[테일러]

한 여학생은 실제 "혼혈 인종"이지만 "백인처럼 보이"는데, 그 덕에 불쾌한 일들을 무시할 수 있는 것이야말로 백인이 지닌 특권임을 알았다고 고백했다. 그에 따르면, 자신이 특권을 지녔다는 사실을 모르는 사람은 "무언가로 명명될 때 대단히 불쾌해하는" 경우가 흔하다. 그가 현재 재학중인 랭커스터대학교와 잉글랜드로 가기 전 미국에서 다닌 대학교는 "백인이 꽤 많은" 곳이었는데 "모두가 백인의 특권을 선뜻 인정하지 않았다. 불편해지기 싫다는 이유에서였다." 그는 "이 주제가 갈등을 일으킨다"는 것을 피부로 느끼며, 어떤 때는 그와 관련된 논쟁을 그냥 피한다고 했다. 그리고 그렇게 논쟁을 피할 수 있는 것 자체가 특권이라는 사실도 인정했다.[줄리]

집단이 공유하는 문화적 가치와 경험을 언급할 때 인종과 민족성에 대한 성찰이 엿보이기도 했다. 중국계 미국인인 여학생은 자녀의 성공을 바라는 자기 부모의 태도가 아시아계 이민자의 전형이라고 이야기했다. 그는 부모로부터 열심히 일하고 성공을 위해 헌신해야 한다는 가치관을 물려받았지만, 스스로 찾아낸 중국적 가치도 덧붙였다. 그 가치란 타인과 더불어 살고 타인과 세상을 위해 좋은 일을 해야 한다는 것이었다. 그런데 여기서 충돌이 발생한다고 했다. 성공하는 것과 세상을 위해 좋은 일을 하는 것은 다르기 때문이다. 또 그는 중국계 미국인이자 이성애자인 시스 여성으로 정체화했기 때문에 다양한 민족 출신의 게이 친구들이 감내해야 했던 어려움은 겪지 않았다고 인정했다.[제니]

인터뷰 참여자 중 이민자 자녀들은 한 발은 부모 문화에, 다른 한 발은 자신들이 자라난 미국 또는 영국 문화에 두려고 노력했다. 이들은 인종과 민족성이 정체성을 이루는 사적인 요소인 동시에 문화적 친밀감과 소속감을 유발하는 요소로서 상호작용한다는 것을 특히 강조했다. 다음은 멕시코계 미국인 학생의 말이다. "내가 공유하거나 내게 익숙한 관점은 나의 세대에 내재한 가치들이다. 나는 이곳 미국 사회에서 성장했기 때문이다. 그런데 내가 속한 또다른 문화는 훨씬 더 가족 중심적이고 집단적이다. 그 두 가지가 약간 충돌하고 있다." 그는 자신의 민족성에 공존하는 두 문화가 지닌 가치들을 평가하면서 "집단주의 문화에서 간직하고 싶은 전통과 생각, 그리고 개인주의 문화에서 취하고 싶은 가치를 두고 선별"할 필요가 있다고 설명했다.[산티아고] 그러려면 두 문화의 이질적인 속성과 가치 사이에서 묘기를 부려야 할 때가 있다. 미국 중서부에서 자라 현재 스탠퍼드대에 재학중인 아시아계 미국인은 대학에 와 겪은 가치관 충돌의 경험을 털어놓았다. "인디애나에서는…… 헌신과 존중을 아주 가치 있게 여긴다. 그런데 (여기는) 그렇지 않다. 나는 고향 사람들과 비슷하게 세상을 보는 것 같다. 고향 친구들은 나처럼 아시아인이거나 소수 인종이다. 그런데 여기서 만난 사람들은 실생활에서 편견에 시달린 경험이 나처럼 많지 않다. 그러다보니 나만큼 그런 가치를 신경쓰지 않을 때가 있다. 아마도 편견의 대상이 된다는 것을 이해 못해서인 것 같다."[릴리]

이 밖에도 출신 문화를 내재화하고 민족 정체성을 받아들인 인터뷰 참여자들은 내부자이기에 가능한 방식으로 자신들이 경험한 양육 문화를 비판했다. 인도 출신의 이민 2세대이자 퀴어인 학생은 자신을 비롯해 여성 인도계 이민자인 친구들이 엄마와 여자 친척 어른들의 억압적인 가치관에 대해 자주 이야기한다고 했다. 어른들은 자고로 여자란 교육 수준과 상관없이 집안일을 도맡아야 하고 (남자와) 결혼해야 하는 것이 의무라고 믿었다. 이때 발생하는 문화적 가치의 충돌은 학생들이 2세대 이민자여서 특히 심했을 수 있다.[앨리샤] 이렇게 상충하는 문화적 가치들은 터 카일이 말한 대로 정체성을 개별화하고 재혼합하는 과정에서 핵심적인 역할을 한다.

인터뷰 참여자 상당수는 대학 입학 후 민족과 인종 정체성에 대해 더 많이 배웠으며, 정체성을 자랑스러워하고 만족스럽게 여기게 되었다고 응답했다. 반면 일부는 특정한 민족 정체성에 대한 감각 없이 성장했으며 대학생이 된 후에도 변함이 없다고 밝혔다. 이는 또래 학생들과 어울리기 힘든 이유가 될 때가 많다. 시스 여성이면서 북미 원주민과 아프리카계 미국인 사이에서 태어난 혼혈인 한 학생은 미국 서부 해안에서 성장했다. 그는 과거의 경험이 현재의 정체성에 영향을 미친다고 말했다.

내 또래 세대는 인종 문제에 무척이나 예민하다. 백인은 특권을 타고나며 그걸 어떻게든 없애거나 줄여야 한다고들 생각한다. 그런데 나는 인종 문제에 이렇다 할 줏대가 없다…… 물론 우리 나라에는 풀어나가야 할 인종 문제들이 있다…… 고향에서 나는 백인 사회에서 살았다. 우리 가족도 문화적으로는 백인에 가까웠다…… 부모님은 자녀들을 학교에 보낼 때도 인종 문제를 딱히 중요하게 생각하지 않았다. 자녀들이 굳이 그런 문제 때문에 고민하는 것을 원치 않았던 거다. 그래서 나는 고향에 살 때 한 번도 인종 문제에 대해 이야기해본 적이 없다…… 이상하게 들리겠지만, 나는 흑인으로 가득한 공간보다 백인으로 가득한 공간에 있는 게 더 편하다. 내가 주로 백인과 함께 자라서 그렇다. 뭐라 설명해야 할지 잘 모르겠지만, 나만 빼놓고 흑인 대부분이 공유하는 양육 환경과 경험이란 게 있는 듯하다. 공감하려고 해봐도 잘되지 않아 불편해질 때가 많다. 내가 흑인이라는 이유만으로 어려움을 겪었으리라 사람들이 지레짐작하는

것도 불편하다.[말리아]

　　인터뷰 참여자들은 섹슈얼리티나 젠더와 마찬가지로, 인종과 민족 정체성에 대해서도 미립자 정체성의 미세한 결을 제대로 감지했다. 인종과 민족 정체성은 이민과 다문화주의, 인종 간 관계, 개인의 고유한 정체성을 존중하려는 욕구가 고도화되면서 점점 더 미세하게 구분된다. 정치학자 로런 대븐포트가 말했듯 사회, 경제, 역사의 힘이 합쳐져 미국 내 다인종 정체성이 구성된 것이다.[23] Z세대 인터뷰 참여자들은 바로 이 다인종 정체화를 뚜렷하게 보여주었다. 이들은 '아프리카계 미국인과 중국인 혼혈' '아시아계 미국인' '영국 무슬림' '3세대 아프리카계 카리브해인 유대교 개종자'와 같은 수식어로 스스로를 표현했다.

　　우리는 설문조사를 진행하면서 포스트 밀레니얼에게 해리 왕자와 메건의 자녀를 '흑인' '백인' '혼혈 인종' '기타' 또는 '당사자가 선택한 인종' 중 무엇으로 보아야 할지를 물었다. 미국 응답자 중에는 43퍼센트가 혼혈 인종으로 보아야 한다고 응답했다. 21퍼센트는 모르겠다고 답했고, 12퍼센트는 선택의 문제라고 밝혔다. 영국에서는 55퍼센트가 혼혈 인종으로 보아야 한다고 응답했다. 모르겠다고 답한 비율은 12퍼센트, 선택의 문제라고 답한 비율은 20퍼센트였다. 응답자의 인종 또는 민족 정체화와 무관하게 '혼혈 인종'으로 보아야 한다는 응답이 가장 많았는데, 백인보다는 BAME(흑인Black, 아시아인Asian, 소수민족Minority Ethnic)에서 응답률이 더 높게 나왔다. 백인은 선택의 문제이거나 잘 모르겠다고 답한 비율이 BAME 집단보다 높았다.[24] 앞서 언급했듯이, 당사자의 선택이라고 답한 응답자는 미국인보다 영국인이 많았다. 양 국 가 모두에서 '흑인'으로 보아야 한다는 응답은 거의 나오지 않았다. 아마 미국 기성세대에게 물었다면 대부분이 '흑인'이라고 응답했을 것이다. 과거 미국에서는 흑인과 백인의 자녀로 태어난 아이를 대개 흑인으로 분류했다. 지금의 이런 변화가 딱히 놀라운 일은 아니다. 2000년부터 이미 미국 인구조사에서 자신을 다인종으로 정체화하는 것이 가능해졌 고, 이후 20여 년 동안 다인종으로 정체화한 사람들이 점차 대두되어왔 기 때문이다.[25]

이 책의 공동 저자 린다 우드헤드가 가르치는 랭커스터대 학부생 들이 18세부터 25세까지의 또래 학생 33명을 대상으로 정체성 문제에 대해 인터뷰했다. 인터뷰 참여자의 4분의 3은 백인 영국인이었다. 이 대학생들은 "어느 인종이나 민족에 속하느냐는 개인의 민족성을 정의 하는 문제부터 여러 복잡한 문제와 결부되는 정체화 요소다…… 사회 적으로 상충하는 것처럼 보이는 민족성을 한 개인이 동시에 가지고 있 을 때 특히 복잡해진다"는 점에 주목하여, 인터뷰 참여자 33명 중 혼혈 인종으로 정체화한 학생들의 경우 남들이 '자신을 하나의 인종 범주에 넣으려고' 할 때 당혹감을 느낀다는 사실을 밝혀냈다. 이들이 도달한 결 론은 다음과 같다.

인터뷰 참여자들에게 인종과 민족성이란 전반적으로 정체성의 한 스펙트럼이었다. 이는 인종과 민족성이 이들의 소속감에 어떤 영향 을 미치는지에 대한 다양한 논의로 이어졌다. 다른 정체성 표지들과 비교했을 때 인종은 노골적이어서 합의 절차 없이도 타인의 인종 정체성을 정의할 수가 있다. 참여자들은 민족성이 소속감의 기반이 될 수 있다는 데 매우 동의했지만, 실제로 그 기반을 적극적으로 활용하고 싶어하는 집단은 소수 인종에 속하는 참여자들뿐이었다. 참여자 다수는('백인 영국인'이라고 스스로 정체화한 대다수는) 소속감을 형성하는 핵심 기반이라기보다 정체성을 보완하는 요소로 민족성을 활용했다.[26]

여기서 눈여겨볼 지점은 백인 영국인이라고 정체화한 다수가 인종을 정체성의 핵심 표지로 삼지 않으며, 그 이유가 자신들이 주류 민족 집단이기 때문이라는 것이다.

보통 공동체는 '백인성whiteness' 자체를 중심으로 결집하는 일이 잘 없다. 백인 인터뷰 참여자는 "백인성을 중심에 둔 공동체가 존재한다고 생각하지 않는다. 엄밀히 말해 백인성도 정체성 표지이지만, 나는 그것을 나의 정체성 일부라고 보지 않는다"고 말했다.[에마] 백인이자 다수인 집단에 속한다는 것은 이들이 결집하기에 너무 광범위한 특성이었다. 수많은 사람과 선명히 규정된 사회집단이 존재하는 세상에서 '부족'을 형성해 유의미한 사회적 소속감을 발견하기에는 백인 집단의 몸집이 지나치게 큰 것이다. 민족적 특징에 맞춰 정체화할 필요가 없다는 것은 주류 민족 집단이기에 누리는 특권이기도 하다. 그런데 캠퍼스 안팎에서 민족 정체성을 중심으로 결집하는 여러 백인 집단이 생기고 있다. 정치적 '대안 우파'가 대표적이다. 이들은 자신들만의 특수한 민족성, 우상, 의식, 유산 등을 선별해 미립자 정체성을 더욱 미세하게 구성해 가고 있다. 이를테면 몇몇 대안 우파 단체들은 북유럽과 독일 신들을 연상시키는 이미지를 사용한다. 미국 내 백인 이민자들의 특수한 경험은 스코틀랜드 또는 독일계 이민자들과 그들의 유산으로 대표되어왔다.[27]

일부 인터뷰 참여자들은 특정한 민족 정체성을 가졌다는 이유만으로 자신이 그 민족 범주에 해당하는 모두를 대표하는 것처럼 여겨지는 것에 불편함을 토로했다. 한 한국인 학생은 '아시아인' 정체성에 대한 사회적 함의가 자신을 불편하게 만드는 측면이 있다고 했다. 애초에 그는 '문화 전체를 대표할' 생각이 전혀 없기 때문이다.[윤]

## 내 정체성은 내가 선택한다

젠더, 섹슈얼리티, 인종, 그리고 민족성은 이 세대가 가장 흔하게 언명하는 정체성의 측면이지만, 그것으로만 자신이 누구인지를 탐색하고 소통하는 것은 아니다. 인터뷰 참여자들은 학생 집단의 특징적인 주제들(전공, 기숙사, 동아리, 운동 팀 등)과 함께 국적, 계층, 종교에 대해 언급했다. 다만 각 주제를 다룰 때 이전 세대보다 좀더 조심스럽고 모호한 태도를 보였다.

i세대 말뭉치에서 **국가, 국가적, 국적** 같은 단어의 빈도수는 영국과 미국 내 일반 인구의 구어에서 나타나는 빈도수보다 훨씬 낮다.[28] 우리가 실시한 설문조사에서 미국인 또는 영국인인 것(자신이 해당 국적

인 것)이 자랑스럽냐는 질문에 미국 포스트 밀레니얼의 72퍼센트, 영국 포스트 밀레니얼의 68퍼센트가 그렇다고 답했다. 그런데 이 정체성을 강조할지 말지에 대해서는 의견이 갈렸다. 일부 학생은 국적에 대해 모호하거나 모순적인 태도를 보였다. 정체성의 다른 측면들을 이야기할 때 보인 명료함과는 확연히 차이가 났다. 백인 남성이면서 영국인인 참여자는 국가주의를 정체성의 한 요소로 받아들이기를 거부했지만, 자신이 영국의 유산을 물려받았고 (국가주의와 **구별**되는) 국가 정치에 적극적으로 관여하는 것에 대해서는 긍정적으로 이야기했다.[해리]

국적을 정체성의 한 측면으로 강조할 수밖에 없는 학생들일수록 그 문제를 명료하고 분명하게 거론했다. 특히 미국이나 영국으로 유학을 온 외국인 학생들, 주로 복수 국적으로 미국에 사는 이민 2세대와 3세대, 그리고 시민권을 보유하지 않은 학생들이 그러했다. 앞서 인용한 한국인 학생은 자신을 어떻게 정체화하느냐는 질문에 다음과 같이 대답했다. "나는 가끔 아시아인이 되지만(아시아인으로 정체화하지만), 미국으로 건너오기 전까지 그게 나의 정체성이 될 수 있다고 생각해본 적이 없다. 한국에서는 모두가 그냥 한국인이니까…… 그런데 지금은 아시아인이 나의 정체성이 될 수 있으며 사람들이 그 정체성으로 나를 본다는 것을 이해한다."[윤] 어떤 학생들은 국적을 보유한 국가들을 자주 오가며 평생 복수 국적자로 살아간다. 현재 미국에서 대학생활을 하는 한 참여자는 부모가 독일인인데, 출생지는 미국 휴스턴이고, 덴마크에서 독일인 학교에 다녔다. 그는 덴마크의 학교 교육 시스템에 관해 한참을 이야기했다. 하지만 자신을 묘사할 때는 "100퍼센트 독일 혈통"이라는 표현을 썼다.[니콜] 또다른 인터뷰 참여자는 시스 아프리카계 미국인이라고 자신을 소개했지만, 스위스에서 자라고, 여러 언어를 구사할 줄 알아 가끔은 스스로를 유럽계 미국인이라고 지칭했다.[애덤]

1세대 시민권자인 학생은 가족이 새로 정착한 국가의 가치, 기대치, 관습을 받아들여 정체성을 형성하는 과정에서 출신 국적의 영향을 받기 때문에, 두 나라의 차이를 피부로 느낄 때가 많다. 멕시코에서 미국으로 이민을 온 부모에게서 태어나 현재 미국에서 대학에 다니는 멕시코계 미국인 학생은 학교 공부를 놓고 아빠와 의견이 충돌한다고 했다. 아빠가 미국에서 학교에 다녀본 적이 없어서였다. "당연히 멕시코 학교는 이곳과 전혀 다르다. 내가 아빠한테 '할 게 너무 많아서 정말 피곤해요'라고 하면 아빠는 '그래, 이해한다'라고 하지만 전혀 그렇지 않다. 물론 학교 공부는 내가 감당할 수 있는 수준이지만 멕시코에서 학교에 다니는 것보다는 할 게 훨씬 많다. 부모님에게 멕시코는 어떤 면에서 무척 수월한 곳이었다. 그러나 우리는 (풋힐 칼리지에서는) 감당해야 할 것이 많다." 이 학생은 인스타그램을 통해 같은 학교에 다니는 서류 미비 학생들의 소식을 접하고, 시위 또는 행진 일정을 확인한다고 했다. "그런 페이지를 팔로하는 이유는 주변에서 무슨 일이 일어나는지를 알 수 있고 내가 속한 공동체에 무슨 일이 생기면 참여할 수도 있어서다."[마야] 일부 이민자 자녀들은 이민이 전 세계적으로 중요한 문제로 떠오른 현시점에 자기 자신과 가족의 국가적 정체성을 표명하는 데 더욱더 관심을 쏟았다.

지난 수십 년간 중요한 정체성 표지였던 계층은, 언뜻 보기에 포스트 밀레니얼을 구분 짓는 주요 범주로서 존재감이 흐려진 듯하다. 우리가 만난 인터뷰 참여자들이 그 단어를 언급하는 경우가 드물었고, i세대 말뭉치에서도 **계층, 특권, 지위**와 같은 단어의 빈도수가 전 연령대 언어 사용 데이터 뱅크와 비교했을 때 이례적으로 낮았다.[29] 학생 대다수는 웬만해서 논의할 일이 없는 주제로 계층과 종교를 꼽았다.

하지만 국적과 마찬가지로 사회경제적 지위 역시, 그것을 의식해야 할 필요가 있거나 남들에 의해 자꾸만 의식하게 되는 인터뷰 참여자들에게는 중요하게 나타났다. 굳이 '계층'이라는 단어를 쓰지 않더라도 그러했다. 이러한 경향은 저소득층 가정에서 대학에 입학한 첫 세대, 일명 **플리**에게서 특히 두드러졌다. 어느 백인 인터뷰 참여자는 자신의 정체성을 다음과 같이 정리했다. "나는 스무 살이다. 갓 스무 살이 되었으니 열아홉에 더 가깝다. 나는 퀴어다…… 또 나는 저소득층 출신인 2학년 학생이다. 우리 가족 중 대학에 온 첫 세대다. 엄마 아빠는 두 분 다 대학을 나오지 않았다."[게이브] 그의 부모는 패스트푸드점을 운영하는데 예전부터 그가 사업을 물려받기를 원한다고 했다. "하지만 나는 대학에 와서 나름대로 하고 싶은 것을 하고 있다. 몇 년 후에는 로스쿨에 진학하고 싶다." 또다른 학생은 자신을 이렇게 표현했다. "열아홉 살 남자, 흑인 대학생…… 저소득층 출신으로 대학생이 된 1세대." 그는 예비 대학생들과 갓 입학 허가를 받은 플리 학생들과 함께하는 활동을 하고 있다. "그 아이들이 여기 와서 스탠퍼드대를 경험하고 공간을 누비는 것이 정말이지 놀랍다. 내가 정말로 바라던 모습이다." 그는 깨달음을 얻고 사회운동에 참여하게 된 자신과 가족의 상황을 비교했다.

가족은 이러한 문제를 접할 기회가 없었다. 엄마는 전혀 현실을 알지 못한다. 우리 가족은 흑인 밀집 동네에 살며 흑인들과만 생활한다. 엄마는 5학년이 되기 전까지 백인을 만난 적도 없다고 했다. 문제를 피부로 느낄 수 있는 환경이 아니다. 어쩌면 정체되었다고도 할 수 있다. 하지만 이제는 상황이 달라졌다. 내가 고향을 떠나 캘리포니아에 있는 대학에 진학했기 때문이다. 우리 가족에게는 정말로 큰 변화다. 세대 간 성장을 위해 좋은 일이다. 드디어 우리도 그 굴레에서 벗어났다.[제이든]

위의 두 학생은 대학 교육으로 부모의 기대치와 경험 범위를 넘어서게 되었음을 확실히 인지하고 있었다. 이들에게는 정체성을 감각하고 가족 내 어른들과 관계를 맺는 데 자신이 플리라는 사실이 빼놓을 수 없이 중요하다.

Z세대 인터뷰 참여자들은 '계층'이라는 단어를 자주 사용하지는 않으나 부와 권력, 그리고 출신 배경에 격차가 존재한다는 사실에 무지하지 않았다. 공정하고 평등한 존중은 이들 대다수에게 매우 중요한 문제인 반면, 한때는 축하하고 자랑할 무언가였던 특권은 부당하고 문제적인 것으로 인식된다.

종교를 대하는 포스트 밀레니얼의 태도는 복잡하고 모호하다. 우리가 인터뷰한 몇몇은 자라면서 접한 종교를 그대로 유지했다. 종교적 믿음을 개인 신념에 맞춰 변형해서라도 정체성의 한 부분으로 간직했다. 일부는 한 번 이상 개종해 그 행위 자체, 즉 개종하기로 한 자신의 선택을 정체성의 중요한 부분으로 받아들였다. 다수는 종교에 무관심했으며 거의 언급도 하지 않았다. 다시 말해 종교는 이들의 관심사가 아니었다. 나머지는 대부분 종교를 부정적으로 바라보았다. '종교'라고 하면 으레 제도적이고 아마도 억압적인 것, 강압적인 것이라고들 이해했다. 신앙에서 긍정적인 영향을 받는 선한 사람들이 존재한다는 데 동의하면서도, 종교를 자기 정체성의 한 부분으로 고려하지는 않았다. 어떤 사람들은 '종교'와 '영성'을 구분했다. 이들에게 영성이란 진정성 있는 것, 지금 당장은 아니어도 인생 어느 지점에 이르러서는 정체성의 한 부분으로 탐험할 가치가 있는 것이었다.

종교에 관한 포스트 밀레니얼과 부모의 시각 차이는 상당했다. 일부 학생은 부모가 선택한 제도 종교를 따르면서 한편으로는 자기 내면에서 가치와 답을 찾으려는 포스트 밀레니얼적 성향을 동시에 보였다. 몇몇 학생은 부모가 믿는 종교를 멀리하게 된 이유를 들려주었다. 한 인터뷰 참여자는 부모에 관해 이렇게 말했다. "세상을 바라보는 관점이 전혀 다르다. 부모님의 관점은 종교적이다. 두 분은 옳고 그름을 신이 알려준다고 믿는다. 나는 그런 걸 스스로 찾아야 한다는 주의다. 그건 인간의 본성 같아서 내 안에 있거나 사회적 상호작용을 통해 깨치는 것일 수도, 아니면 아예 존재하지 않아서 내면 깊이 파고들어가 만들어나가야 하는 것일 수도 있다."[잭] 이 학생처럼 몇몇은 어떠한 형태의 종교도 거부했다. 언젠가 종교와 영성을 탐험할 의향이 있다고 밝힌 학생들도 몇 명 있었지만, 현재는 대부분 백지상태였다. Z세대 응답자 한 명은 정체성의 다른 요소들과 마찬가지로 종교 정체성도 결국 스스로 발견해야 하는 것이라고 말했다. "나는 모든 종교적 믿음에 열려 있다. 지금 당장 종교를 선택하지 않는 것은 관련 지식이 충분하지 않아서다. 나는 종교를 믿는 가정에서 자라지 않았다. 그러다보니 종교에 대해 탐구해봐야 해서 더더욱 어렵다."[제니] 사회학자 팀 클라이즈데일의 표현대로, 미국 학생들은 종교 문제를 나중에 다시 열어볼 작정으로 '정체성 금고' 안에 넣어둔다.[30] 5장에서 상세히 다룰 테지만, 이들이 종교를 거부하는 이유는 종교의 규칙과 틀이 다양성과 수용성을 강조하는 자신들의 가치관과 충돌하기 때문이거나 개인의 자유를 지나치게 옭아매기 때문인 경우가 가장 흔하다. 종교를 정체성의 중요한 일부로 받아들인 사람들조차 이러한 문제에 있어서는 적극적으로 타협한다. 일례로 인터뷰에 참여한 아프리카계 미국인은 복음주의 기독교인의 가치를 신봉하는데, 특히 혼전 성관계에 대한 신념 때문에 또래집단 다수와 의견이 맞지 않는다고 했다. 하지만 자신이 다니는 교회는 다른 곳들과 다르게 규칙보다 관계를 더 소중하게 여긴다고 곧바로 덧붙였다.[말리아]

Z세대 대다수는 부모의 종교를 거부했으나 여전히 어느 정도는 정체성과 관련지어 받아들이며, 자신들의 유산, 문화, 또는 민족성의 한 부분으로서 부모의 종교를 탐험할 가치가 있다고 생각한다. 한 인터뷰 참여자는 이렇게 말했다. "엄밀히 말하면 나는 힌두교도지만 의식을 행하지 않고 교리도 잘 알지 못한다…… 하지만 요즘 들어서는 힌두교와 나의 문화에 대해 많이 배우려 하고 있다." '배우기 위해 무슨 노력을 하고 있는가?'라는 질문에는 "아직 시작하진 않았지만, 종교 서적을 읽으

려고 계획중이다"라고 대답했다.[로런] 심미적이고 물질적인 측면에서 종교를 수행한다고 강조한 학생들도 더러 있었다. 의복과 식문화가 대표적이다. 북미 원주민 학생은 말했다. "나는 이렇게…… 그러니까 내가 속한 집단 사람들처럼 옷을 입고 다닌다. 우리 손으로 만들어 입는 옷에는 굉장한 힘이 있고, 디자인에도 저마다 구체적인 의미가 있다. 옷을 입을 때 나는 그 의미를 되새긴다. 나는 내가 속한 집단 사람들이 자랑스럽고, 그들이 많지 않은 이곳에서 그들을 대표한다."[리]

Z세대는 차이와 문화의 다양성을 존중하고 싶어하며, 종교 문제에 관해서도 예외가 아니다. 하지만 인터뷰 참여자 일부는 어떠한 종교도 강요받고 싶어하지 않았다. "사람들이 나와 다른 세계관을 가진 것은 문제가 되지 않는다. 나는 그들 모두와 친구가 될 의향이 있다. 하지만 그들이 나에게 세계관을 강요하려고 한다면, 친구가 될 수 없다. 종교 문제에서도 마찬가지다. 나는 종교가 다른 친구들을 두었고, 다인종사회에서 자랐다. 싱가포르에는 기독교부터 불교, 무슬림까지, 다양한 종교를 믿는 사람들이 산다. 문제될 것은 없다. 그걸 나에게 강요하지 않는 한 말이다. 각자 믿고 싶은 걸 믿는 거다."[핑]

다양한 종교관을 수용하는 Z세대의 태도는 다름을 받아들이는 세계관의 한 부분으로, 대학가에 널리 퍼진 세속주의와도 자연스럽게 이어진다.[31] 2016년부터 2017년까지 종교를 주제로 영국 대학가에서 실시된 표본 설문조사 결과, 응답자 중 46퍼센트는 기독교인, 40퍼센트는 무종교인, 9퍼센트는 무슬림, 2퍼센트는 불교인, 1퍼센트는 힌두교인, 0.3퍼센트는 시크교인, 2퍼센트는 기타 종교인으로 자신을 정체화하는 것으로 나타났다.[32] 사회학자 매슈 게스트는 이 조사에서 기독교인이라고 정체화한 학생들의 정체성을 살피는 과정에서, 이들 중 3분의 2는 교회에 출석한 적이 한 번도 없고 대부분 공개적으로 신앙생활을 하지 않는다는 사실을 발견했다.[33] 게스트는 이러한 학생들을 대학 캠퍼스에서 '비밀 종교'를 믿는 '은둔 기독교도'라고 명명한다. 그리고 이러한 은폐는 편협한 종교와 관련 있음을 드러내기 싫어하는 욕망, 대학 생활이 요구하는 바에 맞춰 신앙생활을 분리하거나 우선순위에서 밀어두려는 경향성, 그리고 기존 연구에서 종교를 지워버린 이유가 된 종교의 사유화와 개인화에 의해 추동된다고 해석한다.[34]

영국과 미국의 포스트 밀레니얼은 과거 어느 세대보다도 성장 과정에서 종교를 경험하지 않은 경우가 많다. 무종교인이라고 응답하는 비율은 수십 년째 꾸준히 증가하고 있다. 현재 영국 포스트 밀레니얼의 과반과 미국 포스트 밀레니얼의 4분의 1이 무종교인이라고 정체화한 부모 손에 컸다. 이들 대다수는 부모와 마찬가지로 무종교인 정체성을 선택했다.[35] 그러니 종교 정체성이 이들의 관심사가 아닌 것은 어쩌면 당연하다. 물론 그렇다고 해서 이들이 종교 정체성을 탐험하는 것에 폐쇄적인 것만은 아니었다. 다만 그러한 태도가 종교에 대한 예의나 존중심 또는 순수한 호기심 때문인지는 다소 불분명했다.

# 결론: 복잡하면서도 명료한 '나'

포스트 밀레니얼은 정체성 감각을 형성할 때 젠더, 섹슈얼리티, 인종, 민족성에 특히 집중한다. 이러한 요소들은 소수자들이 전면화하는 것이자 비소수자도 더이상 외면할 수 없는 것이기에, 정체성과 분리될 수 없다. 포스트 밀레니얼은 정체성을 다루는 방식, 그중에서도 특히 젠더와 섹슈얼리티 정체성을 다루는 방식에 혁신을 일으켰고, 유연성을 높이며 더 많은 선택지를 가져왔다. 얼마 전까지만 해도 고정적이며 당연히 주어진 것으로 여겨지던 정체성이 이제는 넓은 의미에서 스스로 정의해야 하는 투쟁과 가능성의 장이 되었다.

그러나 큰 그림을 놓쳐서는 안 된다. 정체성의 특성들에 관한 논의는 결국 여러 정체성 조각들을 빚고 조립해 내면의 자아를 표현하는 통일체를 완성하는 기술에 관한 것이다. 물론, 이 보편적 시도가 새로운 것은 아니다. 사회적 개념으로서의 정체성은 20세기에 정립되었다. 더과거로 거슬러올라가면, 철학자 찰스 테일러가 18세기 말과 19세기 초낭만주의에서 기원을 찾은 '표현적 자아'의 기획에서부터 시작됐는지도 모른다.[36] 하지만 Z세대의 정체성 논의가 새로운 지점은 이들이 정체성을 역설적이게도 복잡한 동시에 명료한 특성들의 집합으로서 **언명**한다는 점이다. 정체성은 각자 특성의 조합이 고유하고 자발적 선택에 기인하며 창의적이라는 점에서 복잡하고, 자기 자신에게나 타인에게나 즉시 전달된다는 점에서 명료하다. 이들에게 정체성이란, 인생 여정을 본격적으로 시작하며 '내가 누구인가'를 기록한 비망록이자 광고문인

셈이다. 즉, 정체성은 디지털 시대에 딱 맞는 공적이면서 사적인 자기표현이라 할 수 있다. 이제 스스로 라벨 붙이기는 피할 수 없는 일이 되었다. 왜 그래야 하는지, 또 왜 그것이 디지털 시대를 사는 기술의 핵심에 놓이는지는 다음 장에서 다룰 것이다.

# 진정성이 중요하다

**» 끊임없이 전시와 감시가 이루어지는 세상에서 살아가다 «**

인터뷰는 Z세대에게 자신을 표현할 스타터 팩에 무엇을 넣겠느냐는 질문을 던지는 것으로 시작되었다. **스타터 팩**이란 누군가를 소개하는 이미지를 콜라주한 인터넷 밈을 가리킨다. Z세대가 내놓은 응답은 생생했고 거침없었으며 통찰력이 넘쳤다. 이들은 결정적인 몇 가지 사물과 이미지로 자신들이 누구이고 무엇에 관심 있는지를 표현했다. 예를 들면 다음과 같다. "친구 사진들, 파스타 같은 탄수화물, 스마트폰, 트위터, 멍뭉이들, 넷플릭스 또는 그 밖에 방송 몰아보기 플랫폼, 팟캐스트."[조던] "악기, 전공과 관련된 것들, 면 요리, 구린 농담, 내가 새벽 세시에 잠든다는 증거, 오후부터 저녁까지 삼십 분씩 나눠 자는 세 차례의 낮잠 시간."[헨리] "여러 종류의 술, 노트북 스티커, 요즘 중독된 버블티, 스타워즈, 좌파 스티커, 나에게 LA가 갖는 의미를 보여주는 물건."[앤디] "와플, 스탠퍼드대 공동체, 책(독서를 좋아함)."[윤] 무엇보다 스타터 팩은 진정성이 있어야 했다. 포스트 밀레니얼은 자신을 표현할 때 바로 이 진정성을 중요하게 생각한다.

## 린스타, 핀스타, 긴스타까지

포스트 밀레니얼은 미립자 정체성을 대단히 중요하게 여기기 때문에 그 정체성을 남에게 진정성 있고 솔직하게 전달하는 것에도 관심이 많다. Z세대 일상의 여러 면면이 그러하듯, 정체성 또한 디지털로 형성된다. 스타터 팩 만들기 운동이라거나, 정체성 질문에 막힘없이 대답하는 인터뷰 참여자들의 태도는 말이나 사진으로 명료하게 전달 가능한 정체성 지표를 언명하는 데 인터넷의 역할이 얼마나 큰지를 보여준다. 이러한 전달 방식에 관해서는 생각해볼 지점이 많다. 일단 온라인에서는 오프라인 만남에서 신뢰할 수 있는 신호를 상당 부분 읽을 수 없다. 사람들을 만나 그들이 누구인지 파악하는 데 필요한 맥락 역시 사라진다. 물론 온라인에서도 선별된 사람들과 오래 관계를 맺으며 자신이 누구인지를 천천히 드러낼 수 있다. 그러나 온라인에서는 상대가 자신을 '친구'로 추가하거나, '팔로'할지 말지를 결정할 수 있도록 즉각적으로 자신을 홍보해야 한다. 게시물을 빠르게 훑고, 태깅된 게시물을 슬쩍 보고, 데이트 앱에서 '왼쪽으로 스와이프'하면서, 아주 짧은 시간에 무수히 많은 사람을 만나는 것이 가능해졌기 때문이다.

디지털은 온라인 퀴즈나 선다형 문제처럼 간단한 분류화와 유형화 도구에도 적합하다. 몇 가지 질문에 대답하거나 몇몇 사이트를 잠시 훑어보기만 해도 자신이 어떤 성격 유형을 지녔는지, 자신에게 어울리는 파트너는 어떤 타입인지, 또는 건강에 어떤 위험이 있는지를 알 수 있다. 문제는 디지털 세상에서 고유하고 진실한 정체성을 탐색하려면 끊임없는 감시와 전시가 필요하다는 사실이다. 오프라인에서처럼 온라인에서도 괴롭힘과 검열은 일어난다. 온라인 정체성은 소비 중심의 디지털 환경에서 형성되는데, 내부 알고리즘은 '개인 맞춤화'를 주장하면서도 최대한 많은 사람에게 똑같은 상품과 외양과 라이프스타일을 들이민다. 디지털 매체를 사용할수록 순응해야 한다는 압박은 심해진다.

디지털 기술은 정체성 큐레이션을 형성하기도 한다. Z세대는 자신의 사진을 선별해 소셜미디어에 공개하는 행위에 정성을 쏟는다. 실제로 큐레이트curate라는 단어의 어원인 라틴어 큐라레curare는 '돌보다'라는 뜻을 지녔다. 포스트 밀레니얼은 삶의 어떤 조각을 페이스북에 올릴지, 어떤 생각을 트위터에 공유할지, 어떤 사진을 인스타그램에 공개할지 스스로 결정할 수 있는 시대에 성장했다. 그렇다보니 자신의 정체성, 혹은 여러 정체성의 공공성에 대해 고민하고 관심을 쏟는다. 미술관 큐레이터가 어떤 작품을 전시에 포함하고 어떻게 내보일지 결정하는 것처럼, Z세대는 다른 사람들이 보는 자기 모습, 자신만의 감성을 자유롭게 큐레이션한다. 우리가 인터뷰를 진행한 3개 캠퍼스 중 한 곳 교수의 십대 자녀는 신경써서 옷을 차려입지 않은 상태로는 식료품 심부름이나 어떤 용건으로도 절대 집밖에 나가지 않는다고 했다. 대충 나갔다가 사진이 찍혀 온라인에 태깅되어 올라가면 곤란하다는 것이다.

배우 귀네스 팰트로의 15세 딸 애플 팰트로는 2019년 3월, 엄마가 동의 없이 인스타그램에 자기 사진을 올린 것에 공개 항의해 화제를 모았다. "엄마, 제가 얘기했잖아요. 동의 없이 제 사진 올리지 마세요." 애플 팰트로는 엄마 인스타그램 게시글에 이렇게 댓글을 남겼고, 귀네스는 600만 팔로워가 다 보는 앞에서 다음과 같이 반응했다. "네 얼굴은 보이지도 않잖니."[1] 우리가 아는 한 동료의 딸은 엄마가 자기 사진을 남들에게 함부로 보여주지 못하도록 스마트폰에 가족사진을 보관하려면 반드시 사전에 동의를 구하라고 요구한다. 이들 세대는 디지털 정체성을 관리하려는 욕망을 존중하기 때문에, 친구가 나오는 사진을 온라인에 올리기 전에 친구에게 먼저 허락을 구하는 것을 당연한 예의로 여긴다.

포스트 밀레니얼이 온라인 정체성을 큐레이션하는 방식은 복잡하다. 플랫폼과 앱마다 암묵적이고 명시적인 사용 규칙을 파악해야 하고, 저마다 다른 사용자층도 고려해야 하기 때문이다. 소셜미디어 사용법은 계속해서 변하고 있지만, 우리의 연구 시점을 기준으로 인터뷰 참여자들이 구분한 사용법은 대략 아래와 같았다.

→ **페이스북**은 친척부터 과거와 현재에 얽힌 광범위한 친구 네트워크에 공개되는 글을 올리는 공간이다. 그중에는 학교 동문뿐 아니라 실제로 만난 적 없는 사람들도 포함된다. 몇몇 인터뷰 참여자는 뒤에 언급할 페이스북 다이렉트 메시지 앱(**메신저**)만 사용한다고 응답했다.

→ 고정 **인스타그램** 계정(진짜 인스타그램이라는 뜻에서 리얼 인스타그램이나 린스타rinsta라고도 한다)은 '팔로워'를 비롯해 광범위한 친

구 및 지인 집단과 사진을 공유하는 데 쓰인다. 부계정 또는 핀스타 finsta(가짜 또는 친구 인스타그램이라는 뜻)는 가까운 친구들끼리만 공유한다. 게이 정체성을 드러내기 위한 긴스타ginsta(게이 인스타그램) 같은 세번째 계정을 운영하기도 한다.

→ **스냅챗**은 일상에서 포착한 찰나의 순간, 일명 사용자의 '스토리'를 친구들에게 보여주거나 며칠 연속으로 다이렉트 스냅을 주고받는 데 쓰인다(보낸 메시지는 일정 시간이 지나면 사라지도록 설정되어 있다). 연속 스냅 기록은 실시간으로 갱신되어 장기간 이어지기도 한다. **와츠앱, 그룹미, 메신저** 같은 메시지 앱에서는 대화 그룹을 자체 생성해 가족 행사 계획을 세우거나 동호회와 단체를 조직하는 등 여러 목적으로 사람들이 모인다. 2~3명 정도만 모여 사적인 대화가 이뤄지기도 한다.

→ **텀블러**는 (다수는 아니지만) 일부 인터뷰 참여자들이 관심사에 관한 게시물을 올리고, 관심사가 비슷한 사람들을 팔로하거나 그들과 교류하는 목적으로 사용하고 있다. 관심사는 대개 글쓰기, 밈, 팬 커뮤니티, 예술에 관한 것이다.

→ **레딧**은 뉴스, 게임, 밈, 섹스, 그 밖에 소소한 여러 관심사에 대해 논의하고 토론하는 공간이다. 서브 레딧마다 문화가 상당히 다르다.

→ **트위치**는 인터뷰 참여자들이 스트리밍과 게임을 즐길 때 주로 쓰는 플랫폼이다.

→ **틴더**는 데이트를 위한 앱이며 비슷한 종류로 **범블, 그라인더, 커피 미츠베이글, OK큐피드** 등이 있다.

→ 짧은 동영상 앱 **틱톡**은 우리가 연구를 시작할 무렵 막 유행하기 시
작했다(기존 서비스명은 **뮤지컬리**였다). 당시만 해도 인터뷰 참여자
들은 미심쩍어하며 어린 동생들이나 그런 것에 흥미를 느낀다고 반
응했다(연구가 끝나갈 즈음에는 인기가 훨씬 높아졌다).

우리와 인터뷰한 학생 대다수는 1개 이상의 온라인 커뮤니티에 소
속되어 있었다. 그중 일부 커뮤니티는 개인 정체성의 대단히 중요한 부
분을 담당했다. 반면에 웃긴 고양이 밈을 공유하는 커뮤니티처럼 "낮
은 수준의 (개인적인) 투자"[앤디]만 요구하는 커뮤니티도 있었다. 당연
하게도 어느 커뮤니티를 따르고 참여할지 결정하는 기준은 저마다 달
랐다. 예를 들어 백인 퀴어 남성 인터뷰 참여자는 어느 온라인 커뮤니
티를 사용하느냐고 묻자 다음과 같은 플랫폼을 나열했다. 그룹미, 행아
웃, 스카이프, 슬랙, 링크드인, 와츠앱, 사라하(현재는 폐쇄), 하우스파티,
스냅챗, 페이스북, 인스타그램, 메신저, 트위터, 텀블러, 틴더, 그라인더.
또 "'포켓몬 고'가 한창 유행일 때는 그 게임을 즐겼고, 엄마 아빠와 함께
'워즈 위드 프렌즈'*도 자주 한다"고 덧붙였다.[게이브]
　인터뷰와 i세대 말뭉치를 들여다보면, 포스트 밀레니얼이 자주 방
문하는 소셜미디어 플랫폼은 아주 다양하다. 그 표본을 〈표 4〉에 실었
다. 아이러니하게도, Z세대는 핀스타(가짜 인스타)에서 가장 진실되고

---

\* 　낱말 퍼즐을 맞추는 게임.

**표 4. 인터뷰와 i세대 말뭉치에서 가장 빈번히 언급된 플랫폼과 앱**

| | | | |
|---|---|---|---|
| 갭 | 부 | 위스퍼 | 틱톡 |
| 그라인더 | 비고 | 위시본 | 틴더 |
| 그룸미 | 비스코 | 유튜브 | 페리스코프 |
| 다운 | 비트모지 | 인스타그램 | 페이스북 |
| 디스코드 | 스냅챗 | 제페토 | 페이스북 메신저 |
| 라이브미 | 스팀 | 젤로 | 포트나이트 |
| 립시 | 슬링숏 | 조트 | 폴리 |
| 마르코폴로 | 아미노 | 지피 | 프로펀들리 |
| 마인크래프트 | 애스크에프엠 | 커피미츠베이글 | 하우스파티 |
| 멜론 | 얀 | 킥 | 훅트 |
| 몽키 | 에피소드 | 텀블러 | |
| 밋미 | 와츠앱 | 트위치 | |
| 범블 | 왓패드 | 트위터 | |

솔직하게 자신을 드러낼 수 있다고 느낀다. 소수의 친한 친구들에게만 공개하는 공간이기 때문이다. 한 인터뷰 참여자는 이렇게 말했다. "나는 가짜 인스타를 훨씬 선호한다. 나를 팔로하는 사람들에게 솔직할 수 있고 더 사적인 공간이라서다." 이 참여자의 핀스타는 팔로워가 20명 뿐이지만, 고정 인스타는 누구나 팔로할 수 있다. 인터뷰 시점을 기준으로 고정 인스타 팔로워 수는 250명이었다.[제니] 다른 학생은 핀스타에만 올리는 게시물 유형이 따로 있다고 했다. "인턴십에 참여하거나 할 때는 린스타에 글을 올릴 거다. '꺄. 인턴십 너무 기대됨. 어쩌고저쩌고.' 하지만 핀스타에는 술에 취해 찍은 셀카를 올릴 거다. '하하, 우왕' 같은

말과 함께. 이들은 또 이렇게 말했다. "남들의 핀스타를 팔로하다가 나도 만들게 되었다. 뭐, 따지자면 내 핀스타는 남들보다 훨씬 순한 맛이라고 할 수 있다. 핀스타에 알몸을 버젓이 올리는 사람들도 많다." 이 학생은 논바이너리이자 게이로 자신을 정체화하는데, 자신 같은 사람들이 핀스타를 통해 어떻게 관계를 형성하는지 다음과 같이 설명했다.

가장 최근에 데이트한 애와 인스타그램으로 만났다. 인스타그램에서 DM을 주고받는 것은 대단히 효과가 크다. 특히 핀스타에서는 다들 좀더 개방적이어서 더 그런 것 같다. 우리는 고등학교 때 알던 사이였는데 그애가 핀스타로 팔로를 걸어올 때만 해도 나는 그애가 퀴어인지 아닌지를 몰랐다. 흥미롭다는 생각이 들었다. 나는 그애와 맞팔한 뒤에 내가 게이라는 사실을 그애가 알 수 있게 게이 콘텐츠를 왕창 올렸다. 핀스타에서는 누구에게도 잘 보일 필요가 없지만, 내 게시물을 볼 수 있는 사람이 정해져 있다보니 누가 보는지를 의식하게 되고 상대방에게 맞춘 게시물들 위주로 좀더 올리게 된다.[애슈턴]

또다른 학생은 큐레이션 과정을 이렇게 설명했다. "인스타그램은 나의 공적인 얼굴이어서 최대한 전문적으로 보이는, 소위 말해 잘 나온 보기 좋은 사진을 올린다. 반면 핀스타는 아주 엉망이다. 립싱크 영상처럼 친한 친구들에게나 편히 공유할 수 있는 게시물을 거기 올린다."[조니] 앞서 인용된 논바이너리 퀴어 학생은 인터뷰 참여자들이 비교적 적게 사용하는 트위터도 나름의 활용법이 있다고 밝혔다. "지난해 형편없는 연애를 했었다. 상대방 때문에 속상할 때마다 트위터에 글을 썼다. 어차피 팔로워가 3명 정도밖에 없어서였다. 심지어 그중 하나는 봇 계정이었다. 허공에다 트윗을 날리고 나면 기분이 한결 나았다."[애슈턴]

이렇듯 신중하게 정체성을 표현하고 소통하는 방식 말고도, 오프라인과 다수의 온라인 친목 그룹에서 정체성을 표현하는 방식은 다양하다. 미세한 정체성 조각들을 어떻게, 또 어디서 드러낼지에 관한 결정은 선택지가 아주 많은 만큼 꽤 복잡해 보인다. 그러나 포스트 밀레니얼은 이를 비교적 쉽게 해낸다. 연관된 사회적 규범과 기대치를 공유하며, 자신이 누구인지를 적절한 방식으로 적절한 상대에게 전달하는 것을 평생에 걸쳐 일상적으로 수행해왔기 때문이다. 그렇다면 이제 그들의 유연성과 진정성을 살펴보자.


## 싫어하는 것은 거짓과 조작


우리 세대는 유연성을 대단히 중시하는 것 같다. 정체성의 유연성, 이동의 유연성, 거래의 유연성, 시간의 유연성 등등…… 대부분 첨단기술 덕분에 가능해진 것들이다. 정체성의 유연성, 예를 들어 젠더에 관해 이야기해보자면…… 넓게 보아 아주 많은 형태의 젠더 정체성과 관계 정체성이 존재한다…… 성 정체성, 가족관계, 진로의 선택지가 확장되고 유연해지는 양상이다. 심지어 우버의 등장처럼,

이동 방법까지 다양해지고 있다.[에마]

한 인터뷰 참여자가 Z세대 대부분이 가진 시각을 정확히 표현했다. 이제는 개개인이 정체성의 면모를 스스로 지정하는 것이 예전보다 더 자유로워졌다는 것이다. "자기가 스스로 만들거나 남이 만들어놓은 구조물 바깥으로 나올 수 있다는 걸 이해하는 일이 가치 있게 여겨진다."[에마] 이는 터 카일이 말한 개별화와 재혼합 개념이 유효하다는 것을 다시금 확인시켜준다. 상황에 따라 재혼합되는 요소들은 달라질 수 있다. 한 인터뷰 참여자는 고국인 한국에 사는 친구들에게 보이는 모습과 미국 친구들에게 보이는 모습, 두 가지 온라인 정체성을 가졌다고 고백했다. 두 나라 친구들이 생각하는 그의 모습은 제각각이다.[윤] 사회와 문화적 맥락에 따라 다른 모습을 전시하는 것은 새로운 일이 아니다. 그러나 소속 관계가 온라인과 오프라인 환경을 넘나들어 형성되고 정체성이 점점 더 미세하게 구성되고 있다면, 상황은 복잡해진다.

포스트 밀레니얼에게는 정체성 형성 과정에서 진정성이 절대적으로 중요하다. 기존의 범주들이 무너져내리는 상황에서 포스트 밀레니얼은 진정성을 좇는다.[2] 인터뷰 참여자들은 인터뷰 내내 진정성과 솔직함의 가치를 강조했다. "내가 아는 사람들은 모두 진정한 우정과 진짜 정보를 소중하게 생각한다."[앨리사] "나는 관계를 맺을 때 진정성과 진심을 추구하는 편이다."[산티아고] "내 인생은 많은 부분에서 솔직함을 기조로 삼는다."[아나] 한 인터뷰 참여자는 누군가를 '진정성이 없다'라고 평가할 때 그 의미가 무엇이냐고 묻자 이렇게 대답했다. "말과 행동

이 일치하지 않는 것."[윤]

유연성은 진정한 자기 모습을 탐색하고 언명하는 과정에서 필요하다. 이는 근대의 정체성을 주제로 한 문학에서 반복적으로 다뤄진 자아의 분열이라거나 복수의 자아, 또는 '유동적liquid' 자아 개념과는 다르다.[3] 랭커스터대학교에서 이를 여실히 보여준 사건이 있었다. 학생과 교직원 집단이 연극 집단과 함께 체현된 형태의 사회 연구를 진행했다. 참여자들에게는 자기 자신을 단일한 자아로 보는지 아니면 복수의 자아로 보는지에 대한 질문이 던져졌다. 참여자들은 답변에 따라 방의 양 끝으로, 또는 중간 어느 지점으로 이동해야 했다. 단 한 명을 제외하고 모두가 단일한 자아를 골랐다. 유일하게 복수의 자아를 고른 중국인 학생은 중국에 있는 가족과 지낼 때의 자아와 랭커스터대학교에서 수업을 들을 때의 자아, 또 친구들과 있을 때의 자아가 다 다르다고 했다.[재스민] 또래 Z세대 학생들은 놀라움을 감추지 못했다. 매번 자아가 다르면 타인이 당신의 진짜 모습을 어떻게 알 수 있느냐는 것이다. 복수의 자아를 가졌다고 말한 중국인 학생의 발언이 문제시된 것은 여러 개의 특징으로 구성된 완전하고 진정한 자아를 탐색하고 전달해야 한다는, 이들 또래집단 사이에서 공유되는 의무감과 너무나도 상충하기 때문이었다.

'내가 누구인지'를 탐색하고, 표현하고, 실천하는 것은 포스트 밀레니얼에게 실리적인 동시에 도덕적인 의무다. 이를 위해서는 유연하면서도 진정성이 있어야 한다. 그런데 가끔은 이 둘이 충돌할 때가 있다. Z세대는 스스로 자유롭게 결정하고 선택하기를 기대한다. 자신의 정체성을 탐색하고 표현할 때는 더더욱 그러하다. 실제 어떠한지와 무관하게, 인터뷰 참여자 다수는 바로 이 지점이 자신들 세대와 기성세대가 갈리는 부분이라고 느꼈다. Z세대는 부모와 조부모 세대에게는 선택의 폭이 제한적이었고 사회와 가족의 기대치에 부응해야 한다는 압박이 있었다는 것을 대부분 이해했다. 한 인터뷰 참여자는 이렇게 말했다. "우리 세대에 이르러 가족 집단이 아니라 개인 수준에서 자아성찰이나 자아실현이 이루어지는 경향이 더 짙어지고 있음을 느낀다."[산티아고] 이러한 세대 차이는 포스트 밀레니얼이 태어나면서부터 줄곧 온라인에서 정체성을 탐험하는 것이 가능했다는 사실에 일정 부분 기인할 것이다. 포스트 밀레니얼의 부모들에게는 어린 시절 온라인에 몰입해 정체성을 탐험할 기회가 전혀 주어지지 않았던 것과 대조적이다. BBC 라디오 방송에 나온 Z세대는 이렇게 말했다. "우리 세대 부모님은 이제야 소셜미디어에 입문했다. 우리는 막 고등학교에 입학해 나 자신이 누구인지를 알아낼 때 혼자 힘으로 탐험해야 했다."[4]

인터뷰 참여자들은 대부분 부모를 포함해 모든 사람에게 자신의 진정한 정체성을 당당히 언명했으나, 때로는 그로 인해 문화 충돌이 빚어지기도 했다. 한 학생은 이 문제로 타협하는 것의 어려움을 토로했다. "(우리) 가족의 역학관계는 굉장히 복잡하다. 가족은 가톨릭을 믿고 사회적으로나 정치적으로 매우 보수적이다. 그래서 가족에게는 내가 퀴어라는 사실을 철저히 감춘다. …… 내가 가족에게 진정성 있게 공개하지 않는 한 가지가 바로 그 부분이다."[게이브] 부모 자식 간 갈등과 커밍아웃의 어려움이야 딱히 새로울 게 없지만, 여기서 눈에 띄는 부분은

122

이 갈등이 부끄러움이나 당혹스러움이 아닌(물론 이러한 감정도 존재할 수 있겠으나) 진정성과 순수성의 측면에서 표현된다는 점이다. 이 갈등은 소셜미디어를 세심하게 큐레이션하는 행위로 해소된다. 이 참여자는 "페이스북에서나 가족 앞에서는 퀴어다운 모습을 일절 보이지 않지만" 다른 플랫폼에서는 진정한 자기 모습을 드러낸다. "나는 트위터를 자주 사용하기 때문에 트위터가 나의 주 플랫폼이다. 거기서 나에 관한 모든 것을 공유한다. 팔로워 수도 1만 2000명으로 꽤 많은 편이다. 말하자면 트위터는 내가 과몰입하는 커뮤니티라고 할 수 있다. 텀블러도 마찬가지다. 텀블러에는 8만 6000명이나 되는 팔로워가 있다. 요즘은 수익 창출을 위해 주로 사용한다. 블로그에 구글 애드센스를 연결해뒀다. 누군가 내 블로그를 들여다볼 때마다 돈을 버는 거다." 이 참여자는 사적인 것과 진정성을 구분했다. "그런 플랫폼이 더 사적이라고는 말하지 않겠지만, 나는 그 공간에서 보다 진정한 나로 존재한다고 느낀다. 내 삶에서 일어나는 일을 가지고 농담할 수 있고, 비록 서로 모르는 사이더라도 흔쾌히 반응해주는 집단이 거기 있다." 하지만 부모와의 관계에 진정성이 빠져 있는 것은 그에게 여전히 고민거리였다.

내가 바이섹슈얼이라는 사실을 평생 부모님에게 말 못할 것 같기도 하다. 저번에 만난 애인에게는 우리가 결혼 따위를 할 일은 없을 거라고 말했었다. 내가 이성애자라고 믿는 부모님의 기대에 부응하기 위해, 또는 내가 바이라는 사실을 부모님에게 커밍아웃하지 않기 위해, 여자와 결혼해야 할지도 모르니까. 정말 모르겠다. 아직 방황하는 중이다. 무지 복잡하고, 감정 소모적이다. 결정을 내리고 바로 행동으로 옮길 수 있는 문제가 아니다. 오히려 고민을 자꾸만 미루게 된다.[게이브]

i세대 말뭉치를 보면 이 세대에게 **자유**라는 말은 놀라울 만큼 중요해 보인다.[5] 진정성 있게 살아가고 잠재력을 최대한 끌어내기 위해 자신이 누구인지를 발견할 자유는 무엇보다 중요하다. Z세대에게 자유는 '진짜일 것' 그리고 자신이 누구인지를 솔직히 전달할 것과 관계가 있다. 광범위한 언어 사용 모음과 비교해 Z세대의 언어 데이터 뱅크를 보면 **진실**과 **솔직** 못지않게 **진짜**와 **가짜**의 빈도수가 이례적으로 높다.[6]

포스트 밀레니얼이 왜 이렇게 진정성을 강조하는지는 이들이 인터넷과 함께 성장했다는 맥락에서 이해해볼 수 있다. 인터넷에서는 자기 정체성을 선별해 맞춤화할 기회가 아주 많다. 여러 가지 가면을 쓰고, 심지어는 자신이 아닌 모습으로 남들을 속이는 것도 가능하다. 따라서 진정성이라는 말에는 믿을 수 있다는 의미가 함축되어 있다. 한 학생은 십대 시절 2년 반 동안 유튜버로 활동하며 일주일에 동영상을 몇 편씩 찍어 올렸다. 그는 당시 위선적이라고 비난받은 경험을 우리에게 들려주었다. "팔로워들에게 진지하고 솔직하려고 노력했다. 그런데 그게 잘못된 판단이었던 것도 같다. 내가 어떤 문제에 관해 의견을 바꾸기라도 하면 팔로워들이 그걸 빌미로 나를 공격했기 때문이다." 이 학생은 "나이가 들고 아는 게 많아지면서" 생각이 달라졌지만, 팔로워들은 변화를 용납하지 않았다. 그는 유연성과 진정성이 모두 중요하게 여겨지는 상황에서 그 둘 사이에 갈등이 발생할 수 있음을 몸소 체험했다. 그 전까지는 유튜브에서 솔직한 모습을 드러낼 수 있다고 느꼈지만, 점차 자신이 느끼는 감정을 솔직히 드러내도 될지 혼란스러워졌다. 결국 혐오성 댓글을 감당하지 못해 동영상 올리기를 관뒀다.[리나]

포스트 밀레니얼은 소셜미디어에 돌아다니는 사진 중에 진짜가 무엇인지를 기가 막히게 알아챈다. 피부색부터 신체 부위의 크기까지 겉모습 하나하나를 바꿔주는 리터치나 페이스튠 같은 앱을 훤히 꿰고 있다. 사진을 골라 올리도록 만들어진 플랫폼에 연출 또는 편집한 사진을 올리는 것은 괜찮다. 자연스러워 보이도록 연출된(의식하지 않은 척 의식하는) 사진도 손댄 흔적이 노골적으로 드러나지만 않으면 문제가 되지 않는다. 하지만 조작된 사진을 올려놓고 자연스러운 사진인 척하거나 거짓말을 한다면 기만적이고 거짓되고 신뢰를 깨뜨리는 행위로 간주된다. 컬럼비아대 연구진에 따르면, 이런 행위는 사진을 보는 사람은 물론 게시자에게도 영향을 미쳤다. 소셜미디어에 올라온 가짜 사진(게시자를 현실적이지 않고 이상화된 방식으로 보여주는 사진 등)은 게시자의 행복도에 부정적인 영향을 미쳤다. 페이스북 사용자 1만여 명의 데이터를 분석한 결과, 진정성 있게 자신을 표현하는 사람들에게 삶의 만족도가 더 높게 나타났다.[7]

특히 일치감과 소속감을 느낀다고 주장하는 민족 또는 젠더 공동체에서는 반드시 서로 솔직해야 하며 위선적이어서는 안 된다. 성형수술과 문신은 보통 개인의 선택과 정체성을 진정성 있게 표현하는 방식으로 받아들여지지만, 자신이 아닌 무언가를 가장하며 정체성을 주장하는 것은 웬만해서는 받아들여지지 않는다. 한 학생은 다음과 같이 지적했다. "니키 미나즈가 카일리 제너만큼, 어쩌면 더 많이 성형수술을 했다는 것은 다들 알고 있다. 하지만 신경쓰지 않는다. 성형수술로 특정 집단에 피해를 준 것이 아니기 때문이다. 게다가 니키 미나즈가 추구하는 페르소나에서 '페이크'는 큰 부분을 차지하기 때문에 성형수술은 그 자체로 그의 정체성을 나타내는 셈이다. 그렇기에 우리는 진정성을 의심하지 않는다."[애슈턴]

약점을 드러내는 것은 솔직하고 진정성 있는, 따라서 찬사받는 행동이다. 캐나다 모델 위니 할로는 백반증 피부를 감추지 않고 당당히 드러내 유명해졌다. 반면 카일리 제너는 여러 차례 성형수술을 받고도 그 사실을 부인했다는 이유로 팬들에게 거세게 비난받았다. 자연 미인 이미지를 구축해놓고 몰래 성형으로 이익을 얻음으로써, 가짜 이미지를 하나의 기준으로 삼게 된 사람들에게 피해를 줬다는 것이다. 과거에 겪었던, 또는 아직도 겪고 있는 진정한 자신 되기의 어려움을 고백하는 모습도 흔히 보인다. 보통 이러한 고민은 진정성, 솔직함, 그리고 힘겹게 얻어낸 진실성의 표지로 여겨진다. 십대 청춘물 〈리버데일〉로 스타가 된 스물네 살 배우 릴리 라인하트는 우울증을 공개적으로 고백해 지지를 받았다. 라인하트는 2020년 『수영 수업』에 실은 한 편의 시에서 포스트 밀레니얼이 느끼는 솔직함에 대한 강박을 드러냈다. "어떻게 이겨냈는지가 아니라 / 그저 내가 느끼는 것을 / 세상에 말했을 뿐인데. / 진실을 말했다는 이유만으로 / 위로를 받다니 / 어쩐지 사기를 치는 기분."[8]

진정성 지키기는 개개인이 감당해야 할 과제다. 자기 계발과 완벽주의를 요구하는 온라인상의 압박이 거세지면서 이러한 현상은 더욱 강화되었다. 정체성의 여러 측면이 계속해서 세상 사람들에게 노출되다 보면, 진정한 자신 되기와 타인의 기대치에 부응하기 사이의 경계선이 흐려질 수 있다. 한 고등학생은 이렇게 말한다. "온라인에서의 평판은 영화 예고편과 같다. 과연 나는 나 자신을 위해 사는 것인가, 아니면 나를 보는 사람들을 위해 사는 것인가?"[9]

저녁식사 시간에 자녀의 스마트폰 사용을 금지하면서 업무 전화를 받으려고 자신의 스마트폰을 식탁에 가져오는 부모의 행동도 위선으로 비판받는다. 퍼시픽 스탠더드의 Z세대 연재 기사는 스마트폰을 포기 못 하는 부모들의 문제를 두 차례에 걸쳐 지적한 바 있다.[10] 인터뷰 참여자들은 제도 종교에 대한 환멸감도 자주 드러냈다. 개인의 자율성을 제한하는 규칙과 위계질서뿐만 아니라, 위선적이라는 인식 또한 주요 원인이었다.

어려서부터 온라인 세상을 탐험해온 포스트 밀레니얼은 온갖 홍보 문구와 낚시성 글, 정치적 용어 따위를 수도 없이 접하면서 공허한 약속과 과장된 말, 진짜가 아닌 말들을 노련하게 알아채는 법을 터득했다. 1장에서 언급했다시피, 인터뷰 참여자 대다수는 사용자들의 이익을 진심으로 헤아리지 않는 게 분명한 초대형 기업들이 인터넷을 통제하고 있다는 사실을 냉철하게 인식했다. 온라인에서 경험한 거짓과 조작과 위선이 이들로 하여금 일상을 살아갈 때 솔직함, 진정성, 진실성을 바라고 추구하도록 만들었다. 불확실하고 신뢰할 수 없는 세상에 발을 디디고 안정적으로 살기 위해서는 이러한 긍정적인 가치들이 절대적으로 필요해졌다.


## 베끼거나 훔치는 건 용서 불가


도용은 진정성과 떼어놓을 수 없는 문제다. 자신의 목적과 이익에 맞춰 타인의 정체성 또는 타 공동체에 속한 문화 산물을 이용하는 행위이기 때문이다. 특권층 다수가 소수의 문화 산물을 도용한다면 특히 심각한 문제로 떠오른다. 백인 연예인들이 콘로*, 또는 젤 다운 베이비 컬†을 하고 나오면 논란이 되듯이 말이다. 우리와 인터뷰한 학생들은 각자의 민족 배경을 막론하고 도용 문제를 대단히 불쾌해했다. 특정 머리 스타일이 흑인 여성 문화에 '소속'된 것이라서가 아니라, 흑인 여성들이 오랜 세월 유지해온 문화를 연예인들이 재포장해 자신들 것으로 삼으려 한다는 게 문제였다. 다음은 한 흑인 학생의 설명이다.

내가 생각하기에 문화 도용은 이런 식으로 이해하면 좋다. 당신에게 물이 한 그릇 있다고 해보자. 이상적으로 그 안에는 당신의 문화, 음식, 가족, 음악에 관한 멋진 것들이 가득하다. 하지만 당신이 누구냐

---

\*     흑인들이 주로 하는 여러 가닥으로 가늘게 땋은 머리.
†     이마 쪽 잔머리를 젤로 눌러 물결 모양으로 스타일링한 머리.

에 따라, 수 세기에 걸쳐 타인들이 그릇에 담긴 물을 뺏어가기도 한다. 노예제와 레드라이닝‡, 경찰이 행하는 차별 등이 물을 말리고, 당신의 안전과 재산을, 심지어는 가족까지 앗아간다. 이제 그릇에 남은 물은 거의 없다…… 그런데 별안간 (백인) 사람들이 들이닥쳐서 얼마 남지도 않은 물을 자신들 것이라고 주장한다…… 그걸 마음대로 사용하면서 우리에게 공을 돌리기는커녕 자기들이 하면 멋지지만 우리가 하면 저급하고 추레하다고 한다.[트래비스]

아시아계 미국인 학생은 이렇게 덧붙인다. "학교에 과제를 제출했는데 글이 '비전문적'이라거나 '투박하다'는 이유로 D 학점을 받았다고 쳐보자. 그걸 백인 학생이 토씨 하나 틀리지 않고 베껴서 다른 이름으로 제출하면 '혁신적'이라거나 '선구안이 있다'며 A+ 학점을 받는다. 정말 답답한 노릇이다."[이브]

북미 원주민 문화를 도용하는 것도 마땅한 존중이나 인정 없이 특정 문화에서 좋은 부분만 취사선택해 특권층 입맛에 맞게 재포장하는 사례로 언급되었다. 특정한 의복을 입을 권리는 특정 부족에 소속되었느냐와 관련된 문제이기 때문이다. 북미 원주민인 인터뷰 참여자는 이렇게 말했다. "나는 두 부족 모두에 속해 있다. 따라서 내 문화와 지금 내가 입고 있는 옷에 권리를 주장할 수 있는 유일한 사람이다."[리]

---

‡ 흑인 밀집 거주지역에 빨간 선을 그어 대출 및 금융 서비스를 제한한 정책.

3장 진정성이 중요하다
129

카다시안이 자기 것도 아닌 문화를 도용했다고? 너무 충격. #KimOhNo

**그림 1. 킴 카다시안의 보정속옷 브랜드 기모노를 조롱하는 밈.
이후 카다시안은 브랜드명을 스킴스로 바꿨다.**

다수의 문화를 빌려다 쓸 때도 문화 도용에 대한 혐의가 제기될 수 있다. 2019년 6월, 킴 카다시안이 란제리 브랜드명을 '기모노Kimono'라고 짓자 일본 전통문화를 도용했다는 비판이 쏟아졌고 트위터에서는 이에 대응하는 #KimOhNo 캠페인이 벌어졌다. 결국 카다시안은 브랜드 이름을 '스킴스skims'로 바꾸었다.

언어를 둘러싼 사례는 더욱 복잡하다. 아프리카계 미국인 문화에 대한 도용과 차용이 특히 빈번하다. 인터뷰 참여자들이 자주 사용한 속어 중 이를테면 베bae, 부지bougee, 팸fam, 셰이드shade, 워크woke<sup>*</sup> 등은 아프리카계 미국인들의 영어에서 유래해 랩, 힙합, 소셜미디어를 통해 보편적인 속어로 자리잡았다. 언어란 다른 언어를 빌려와 발달하기 마련이고(외래어처럼), 특정 하위문화를 거쳐 변화할 때가 많다. 과거에는 하위문화 언어가 주류로 편입하기까지 수년 또는 수십 년이 걸렸다. 보통 하위문화는 주류와 구분되어 존재하는데다 새로운 언어는 처음에는 입말로만 전해지다 나중에야 문자로 쓰이고 책에 실려 전파되기 때문이다. 그런데 인터넷이 전파 속도를 높였다. Z세대는 다양한 범주의 언어 공동체에서 쓰이는 말들에 즉각적으로 접근하며 자란 최초의 연령 집단이다. 이들이 접한 언어들은 머지않아 문자로 쓰이고, 블랙트위터(흑인 정체성에 관한 문제들로 연대하는 트위터 커뮤니티), 레딧, 포챈 같은 플랫폼과 밈에 등장한다. 결과적으로 언어가 속어로 자리잡아 보급되는 시간이 단축된 것이다.

'피나finna ~할 것이다' '크렁크crunk 취한, 신난' '스웨그swag 프로모션 상품' '댕크dank 독특하고 이상한, 또는 유행이 지난 밈을 가리킬 때 주로 쓰임' 그리고 가장 유명한 '온 플리크on fleek 흠잡을 데 없고 심미적으로 완벽하다는 의미로 원래 눈썹을 묘사할 때 쓰임' 같은 표현이 유명해진 것도 같은 사례다. 2014년 케일라 뉴먼은 동영상 공유 앱 바인에 '피치스 먼로'라는 예명으로 육 초짜리 영상

---

<sup>*</sup>　각각 연인, 부르주아, 친한 친구, 남을 깎아내리는 행위, (사회적 사안에) 깨어 있음을 뜻하는 말.

을 올려 폭발적 반응을 불러일으켰다. 영상 속 뉴먼은 "도착함we in dis bitch. 취할 예정finna get crunk. 눈썹 완벽하고eyeborws on fleek. 어쩔da fuq"이라고 말한다. 3년 후인 2017년, 니키 미나즈와 크리스티나 밀리안 같은 래퍼들이 자신의 문장을 차용한 것에 들떴던 뉴먼은 실망스러운 일을 겪었다. 기업들이 자신의 문장을 베끼기 시작한 것이다. 포에버 21은 '온 플리크'라는 문구가 박힌 크롭 티셔츠를 판매했고, 아이홉 같은 패스트푸드 레스토랑마저 '팬케이크 온 플리크'라는 메뉴를 선보였다. 이 가운데 뉴먼은 어떠한 금전적 이익도 얻지 못했다. 이후 뉴먼은 자신의 문장을 상표로 등록했고, 간호사가 되기 위해 대학을 다니는 동안 온라인에서 틴 보그 독자들과 다른 지지자들을 모아 신생 뷰티 브랜드 '온 플리크'를 위한 크라우드 펀딩을 진행했다.[11]

이제는 정체성과 개인 브랜드를 수익화하는 시대다. '셀프 상표등록' 유행은 1980년대 자신의 이름과 초상권을 보호한 마돈나까지 거슬러올라간다. 요즘 인플루언서와 셀럽은 한 차원 더 나아가 일종의 '광고'이자 '보증'을 위해 상표등록을 추진한다. 자기 이름은 물론 자신과 연관된 단어나 유행어도 등록 대상이다. 헤일리 볼드윈은 저스틴 비버와 결혼하자마자 헤일리 비버라는 이름을 상표로 등록했다. 카일리 제너는 카일리를 상표로 등록하려다 카일리 미노그와 법적 공방을 벌였다. 이긴 쪽은 포스트 밀레니얼 카일리(제너)였다. 카다시안 자매는 자신들의 남자형제와 약혼한 블랙 차이나가 결혼 후 가지게 될 이름인 앤절라 카다시안을 상표로 등록하려고 하자 저지했다. 테일러 스위프트 역시 자신과 연관된 단어들을 일제히 상표로 등록했다. 'red' '1989' 'speak now' 'reputation'(모두 앨범명), '메러디스 그레이' '올리비아 벤슨' '벤저민 스위프트'(고양이 이름) '옛날 테일러는 전화를 받을 수 없어'(노래 가사) 등이 대표적이다.

## 존중하고 포용하기 그리고 캔슬 컬처

진정성이라는 포스트 밀레니얼의 핵심 가치는 미립자 정체성을 최대한 정확하게 형성하려는 형태로 표출되는 한편, 다른 사람들이 자신의 진짜 모습을 발견해 표현하도록 한다. 가능하다면 그들을 지지하고 적어도 불필요한 장애물을 철폐하려는 노력으로 표출된다. 다시 말해 이들은 자신은 물론 타인의 정체성 또한 존중한다. 자신이 바라는 게 있다면 남들이 바라는 것 또한 지지해야 하는 것이다. 우리는 공정, 포용, 다양성에 대한 존중과 관련해 이 세대에 만연한 견해를 관찰해보았다. 한 인터뷰 참여자는 "우리 세대는 일반적으로 어떤 배경을 지닌 사람이든 수용하고 싶어한다"고 말했다.[릴리]

이들에게 존중과 수용은 중요한 가치다. 또다른 인터뷰 참여자는 "나는 다양한 생각과 배경과 이야기를 배우고 존중하고 함께하는 것에 높은 가치를 매긴다"며 "우리 세대는 획일적인 집단을 이루기보다 '스스로 행복한 것을 하자'는 태도를 지니고 있다"고 했다.[앤디] 퓨 리서치 센터의 포스트 밀레니얼 보고서에 따르면, 이들은 인종 불평등 문제에 특히 관심이 많다. 미국 응답자 3분의 2는 미국에서 흑인이 백인에

비해 부당한 대우를 받는다고 응답했다.[12] 뉴욕 타임스는 이 보고서에서 테네시 출신 스무 살 백인 남성의 응답에 주목하며 인종 불평등에 관한 시각이 형성되는 데 개인의 경험과 최신 정보에 대한 접근성이 큰 몫을 한다고 강조했다. "이 주제에 대한 그의 감정은 고등학교 시절 인종차별을 목격하면서 형성되었다. 당시 그가 알고 지내던 흑인 여자아이가 백인 풋볼 선수에게 린치 협박을 당한 적이 있었다. 그리고…… 지난 여름…… 내슈빌 경찰관이 비무장 흑인 남성을 사살한 사건을 보며 그의 감정은 더욱 굳어졌다."[13] 퓨 리서치 센터는 "Z세대는 지금껏 우리가 보아온 세대 중 인종적으로나 민족적으로 가장 다채롭다"고 관측한다. Z세대와 밀레니얼(Y세대)은 "미국의 인종과 민족 다양성이 커지는 것은 사회에 긍정적"이라고 응답할 뿐 아니라 "기성세대보다 인종 간 결혼과 동성혼을 긍정적으로 바라보는 시각이 지배적"이다.[14] 영국에서 사회학자 니콜라 매지, 피터 헤밍, 케빈 스턴슨이 잉글랜드 전역 학교에 재학중인 포스트 밀레니얼을 대상으로 대규모 조사와 인터뷰를 실시했는데, 그 결과 역시 유사하다. 다만, 차이에 대한 존중이 이 세대를 구분 짓는 가치이기는 해도 반드시 일상적 실천으로 드러나지는 않는다고 연구진은 덧붙인다.[15]

정체성의 불평등에 반응하는 것은 많은 포스트 밀레니얼에게 사적인 문제이기도 하다. 이들은 자신의 미립자 정체성과 다양한 친구들의 정체성에 관해, 또 온라인과 오프라인에서 (간접적일지라도) 실질적인 불평등에 노출되는 경험을 통해 사적인 의미를 띠게 된 불평등에 관해 자주 이야기한다. 그 결과 몇몇은 인종 격차와 같은 정체성 문제에 맞서는 활동을 시작하기도 한다. 한 인터뷰 참여자는 "나 자신이나 내 친구들의 정체성이 걸린 문제에는 당연히 적극적으로 나서야 한다"고 말했다.[이브]

Z세대는 누군가 진실하지 못하고 진정성이 부족하다는 것을 알았을 때, 즉 소셜미디어상에서 자기 이상화와 진정한 자기표현이 충돌하는 것을 보았을 때 신속하게 반응한다. 앞에서 언급한 카일리 제너 사례도 그중 하나다. 게시물 게시자의 이상화를 목격하는 집단은 동시에 그 사람을 꾸준히 감시하는 집단이기도 해서 게시자가 거짓되고 잘못 표현된 정체성을 전시하지 못하도록 어느 정도의 책임감을 요구한다. 만약 유명인이 잘못된 행동을 한다면, 그 사람의 '팬덤' 또는 그 사람과 라이벌 관계인 유명인의 팬덤이 일제히 그를 공격한다. 원래 '취소 canceling'는 팬이 좋아하던 유명인을 등지는 행위를 일컫다가 요즘은 개인 또는 특정 상품이 사람들의 신뢰를 저버렸을 때 나타나는 반응을 가리키는 말로 쓰인다. 취소는 그 대상에게 정서적으로나 재정적으로 상당한 타격을 입히기도 한다. 2019년 5월 뷰티 유튜버 제임스 찰스는 동료 유튜버에게 사기 행각을 폭로당했다. 그리고 하루 만에 구독자(그가 팬을 일컫는 표현대로라면 '자매들')가 100만 명 넘게 감소하는 신기록을 세웠다. 그의 수많은 자매들은 구독을 취소하며 댓글에 한 단어를 남겼다. "취소함."

캔슬 컬처, 또는 저격 문화는 온라인 커뮤니티에서 위선을 공론화하고, 개인 또는 집단에 행동의 책임을 묻는 새로운 방식이다. 플랫폼 사업자에게 과도한 권력이 쥐어진 온라인 세상에서, 개개인이 힘을 행사하는 하나의 방법이기도 하다. Z세대는 소셜미디어에서 유명인의 팔로잉을 취소하는 것이 그들의 생계 수단을 앗아가는 것과 동등한 무게를 갖는다는 것을 아주 잘 알고 있다. 이제 "취소함!"이라는 말은 온라인에서건 오프라인에서건 누군가의 의견이나 행동에 불만을 표현하는 방법이다.**16**

많은 학생이 소셜미디어에서 취소당하고, 차단당하고, '고스팅당했을(아무런 사전 경고 없이 모든 연락을 끊는 행위)' 때의 상처를 털어놓았다. 이러한 거절 행위는 정신 건강에 상당한 악영향을 주기도 한다. 한 학생은 이렇게 고백했다. "페이스북에서 팔로잉을 끊는 것은 괜찮다. 그러나 차단은 엄청난 상처다." 이 여학생은 열여덟 살 때 처음 여자와 잤다. 그런데 그 이후 상대 여성이 자신을 차단했다. "여자와 키스한 것도 그때가 처음이었다. 그런데 차단당하면 어떤 대답을 들을 수도, 문제를 해결할 수도, 소통할 수도 없다. 상대에 대한 모든 것이 그냥 사라지는 거다."[넷]

캔슬 컬처와 관련해 새로 등장한 말도 있다. (누군가를) **콜링 아웃**한다는 것은 그 사람의 잘못을 공격적으로 지적하는 것을 의미하고, (누군가를) **콜링 인** 한다는 것은 좀더 점잖게 지적하는 것을 의미한다. **차를 엎지르다**(진실이나 소문을 까발리다)라거나 **그림자를 드리우다**(모욕하거나 못마땅하게 바라보다)라는 표현은 캔슬 컬처에서 은근한 듯 은근하지 않게 보복하는 의미로 자주 쓰인다. 이러한 표현은 인터넷에서 유명해졌지만, 그 유래는 1960년대 드래그 문화와 아프리카계 미국인 영어로 거슬러올라간다. 특히 젊은 흑인 여성들의 언어에 영향을 많이 받았다. i세대 말뭉치를 보면 포스트 밀레니얼의 언어에서 **취소, 고스트, 차단** 같은 단어의 빈도수가 일반 인구와 비교했을 때 이례적으로 높다.[17]

캔슬 컬처와 '무대에서 끌어내리기deplatforming'*를 옹호하는 포스트 밀레니얼은 이를 단순히 사적인 무기로 보는 것이 아니라, 문화적이고 정치적인 도구로 인식한다. 이전 장에서 J. K. 롤링과 트랜스 문화를 논할 때 언급했던 에이자 로마노는 다음과 같이 주장한다. "캔슬 컬처는 한 개인 또는 그의 작업물이 갖는 문화적 영향력을 최소화하기 위한 집단적 결정으로 보아야 한다."[18] 캔슬 컬처에는 소외 집단과 연대하고 그들을 지지하기 위해 편견이라 여겨지는 것에 맞서 그것을 끌어내리려는 집단적 목소리가 갖는 힘이 담겨 있다. 공정에 관한 관심과도 맥을 같이한다. '평등'이 모두를 같은 선상에 두는 것이라면 '공정'은 소외되고 다양한 집단이 본래 모습을 지켜나갈 수 있도록 지지하는 것에 가깝다.[19]


## 자아 찾기의 기나긴 역사


진정한 자기 되기를 추구하는 포스트 밀레니얼의 성향과 진지함은 여러 측면에서 이들 세대 특유의 것이지만, 이를 더욱 완벽히 이해하기 위해서는 정체성을 둘러싼 기나긴 변화의 역사를 함께 들여다보아야 한다.

---

\* 특정 사용자가 공개된 곳에 게시물을 올리지 못하도록 금지하는 것.

1970년대 초 미국 배우 말로 토머스와 몇몇 유명인이 모여 'Free to Be You and Me'라는 유명한 앨범과 TV프로그램을 기획한 적이 있다. 이들은 진정한 자신이 되는 것과 스스로 진실되려고 하는 타인을 존중하고 관용하는 것의 중요성을 강조했다. 백인 여성 토머스는 글로리아 스타이넘 등과 함께 미즈 파운데이션을 설립한 사람 중 하나였다. 이들은 이른바 '존재의 자유 운동'을 주도하며 젠더 고정관념에 맞섰고 인종과 민족의 평등 개념을 도입했다. 이 운동은 일각에서 논란을 불러왔으나 미국(그리고 영국) X세대 아이들에게 크나큰 영향을 미쳤다. 그리고 이 아이들은 자라 포스트 밀레니얼의 부모와 교사가 되었다. 자유에 대한 메시지는 좌우 정치 스펙트럼을 막론하고 공감대를 이뤘다. 양육과 교육이 점차 어린이 중심으로 변화했고, 몇몇 가정은 민주주의 원칙을 세워 어른뿐 아니라 모든 가족 일원에게 '의사를 표현할 수 있는 권한'을 주었다.[20] 그렇게 대서양 양쪽의 포스트 밀레니얼은 '내가 될 자유'에 대한 가르침과 함께 '당신이 될 자유'라는 메시지를 태어나면서부터 받아들였다. 우리가 만난 인터뷰 참여자들이 정체성에 관해 이야기하며 드러낸 자율성, 진정성, 그리고 공정과 포용의 가치는 선택의 자유에 관한 가르침에서 일부 비롯되었다고 할 수 있다.

개인의 책임을 중시하는 정신은 1970년대 들어 직장과 국가 경제 체제에 들이닥친 변화로 더욱더 강화되었다. 금융과 시장의 탈규제를 수반한 경제자유화, 민간 부문의 역할을 키운 공공자산 민영화, 그리고 기업가 자본주의에 대한 지지 정책은 이른바 '복지국가'와 가부장적 고용주의 권력을 축소한다는 명분으로 정당화되었다. 기업이나 국가가 직원 또는 국민을 요람에서 무덤까지 책임진다는 생각은 책임과 위험을 좀더 널리 분산하는 사회 모델에 의해 밀려났다. 포스트 밀레니얼은 출신 배경과 무관하게 개개인이 자기 삶을 스스로 감당해야 하고 각자의 운명과 정체성을 형성해야 하는 사회에서 성인이 되었다. 무한한 경제 성장과 사회 진보에 대한 확신이 무너진 사회에서 자기 삶을 스스로 감당해야 한다는 의무감은 희망과 가능성을 품게 하는 동시에 불안과 억울함의 원천이 되었다. 양질의 일자리와 구입 가능한 주택이 점점 줄어드는 상황에서, 포스트 밀레니얼이 감지하는 위험과 불안은 인터뷰 참여자들 사이에서도 자주 거론되었다. 한 참여자는 "우리는 미래를 비관적으로 전망한다. 우리 세대 앞에 놓인 경제 상황이 그야말로 처참하기 때문이다"라고 말했고[앤디], 다른 참여자는 "정치와 뉴스, 언론 시스템, 기술, 사회…… 말 그대로 모든 것이 변하고 있다"라고 진단했다.[이브]

## 결론: 위선이 들어설 자리는 없다

정체성은 진정성 개념과 긴밀하게 엮여 있다. 포스트 밀레니얼의 세상에서 정체성은 빼놓을 수 없는 핵심이고, 정체성 형성에 진정성이 빠져 있으면 깊은 불신의 대상이 된다. 대학 교육과정에 무엇이 포함되어야 하느냐 하는 문제부터 트랜스젠더를 둘러싼 논쟁까지, 정체성과 관련한 모든 투쟁이 과열되는 이유다. 문화 정체성이 걸려 있는 상황에서는 상징과 실재의 구분이 사라지고, 투쟁은 정치적일 뿐 아니라 지극히 사적인 문제로 체감된다.

포스트 밀레니얼이 자신에 관한 진실을 명료하고 진정성 있게 발화한다는 것은 자신이 누구인지를 자신과 타인에게 드러낼 수 있는 미립자 정체성 표지를 소유한다는 의미다. 만약 자신이 누구인지 말할 수 없다면 진정으로 자유롭지 않고, 남들 역시 스스로 누구인지 말할 수 없는 사람 앞에서 자신의 정체성을 섣불리 표현할 수 없을 것이다. 인터넷은 과거에 상상도 못했던 규모와 범위로 개인의 정체성을 형성할 수 있도록 어마어마한 선택지를 주었다. 그렇다고 뭐든 원하는 대로 될 수 있는 것은 아니다. 소속된 공동체와 자신이 감각하고 말하고 행동하는 것이 조화를 이뤄야 한다. 물론 당신이 어떤 사람인지는 누구도 대신 말해줄 수 없다.

이 장에서 우리는 개인의 정체성 탐색과 공표가 역동적으로 이어져 있음을 밝혔다. 다음 장에서 서술하겠지만, 개인의 미립자 정체성이 형성되는 데는 온라인과 오프라인에서 느끼는 소속감도 영향을 미친다. 진정한 정체성을 탐색하는 과정은 결국 그 여정을 함께할 사람들을 발견하는 기술과 밀접히 엮여 있기 때문이다.

# 가족을 찾아서

» 온라인에서는 나와 똑같이 사고하는 사람들을 찾을 수 있다 «

2016년 스탠퍼드대 언어학 수업 학생들에게 대학생활을 한마디로 요약할 '올해의 단어'를 선정해달라고 청했다. 많은 학생이 **팸**fam이라는 단어를 꼽았다. 그중 한 학생이 이 단어를 고른 이유가 아주 인상적이었다. 그는 중서부 소도시 출신이며 게이였는데, 스탠퍼드대에 와서 팸을 만났다고 했다. 그의 **스쿼드**squad─포스트 밀레니얼이 공동체를 가리키는 또다른 용어─는 서로를 팸이라고 칭한다.

팸은 부모나 가족을 제외하고 마음을 터놓고 신뢰할 수 있는 (한 명 또는 그 이상의) 가까운 친구를 가리키는 말이다. 진짜 자기 모습을 보여줄 수 있는 친구를 의미하기도 한다. 이 단어는 영국과 미국 일반 인구의 구어 말뭉치보다 i세대 말뭉치에서 이례적으로 빈번하게 등장한다. 그로부터 파생된 표현도 아주 많다. '땡스thanks 팸' '섭sup 팸(어떻게 지냄)' '나nah 팸(야, 됐어)' '갓추gotchu 팸(내가 있잖아)' '릿lit 팸(재미

이발사: 어떻게 해줄까?
남자: 파니니 먹어봄?
이발사: 오케이 거기까지
내가 딱 알아서 해줄게

**그림 2. '아이-갓추-팸' 밈**

있고 쿨하네)' '요yo 팸(안녕)' '칠chill 팸(긴장 풀어)' 등을 예로 들 수 있다. 일부 팸은 포스트 밀레니얼이 중요하게 생각하는 밈, 이를테면 아이-갓추-팸I-gotchu-fam 밈, 이발소 밈, 세이-노-모어-팸say-no-more-fam 밈 등과 함께 발달했다. 〈그림 2〉의 사례처럼, 이러한 밈들은 팸끼리 공유하는 유머와 내집단 레퍼런스, 신호 등을 통해 유대감을 강화한다.

　동질감을 느끼는 친구들을 핵가족 또는 확대가족을 지칭하는 언어로 호명하는 관행은 1950년대와 1960년대 LGBT 하위문화에서 시작되었다. 동성애 혐오 사회에서 소외당하고 거절당한 동성애자들은 스스로 가족을 선택해 전통적으로 생물학적 가족이 주던 위로와 지지,

연대를 그 안에서 발견했다. 이러한 유형의 가족은 친족 관계와 유사하게 강력한 정서적 유대감으로 연결된 공동체지만, 핏줄이 아니라 사회적 관계를 바탕으로 결속했다. 한편 여성들의 우정은 1960년대와 1970년대에 이르러 한층 더 진화했다. 제2물결 페미니즘 운동이 "개인적인 것이 정치적인 것이다"라는 구호를 만들어내고 **시스터, 시스터후드** 같은 용어를 사용하며 여성끼리의 연대와 공유를 강조한 결과였다. 이러한 용어들은 실은 그보다 수백 년 전에 영국 백인 페미니스트 메리 울스턴크래프트(**시스터**[1792년]), 19세기 말 아프리카계 미국인들(**시스타**sistah[1879년]), 20세기 초반 여성 참정권 운동가들(**시스터후드**[1914년])이 쓴 언어지만, 2세대 페미니즘 운동을 통해 범용어로 자리잡았다. 포스트 밀레니얼이 친한 친구 무리를 팸으로 지칭하게 된 비교적 최근의 배경을 살펴보면, 아프리카계 미국인 영어에서 영향을 받은 것으로 보인다. 힙합 그룹 로스트 보이즈의 노래 〈Renee〉 가사에는 이런 대목이 나온다. "에이 요, 팸, 나 연하 여친 생겼어. 우리는 소파에 앉아 마구 떠들지."[1]

팸은 2016년 언어학 수업에서 올해의 단어로 선정되었지만 어느덧 범용어로 자리잡았고, 원래 언어란 것이 빠르게 변화한다는 점을 고려하면 현시점에서 올해의 단어는 또다를 것이다. 그럼에도 당시 Z세대 일부가 이 단어를 선택했다는 것은 포스트 밀레니얼이 정체성을 중시하는 방식이 대단히 사회적이라는 사실을 시사한다. 인터뷰, 포커스 그룹, i세대 말뭉치, 학생들이 만든 스탠퍼드 고유어 사전 등 우리 연구에 쓰인 거의 모든 자료에서 친밀 집단을 가리키는 신조어들이 발견되었다.

**팸** 말고도 **스쿼드, 트라이브, 크루, 피플스, 십스**sibs 같은 말들이 더 있었다. 한 인터뷰 참여자는 정체성의 여러 부분 중에서 가장 중요한 요소로 오프라인과 온라인에서 함께 시간을 보내는 사람들을 꼽았고, 그다음으로 자신의 모험심과 정신 건강 문제가 중요하다고 말했다.[조] 또다른 참여자는 자신의 정체성을 이루는 핵심 지표로 문신과 음악 취향, 그리고 '곁에 있는 사람들'을 언급했다.[조던] 자신이 누구인지 발견하는 것은 자신이 어디에 어울리는지를 아는 것이다. 한 학생은 자신이 속할 주요 공동체를 고르는 데 정체성이 중요한 부분으로 작용했다고 밝혔다.

> 내가 속한 공동체는 대부분 유색인종으로 이뤄져 있다. 지금껏 살아오며 거의 늘 그래왔다는 사실을 깨달았다. 그러니까 그것이야말로 하나로 통합된 거대한 정체성이다…… 나를 지지해주는 사람들이 곧 나의 공동체다. 정체성에 기초한 집단은 똑같은 고민을 나누기 때문에 대단히 도움이 된다. 내 친구들이 대부분 유색인종인 것도 그래서가 아닐까? 우리는 어떤 식으로든 특정한 유형의 편견을 함께 경험해왔고, 같은 장애물을 극복해왔으니까. 그런 공통점이 사람들을 하나로 모으는 것 같다, 그게 꼭 정체성일 필요는 없지만. 친구를 사귈 때 무조건 '우리는 ○○이니까 친구잖아?'라고 할 수는 없는 거다.[얼리샤]

팸 찾기는 정체성을 찾는 일과 밀접하게 관련이 있다. 카라 델러빈은 다음과 같이 말했다. "자신이 누구인지를 떳떳하게 말할 수 있어야

146

한다. 그래야만 가족을 찾을 수 있다. 우리는 누구나 태어나면서부터 가족을 만나지만, 동시에 자신이 속한 가족과 부족을 살아가다 발견하기도 한다. 유일한 방법은 솔직해지는 거다." 팸 찾기는 언제나 현재 진행형으로, 확정적일 이유가 없다. "어떠한 정체성을 발견했다가 마음에 들지 않아 다른 데로 옮겨가더라도 상관없다. 정체성은 고정적인 게 아니라 유동적인 것이다."[2]

　　지속적이고 즉각적으로 소셜미디어를, 더 넓게는 인터넷을 이용할 수 있는 포스트 밀레니얼은 미립자 정체성에 맞춰 소속 공동체를 미세하게 조정한다. 이토 미즈코와 동료들의 연구에 따르면, 정체성과 관심사를 공유하는 온라인 친밀 네트워크를 고르는 행위가 "강한 소속감과 사회적 유대감을 불러일으킨다."[3] 1960년대와 1970년대 LGBT 단체들과 페미니스트들 역시 대안 가족을 결성했다. 이들은 그때그때, 대부분 오프라인 모임을 통해 가족을 이뤘다. 따라서 20세기 중반의 LGBT 사람들은 팸을 찾으러 자신들에게 우호적인 도시로 이주하는 경우가 잦았다. 반면 오늘날에는 개인 정체성에 들어맞는 친밀 집단을 찾는 행위가 온라인과 오프라인에서 동시에 일어난다.

　　포스트 밀레니얼은 정체성에 들어맞는 소속 공동체를 찾는 과정에서 유연성과 안정성, 그리고 자유와 안전함 사이의 균형을 찾으려 한다. 개인 정체성의 여러 측면에서 유동성과 유연성 요소가 발견되듯이, 이들이 소속되는 집단에도 마찬가지 속성이 확인된다. 이들은 정체성이 명료해지고 삶이 변화하면 그에 맞춰 집단에 들어가고 나오기를 반복하는데, 이 과정 내내 한 개인의 진실성은 그대로 유지된다. 이들이 실천하는 디지털 삶의 기술이라 볼 수 있다. Z세대는 친밀감을 느끼는 곳에서 자신이 누구인지를 발견하며, 자신이 누구인지를 알고 나서 비로소 자신감을 가지고 사회생활과 관계 맺기를 해나간다. 한 인터뷰 참여자의 말대로 "다 이유가 있어서 집단에 들어가는 것이다."[앤디] 집단의 정체성은 끊임없이 다듬어진다. 변화는 정체성 일부가 집단 내부에서 생략되거나 배제되거나 비가시화된다고 느낀 개개인이 힘을 합쳐 주도한다. 이 개인들은 자신이 진정 누구인지를 언명하고 지키기 위해 공동체의 정체성에 변화를 주자고 주장하는데, 만약 저항에 맞닥뜨리면 망설임 없이 새로운 공동체를 찾아 떠난다.

## 나와 비슷한 사람들을 찾다

페이스북 그룹 '미묘한 아시아인 특성들subtle asian traits'(보통 소문자로 적는다)은 이러한 차별화의 움직임을 잘 보여주는 사례다. 이 커뮤니티는 2018년 9월 멜버른에 사는 십대 청소년 넷이 호주 1세대 이민자의 자녀로 살아가는 경험을 공유하기 위해 만들었다.[4] 처음에는 현실에서 알고 지내는 친구들끼리 간단히 온라인 그룹 채팅을 나누는 것으로 시작했다가 나중에는 페이스북의 무료 플랫폼을 활용해 다른 사람들과 공개적으로 토론할 수 있겠다는 데 생각이 미쳤다. '미묘한 아시아인 특성들' 커뮤니티의 팔로워는 세 달 만에 100만 명 이상으로 불어났다 (2021년 기준으로 팔로워 수는 거의 두 배가 늘어 190만 명에 달한다). 이 커뮤니티가 어떠한 재정 지원도 없이 급성장할 수 있었던 이유는 수많은 사람들이 아시아인 이민자의 자녀로 살아가며 '공감할 수 있는' 갖가지 고충을 공유하는 친목 공간을 제공했기 때문이다. 그 공간에서 사람들은 자기 자신에 대해 자조하거나 남들을 가볍게 놀리고, 어린 시절 먹던 음식부터 부모가 가하는 압박, 정신 건강 문제 등을 놓고 토론한다. 참여자들은 자신과 유사한 환경에 처한 사람들로 이뤄진 커뮤니티에 소속됨으로써 정체성을 탐구하고 표현할 수 있게 된다. 한 학생은 어느 날 느닷없이 페이스북 알림을 스무 건이나 받았다고 했다. 친구들이 '미묘한 아시아인 특성들' 게시물에 자신을 태깅했다는 알림이었다. "알림이 멈추지 않고 계속 왔다. 내가 어떤 페이지에 초대된 것인지 미처 알아볼 틈도 없이 대학 친구들, 고등학교 친구들, 심지어 오랫동안 연락이 끊겼던 중학교 동창들로부터 게시물과 댓글, 태깅 알림이 쏟아졌다." 처음에는 그 그룹에 참여할 생각이 딱히 없었지만 스크롤을 내리다 생각이 바뀌었다.

오랫동안 잊고 있었던, 2세대 이민자로서 내가 경험한 유년 시절의 기억들이 방울방울 떠올라 너무나 충격을 받았다. 내 인생의 한구석에 남아 있는 기억을 얼마나 많은 사람이 공유하고 있는지 실로 놀라웠다. 이를테면 커다란 비닐봉지에 작은 비닐봉지들을 꽉 채워 주방에 쟁여두던 엄마, 가족끼리 외식할 때 자기가 돈을 내겠다고 싸우던 친척 어른들에 관한 기억들 말이다. 엄한 호랑이 양육과 가족에게 정신적 문제를 털어놓아야 할 때의 어려움 등에 대해서도 이야

기를 나누었다. 아시아인이라는 이유로 놀림받은 기억처럼 무거운 주제들도 다뤄졌다.[이브]

이 학생은 그렇게 커뮤니티에 빠져들었다. 아시아인, 또는 아시아계 미국인 친구들을 전부 초대했고, 왕성히 활동하는 그룹 일원이 되었다.

'미묘한 아시아인 특성들' 팔로워들은 페이스북을 온종일 들여다보면서 아시아적인 것을 명명하고 주장하는 콘텐츠를 다른 이들의 논평과 함께 감상한다. 밈들은 모두가 공유하는 경험을 소재로 한 웃긴 사진, 영상, 토막 텍스트로 구성된다. 예를 들어 어떤 밈은 3개 장면으로 분할되어, 첫째 칸에는 킥킥 웃고 있는 피카츄에 "'미묘한 아시아인 특성들'을 보며 웃는 나"라는 캡션이 달려 있다. 둘째 칸에는 웃으며 눈물을 흘리는 피카츄에 "세상에 혼자가 아니란 걸 깨달은 나"라는 캡션이 달려 있다. 마지막 칸에는 놀란 표정의 피카츄에 "내 경험이 전혀 유별난 게 아니라는 사실을 깨달은 나"라는 캡션이 붙었다.[5]

다음의 세 가지 공감 밈 사례는 이 커뮤니티가 어떤 식으로 공동의 정체성과 소속감을 지지하는지 보여준다. 〈그림 3〉은 자신들의 유럽 혈통을 유난스럽게 구분하면서 아시아인들의 혈통 차이에는 무지한 백인 미국인들을 재치 있게 비꼰다. 〈그림 4〉는 아무런 보수 없이 집안일을 거들어야 했던 아시아인들과 용돈을 받고 집안일을 돕는 백인들의 경험 차이를 보여준다. 〈그림 5〉에는 엄한 아시아인 부모에 대한 불만을 모두가 공감하리라는 전제가 깔려 있다. 밈을 만들거나 공유하고 좋아요 수와 공유 횟수가 많아질수록, 개개인이 경험한 불만과 당혹스러움

White people: "I'm %38 German, %35 Swedish %25 Danish, %2 Milk

Me: "I'm Korean not Chinese"

White people:

◯ ⬆️ ◯ Malaya Neri, Glory Jain and 16K others          1K Comments

백인: "나는 독일인 38%, 스웨덴인 35%, 덴마크인 25%, 우유 2%임"
  나: "나는 중국인 아니고 한국인"
백인:

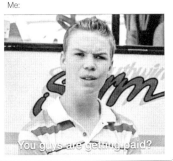

White friend : "I hate my life, my parents give me just $10 for doing chores"

Me:

You guys are getting paid?

백인 친구: "엄마 아빠가 집안일 시키고 10달러밖에 안 줘서 짜증"
  나: "아니, 너네는 돈을 받는다고?"

Mark Angelo Serrano-Crutchley
January 18 at 8:16 AM

That feel when you can't go to your friends house.

MARVEL
CANT-MAN
MY Mom SAID NO

◯ ⬆️ ◯ Dustin Lang, Heejoo Ko and 11K others          1.7K Comments

친구 집에 놀러가지 못할 때 내 기분.

⟨캔트-맨⟩
'엄마'가 안 된대

**그림 3, 4, 5. 공감 밈 사례**

은 정체성을 자긍하게 만드는 요인으로 변하고 연대감이 형성된다. '미묘한 아시아인 특성들' 설립자는 "우리는 이 그룹을 '가족'이라고 부른다. 이 그룹의 목적은 우리 모두 어딘가에 소속되어 있다는 감각을 느끼는 것이다"[6]라고 말한다.

그런데 얼마 지나지 않아 '미묘한 아시아인 특성들'에서 갈라져나와 훨씬 더 세분화된 웹사이트들이 여럿 생기기 시작했다. 우리가 마지막으로 집계했을 때 그 수는 이미 100개가 훌쩍 넘었다. '미묘한 아시아인 특성들'에서는 중국어, 한국어, 광둥어, 베트남어, 일본어로 된 영어 속어에 관한 농담이 자주 오갔다. 그러자 일부 남아시아 출신 팔로워들이 동아시아에 편향된 커뮤니티에 불만을 품고 '미묘한 카레인 특성들'이라는 그룹을 따로 만들었다. 원 사이트 또는 파생 사이트에서 생겨난 서브 그룹 중에는 '미묘한 아시아인 연애' '미묘한 아시아인 반려동물' '미묘한 아시아인 게임' '미묘한 아시아인 음식' '미묘한 아시아인 여성' '미묘한 아시아인 메이크업/뷰티 스쿼드' '미묘한 아시아인 파티광' '미묘한 아시아 자동차' '미묘한 아시아인 정신 건강을 위한 모임' '미묘한 혼혈인 특성들(혼혈 또는 다인종으로 정체화한 사람들을 위한 커뮤니티)' '미묘한 아시아인 입양아 특성들' '제국주의에 반대하는 미묘한 반제국주의 아시아인 특성들(기존 '미묘한 아시아인 특성들'보다 좀더 '깨어 있는' 버전을 표방하는 커뮤니티)' '미묘한 아시아인 활동가들' '미묘한 아시아 출신 퀴어 기독교인 특성들' 등이 있다. 이러한 가지 치기는 요즘 새로운 온라인 커뮤니티들의 전형적인 특징이다. 한 인터뷰 참여자는 이렇게 말했다. "소외된 공동체가 결속해 그로부터 다시 작은 그룹이 파생

될 만큼 커졌다. 인터넷이 내건 약속 중 하나가 현실이 되어 참 보기 좋다."[이브] '미묘한 아시아인 특성들' 커뮤니티의 성장과 그 아래 파생된 그룹들은 Z세대가 느끼는 소속감의 독특한 특성들, 이를테면 인터넷의 역할, 정체성 발견과 소통의 연관성, 다원주의, 다양화 같은 부분들을 잘 짚어 보여준다.

인터넷 덕에 정체성과 관심사를 공유하는 커뮤니티를 찾기란 어렵지 않다. 포스트 밀레니얼인 시몬 도스는 라디오 방송에서 다음과 같이 말했다. "온라인에서는 나와 똑같이 사고하는 사람들을 찾을 수 있다. 이 커뮤니티(『해리 포터』 팬덤에서 파생된 헬레나 보넘 카터 팬덤)도 그렇게 발견했다…… 인스타그램을 여는 순간 팬덤의 우주에 진입하게 된다. 토끼굴에 굴러떨어진 기분이랄까. 전 세계와 연결된다. 다른 사람들은 내가 묘사하고 싶은 나의 모습만을 알 수 있다. 때론 위험하지만 무척 짜릿한 일이다. 되고 싶은 모습을 스스로 빚어낼 힘이 생긴다는 뜻이니까."[7]


## 나에게 딱 맞는 그룹을 찾다


Z세대는 안정성과 사회적 정착을 원하면서도 한 집단에 모든 정체성을 투사하거나 평생 한 집단에 매이려 하지 않는다. 우리는 이를 '조립식 소속감'이라 명명한다. 조립식 가구나 패션처럼 다양한 정체성과 소속감 조각들은 언제든 맞물릴 수 있고, 또 언제든 필요와 의지에 따라 이

동하고 제거될 수 있다. 그렇다고 전체가 무너지지는 않는다. 포스트 밀레니얼은 단 하나의 공동체에만 소속되거나 몇 안 되는 관계에 모든 정체성을 투사하는 일이 드물다. 개인의 고유한 정체성은 다층적인 사회적 책임 관계로 이루어진다. 이전 세대에게와 마찬가지로, 이들에게도 가족과 학교 친구들은 각각 조립식 소속감을 이루는 하나의 조각일 것이다. 그런데 이제는 대부분 온라인상에서 만들어지는(예컨대 '미묘한 아시아인 특성들' 같은) 부가적 집단들도 온전한 한 개인을 지지하고 정의하는 조립식 조각의 구실을 한다.

Z세대는 온라인과 오프라인 소속감을 어렵지 않게 결합한다. 일부 온라인 플랫폼은 물리적으로 함께 있을 수 없는 상황에서 오프라인 관계를 보조하는 수단으로 많이 쓰인다. 우리가 실시한 설문조사에 따르면, 포스트 밀레니얼 사이에서도 소셜미디어를 사용하는 방식과 그것에 얼마만큼 의미를 부여하는지에 차이가 존재했다. 사교 생활에 소셜미디어가 대단히 중요하다고 응답한 비율은 4분의 1이 조금 넘었다. 중요하지 않다고 밝힌 비율은 4분의 1에 살짝 못 미쳤다. 나머지 절반은 살아가는 데 소셜미디어가 조금은 중요하다고 응답해 중도적인 관점을 보였다.

갈수록 미세하게 구성되는 소속감의 발달 양상은 외집단이 있어야 내집단이 자신들을 정의할 수 있다는 기존의 견해와 호응한다. 새로운 사회운동, 집단, 또는 언어 변이가 발생할 때도 이러한 패턴이 반복된다. 예를 들어 지역 변이어(호주식 영어)가 표준으로 자리잡으려면 지배 변이어(영국식 영어)와의 차별화와 자립화가 요구된다. 마찬가지로 속어와 같은 반동 언어는 표준어(외집단)에 대항함으로써 하위문화(내집단)에 소속되어 있음을 보이는 표식이 된다. 이후에 더 다루겠지만, 밈에 담긴 유머와 아이러니도 외집단과 내집단을 형성해 포함과 배제라는 유사한 사회적 기능을 수행한다.

여러 온라인 플랫폼이 바로 이 차별화와 소속감의 역학을 다양한 수준으로 떠받친다. '미묘한 아시아인 특성들'과 같은 페이스북 그룹은 적대감과 유머를 통해 차별화와 소속감을 공고히 하며 이 역학의 작동 방식을 증명한다. 트위터는 일종의 외지 같은 면이 있어서 커뮤니티를 형성하기보다 정보를 나누고 개인 브랜드를 만들어나가는 데 좀더 유용하다. 게다가 느닷없는 치고 빠지기 공격에 특화된 공간이다. 페이스북, 레딧, 포챈, 텀블러 같은 플랫폼은 커뮤니티 내에서 웃긴 표현과 상호 인정을 주고받으며 미세하게 구성되는 소속감을 계속 다듬어간다. 일례로 인터뷰 참여자 다수가 애용한다고 밝힌 레딧은 '서브 레딧', 즉 소소한 관심사를 다루는 하위 주제를 사용자들이 탐색할 수 있도록 구성되어 있다. '조언' 또는 '게임' 같은 주제의 레딧 그룹은 광범위한 사용자군을 보유하지만, 〈왕좌의 게임〉에 나오는 특정 플롯 장치에 관해, 또는 포트나이트 게임의 특정 전략에 관해 이야기하고 싶은 소규모 집단을 형성하는 서브 레딧 또한 많다. 포챈은 갭, 텔레그램과 함께 대안 우파 계열의 플랫폼으로 분류된다. 처음에는 망가와 애니메*에 관한 토론

---

\* 　각각 일본 만화와 애니메이션을 가리킨다.

의 장으로 출발했으나 시간이 흐르면서 일부는 여성 혐오, 인종차별, 온 갖 트롤과 해커 무리 소굴로 변했다(국제 해킹 단체 어나니머스를 배출한 곳이기도 하다). "인터넷의 배설구"로 불리며 짓궂은 조롱, 불법 콘텐츠, 폭력 위협 등으로 악명이 높은 이 커뮤니티는 힘없고 열등하다고 여겨 지는 사회집단에 노골적인 적대감을 드러냄으로써 결속하는 내집단의 극단적 사례로 꼽는다.[8] 이러한 유형의 플랫폼에서 일어나는 트롤링, 집 단 공격, 괴롭힘 등은 모두 같은 목표를 지닌다. 특히 내부의 인정을 받 으려고 이런 일이 벌어질 때, 그 결과는 더욱 참혹하다.[9]

이러한 집단 내부의 결속을 직접 경험한 인터뷰 참여자가 있었다. 그는 십대 시절 포챈과 에이트챈('인피니트 챈' 또는 '인피니티 챈'으로 불 리는 에이트챈은 포챈의 규정 강화에 반대하여 2013년 만들어졌다)에서 활동했다.[10] 그는 **배설포스팅**(온라인에 부조리하거나 모욕적인 발언을 올 리는 행위)이나 **배설로딩**(소셜 저스티스 워리어*의 반응을 유발할 목적으 로 논쟁적이고 편향된 콘텐츠를 올리는 행위), 여성 게이머와 **캠걸**(이미지 보드에 올라오는 외설물 속 젊은 여성들)을 겨냥한 트롤링, 에이트챈의 극 단주의 포럼 눈팅 등을 언급하며 이러한 것들이 자신으로 하여금 익명 성에 기대 절제력을 잃게 만들었다고 표현했다.[리엄]

포스트 밀레니얼은 어려서부터 구조적으로 소외된 사람들, 특히 인종, 성적 지향, 종교 등을 이유로 배제된 사람들을 겨냥한 온라인 혐

---

\*    social justice warrior. 사회적 사안에 대해 적극적으로 진보적 관점의 목소리를 내는 사람들을 경멸조로 이르는 말.

오 발언과 폭력적 언어에 노출되어왔다. 그렇다보니 우리가 만난 인터뷰 참여자들은 폭력과 괴롭힘을 인지하고 그로부터 자기를 방어하는 능력이 남달랐다. 이들은 소셜미디어 플랫폼마다 적절하게 여겨지는 규범이 어떻게 다른지를 말로 설명할 줄 알았고, 민첩하게 여러 플랫폼을 넘나들며 저마다의 암호를 '해독'하는 데 도가 터 있었다.

i세대 말뭉치 중 트위치 데이터에는 2016년 2월 수집된 채팅 기록도 포함되어 있다. 이 시기는 게임 라이브 스트리밍 플랫폼인 트위치에 '자동 관리' 시스템이 도입되기 바로 직전이라 의미가 크다. 자동 관리란 유해하고 부적절할 수 있는 댓글을 관리자가 검토하기 전까지 일시 차단하는 알고리즘이다. 댓글은 관리자의 판단에 따라 노출되거나 삭제된다. 우리가 수집한 말뭉치 데이터에는 당시 이 연령대의 혐오 발언, 괴롭힘, 성적 콘텐츠 등이 관리와 검열을 거치지 않고 총망라되었다. 데이터를 분석한 결과, 폭력적 언어는 예상대로 성행위와 신체 부위를 지칭하는 단어, 괴롭힘 발언, 욕설과 저주, 인종·종교·젠더·성적 지향·장애와 관련해 금기시되는 용어 등 크게 네 가지 범주로 분류되었다. 최근 일어난 집단소송들을 보면 민감한 콘텐츠를 감지하도록 설정해놓은 인공지능 시스템이 제 기능을 못하고, 대형 테크 기업들이 관리 업무를 국내외 저임금 노동자들에게 맡긴 결과 노동자들이 심리적 지지 장치 없이 트라우마를 유발하는 콘텐츠에 노출되어 고통받고 있음이 여실히 드러난다.[11]

포스트 밀레니얼은 플랫폼 규정이나 알고리즘이 세워둔 장벽을 창의적으로 넘어선다. 틱톡이 금지된 국가에서 사용자들은 지역 설정을 바꾸거나(대부분 캐나다로 변경한다) 심 카드를 제거한 뒤 VPN(가상 사설망)을 활성화하는 식으로 문제를 해결한다. 틱톡에서 검열당하거나 차단당할 위험이 있는 정치적 메시지를 무해한 콘텐츠에 끼워넣어 퍼뜨리기도 한다. 17세인 페로자 아지즈[@getmefamouspartthree]는 메이크업 튜토리얼 콘텐츠를 올리면서 신장 지역에 사는 위구르의 어려움을 알렸다. "……속눈썹을 잘 말아올렸으면 (뷰러를) 내려놓고 스마트폰으로 지금 중국에서 무슨 일이 벌어지고 있는지 검색해보세요. 집단 수용소를 세우고, 죄 없는 무슬림들을 고문하고, 가족들을 생이별시키고, 사람들을 납치하고, 살해하고, 강간하고, 돼지고기를 강제로 먹이고 있다는 것을…… 알아주세요. 그리고 세상에 알려주세요. 그럼 다시 뷰러를 들어요!" 틱톡의 스마트한 알고리즘은 이 영상을 발견해 사용자를 차단했으나, 대중의 비판을 받아 결국 계정을 원상 복구시켰다.

온라인에서 하위문화는 온갖 종류의 사안, 주제, 정체성에 대해 빠르고 간편하게 생성된다. 심지어는 감성을 녹여낸 미적 취향, 이를테면 일본 애니메이션과 게임을 좋아하며 이모emo 스타일[*]로 외양을 꾸미는 **이걸egirl**과 **이보이eboy**, 좋아요 수나 댓글에 대한 부담 없이 사진을 공유할 수 있어 2018년 말부터 인기 플랫폼으로 떠오른 사진 보정 앱

---

[*] 주로 스키니진, 까만 아이라이너, 밴드명이 적힌 딱 붙는 티셔츠, 징 박힌 벨트, 눈을 덮는 긴 앞머리로 대표된다. 우울하고 감성적인 면을 표출하는 음악 장르 이모에서 따온 표현이다.

비스코vsco를 통해 확고한 미적 취향을 형성한 틱톡 사용자, 일명 **비스코 걸** 등을 중심으로도 하위문화가 만들어진다. 그런데 2019년 중반부터 유튜브에서 비스코 걸을 조롱하는 움직임이 생겨났다. 이들이 조개목걸이, 스크런치, 우정 팔찌, 오버사이즈 티셔츠, 마리오 바데스쿠 스프레이, 버켄스탁, 립글로스, 스테인리스 빨대, ("거북이를 지켜요" 같은 말이 쓰인) 스티커를 덕지덕지 붙인 물병 등 뻔한 미적 취향을 좇는 '평범한' 여자의 전형이라는 것이다. 온라인 커뮤니티가 대개 그러하듯, 미적 취향을 중심으로 만들어진 하위문화 역시 자신들만의 캐치프레이즈("앗 물병을 떨어뜨렸네 sksksksksksk[†]")와 용어들(비스코의 음식: 비스코 필터 C1을 적용해 먹음직스럽게 보이도록 찍은 음식 사진, 비스코의 말: 공감 가는 인용 문구를 찍은 스크린샷, 비스코의 친구: '신나게 노는' 친구들 사진, 비스코의 환경보호 등)을 발달시킨다. 또 모든 패션과 유행이 그러하듯 온라인 하위문화 역시 수명이 길지 않아 언젠가는 생명력을 다하게 된다. 2019년 기준 위에 언급된 미적 취향(이보이, 이걸, 비스코걸)은 밈, 패러디 영상, 해시태그가 붙은 인스타 게시물에서 조롱의 대상이 되었다. 조롱의 대상이 된다는 건 곧 온라인 유행 또는 하위문화의 인기가 시들해졌다는 뜻이다.

　　디지털 네트워크 초창기만 해도 온라인 커뮤니티가 이용할 수 있는 플랫폼(유저넷, 인터넷 릴레이 채팅IRC, 리스트서브 등)은 기능이 제한

---

[†]　　놀람이나 행복 등 강렬한 감정을 표현할 때 쓰는 감탄의 표현.

적이었다. 그러나 요즘은 페이스북 그룹, 서브 레딧, 텀블러 틈새 블로그 등의 기반이 되어주는 강력한 플랫폼들이 조립식 소속감을 자유롭게 형성할 수 있도록 사이트 구조와 인터페이스를 구성하고 있다. '미묘한 아시아인 특성들' 사례가 보여주듯, 이러한 플랫폼에서는 마음이 맞는 사람들끼리 쉽게 모일 수 있고, 새 그룹을 파생시킬 수도 있다. 한 인터뷰 참여자는 '넘텃'에서 파생된 하위 그룹을 언급했다. 그 그룹은 로스앤젤레스 열차에서 좌석에 발을 올렸다는 이유로 여성 승객을 내쫓은 경찰의 조치가 온당했느냐를 두고 사용자들의 의견이 갈린 끝에 파생되었다고 했다. "얼마나 많은 틈새 그룹이 만들어졌는지 놀라울 따름이다. 어떻게 보면, 페이스북의 어마어마한 규모 덕분이다. 팔로워가 10억 명이면 그 안에 온갖 사람이 다 있을 테니까."[앤디]

인터넷은 이어질 수 있는 그룹의 범위를 기하급수적으로 늘려준다. 만약 원하는 그룹을 찾지 못하면 소셜 DIY 방식으로 그룹을 직접 만들 수도 있다. 한 학생의 표현대로 "마음만 먹으면 원하는 커뮤니티를 만들 수 있다". (레딧 같은) 일부 온라인 커뮤니티는 익명으로 글을 올리게 되어 있지만, 그럼에도 오프라인보다 온라인에서 마음이 맞는 사람, 일명 '인터넷 펜팔'을 찾기가 더 쉽다는 게 이 학생의 생각이다. "인터넷에서 우연히 관심사가 비슷하거나 성격이 닮은 사람을 만나고는 한다. 현실에서 친구를 사귀는 것과 본질적으로 다르지 않다. 활동하고, 생활하고, 방문하는 공간에 한정되지 않아 친구를 사귀는 공간의 범위가 훨씬 넓다는 점만 빼면 말이다."[헨리]

인터뷰 참여자들은 소셜미디어뿐 아니라 메시지 플랫폼에서 이루어지는 그룹 채팅이 미세하게 구성되는 소속감을 맞춤 조립식으로 형성하는 데 도움을 준다고 언급했다. 그룹 채팅방을 개설하는 주최자는 누구를 무슨 이유로 포함할지 결정한다. 어떤 그룹은 파티 기획이나 팀 프로젝트처럼 즉각적인 필요나 기회로 인해 만들어지지만, 어떤 그룹은 장기적으로 유지되면서 정보를 나누고 유대감을 지속하는 데 중요한 구실을 한다. 인터뷰 참여자들은 기본적으로 2개에서 10개 가까이 되는 그룹 채팅에 참여중이었다. 종료 또는 휴면 상태가 된 그룹 채팅까지 합치면 더 많았다. 랭커스터대학교에 재학중인 학생은 고향 친구 둘, 같은 학과 동기 둘과 각각 그룹 채팅을 유지하고 있었다. 그 밖에도 다양한 그룹 채팅에 참여중이었는데, 자주 사용하지는 않지만 "그냥 연을 이어가기 위한 용도"의 채팅방, "학업에 관한 일반적인 질문을 주고받기" 위해서만 사용하는 과 채팅방, "가까운 지인 10명 정도가 친목을 도모하기 위해 만든" 채팅방, "함께 사는 여자애와 메시지를 주고받고…… 다른 사람들과 대화하기 위한" 채팅방 등이 있었다.[조] 풋힐 칼리지에 재학중인 학생은 자주 사용하는 채팅방이 2개 있다고 언급했다. 하나는 친한 친구와의 채팅방으로 "하루종일 밈을 주고받는" 용도다. 다른 하나는 함께 음악 페스티벌에 다니는 사람들과 만든 채팅방이다. 이 학생에게 그룹 채팅은 기본적으로 "모든 것을 계획하는" 공간이다.[네이선]

이토 미즈코와 동료 연구자들이 기록한 바대로, 게임 역시 소속감을 느끼게 하는 유의미한 플랫폼이다. "게이머들은…… 특정 게임을 중심으로 뭉친 길드, 팀, 클랜, 클럽, 친목 조직 등 구조화된 유형의 사회적 책임 관계를 맺는 경우가 흔하다."[12] 일반적으로 게임 하면 백인 남성의 세상으로 여겨지지만, 놀랍게도 실제 우리가 만난 인터뷰 참여자들은 젠더, 민족, 출신 캠퍼스를 막론하고 다양하게 게임에 참여하고 있었다. 특히 스팀이라는 플랫폼은 단순히 게임뿐 아니라 게이머들끼리의 채팅 공간으로 인기가 높았다. 아프리카계 미국인이자 북미 원주민인 한 여성은 게임을 즐기는 동시에 다른 게이머들과 소통하기 위해 스팀을 이용한다고 밝혔다.[말리아] 풋힐 칼리지에 재학중인 인도계 남학생은 "리그오브레전드에서 친구를 많이 사귀었는데, 스팀으로 그들과 채팅한다"고 말했다.[라비] 풋힐 칼리지에 다니는 아시아계 미국인 학생은 이 플랫폼을 다음과 같이 평가했다. "철저히 게임 중심적이다. 게임을 하고 싶게 만드는 커뮤니티가 형성된다. 게임을 하려는 사람에게는 확실히 쓸모가 있다. 어떻게 하면 게임을 더 잘할 수 있는지 알려주기 때문이다."[핑] 아시아계 미국인 여성으로 리그오브레전드와 포켓몬을 특히 즐긴다고 말한 인터뷰 참여자는 전 세계 수많은 사람과 함께 즐길 수 있다는 점이 게임에서 가장 신나는 부분이라고 언급했다. "지금도 수천 명이 게임을 하고 있다. 진짜 끝내준다."[메이] 한 학생은 게임 플랫폼에서 강력한 '커뮤니티' 감각을 형성한 것이 "날마다 서너 시간씩" 게임을 하는 이유라고 밝혔다. "리그오브레전드 커뮤니티에 참여하고 있다. 보통은 5명이 팀을 짜서 게임을 한다. 그 친구들을 전부 현실에서 알고 지내는 것은 아니다. 게임하다 알게 된 사람이 더 많다. 그들과는 페이스북 지인들과 다른 방식으로 소통한다."[라비] 한편 몇몇 학생들은 고등학교 때 게임을 즐겼으나 게임 커뮤니티의 유해함을 겪고는 관됐다고 고백했다. 일례로 스탠퍼드대에 재학중인 중국계 미국인 여학생은 "게임 플랫폼에서는 무슨 말이든 해도 된다고들 생각한다"고 지적했다. 그중에는 저급한 욕설과 인종차별적 단어도 포함되었다.[제니]

소속감이 미세하게, 그리고 조립식으로 구성된다는 것은 사교 생활을 총체적으로 흐트러뜨릴 필요 없이 집단에 들어갔다 나오는 게 가능하다는 뜻이기도 하다. 다시 말해, 소속이 유동적이다. 고향을 떠나 낯선 공간에 정착했다고 해서 이전 인연들을 포기할 필요가 없다. 반대로 오래 알고 지낸 인연이더라도 정체성이 변하거나 상황이 달라지면 다른 인연으로 대체되거나 덜 중요해질 수 있다. 어떤 그룹이나 관계가 자신과 맞지 않는다고 판단되면 변화를 꾀하거나, 더 나은 그룹 또는 관계로 이동하면 된다. '미묘한 아시아인 특성들'을 떠나 '미묘한 카레인 특성들'과 기타 파생 그룹을 만든 사람들이 그랬던 것처럼 말이다. 고향을 떠나 대학에 진학하고, 대학을 졸업해 직장에 들어가는 것처럼 인생에 커다란 전환점을 맞이했을 때는 비교적 자연스럽게 일부 소속감 조각들을 버리게 된다. 말하자면 판을 한 번 가는 것이다. 가족 집단이 다시 중요해지고, 대학 동창들끼리의 유대감이 옅어지고, 새로운 관계가 깊어지고, 새로 사귄 친구와 관심사가 이전의 관계를 점차 대체하고, 그 와중에도 어떤 소속감은 지속되는 식이다. 한 학생은 이렇게 말했다. "어떤 콘텐츠를 보고 싶어서 한 그룹에 들어갔다가 관심이 식으면 그냥 그룹을 떠난다. 아주 유동적이다. 진입 장벽이 매우 낮다."[앤디]

## 익명성과 탈위계적 소통이 주는 편안함

인터넷 덕분에 보편화된 유형의 소속감은 조립식일 뿐 아니라 대화형이기도 하다. 온라인 커뮤니티에서는 대화를 엿듣다가 불쑥 참여하는 것이 가능하다. 그러다 자신을 표현하고 좋아하는 것을 공유하면서 그 커뮤니티에 소속된다. 그리고 대화에 적극적으로 참여하면서 규칙과 규범을 익혀나간다. 만약 자신의 발언이 긍정적인 반응을 얻으면 지위가 올라가고 커뮤니티와의 관계는 더욱 깊어진다. 이러한 과정을 거치면서 그룹과 자신을 더욱 동일시하게 된다.

대개 대화는 오프라인과 온라인 맥락을 넘나들지만, 일부 학생들은 현실세계보다 온라인에서 대화하는 게 더 수월하다고 응답했다. 수줍음 또는 모국어가 아닌 영어를 써야 하는 부담감 등이 그 이유로 거론되었다. 또 소셜미디어에서는 젠더나 민족과 무관하게 유연한 참여가 가능하며 할말을 제대로 전달할 시간이 주어진다고 언급했다. 풋힐 칼리지에 다니는 베트남계 미국인 학생은 여럿이 참여하는 온라인 채팅에서는 반응을 타이핑하기만 하면 되지만, 대면 상황에서는 "'으악! 대화가 너무 빨리 흘러가는데?' 싶고 내 생각을 다 정리했을 때쯤엔 이미 주제가 바뀌어 있다…… (그래서) 대체로 조용히 있는 편이다"라고 말했다.[베카] 백인 여성인 미국인 학생은 온라인에서 목소리를 내기 쉬운 이유로 컴퓨터 뒤에 숨을 수 있다는 점을 꼽는다.[조던] 흑인 여성인 영국인 학생은 바로 이 온라인 익명성 덕분에 자기 외모를 둘러싼 사람들의 호기심에서 벗어날 수 있다고 말했다. "(오프라인에서는) 모두가 나의 아프로 머리를 만지고 싶어한다. 그런데 웃기게도 온라인에서는 국적, 인종, 민족 모든 게 사라진다. 아무도 내 머리를 볼 수 없고, 함부로 머리에 손을 뻗거나 머리칼이 왜 기름졌는지 따위를 묻지 않는다. 내가 혼혈이라는 사실에도 다들 무관심한 것 같다. 나는 그냥 나로서 존재하는 셈이다."[13]

　　사람들이 생각하는 온라인 대화의 매력이란, 말없이 숨은 채로 읽고 듣다가 대뜸 뛰어들어 참여할 수 있다는 데 있다. 여느 대화와 마찬가지로 온라인에서도 흥미로운 발언은 태깅되고 인정과 반응을 얻지만, 나머지는 가뿐히 무시되어 다음 대화로 넘어간다. 소속감을 형성하는 대화는 오프라인보다 온라인일 때 대체로 덜 부담스럽고 덜 강압적이다. 또 개개인의 필요와 정체성에 들어맞기도 훨씬 더 쉽다. 사람들은 원해서 대화에 참여했다가도 (논란에 휘말리거나 도와야 할 친구가 남아 있지 않은 이상) 언제든 떠날 수 있다. 게다가 온라인에서는 더 많은 발언권과 선택권, 참여권을 갖는다. 온라인 대화에 참여할 때는 굳이 목소리를 내거나 발언하지 않아도 된다. 다만 원하면 그렇게 할 수 있음을 안다는 데 의미가 있다. 따라서 소속감을 형성하는 온라인 대화는 확실히 탈위계적이다. 모두에게 권위가 분산된 구조에서 경험과 아이디어와 유머를 주고받을 수 있는 것이 가치 있고 당연하게 여겨진다.

　　소속감을 형성하는 온라인 대화에서는 스타일이 중요한 요소가 된다. 오프라인 상호작용에 쓰이는 감각적이고 신체적인 기호들이 사진, 상징, 이모티콘으로 대체된다. 추상적인 사고나 '객관성'보다는 진정성이 느껴지는 방식으로 감정과 경험을 전달하는 쪽이 설득력 있다. 한 학생이 꼽은 가장 강력한 조합은 "개인적인 경험과 전문성을 모두 보유한 사람이 익숙한 주제를 진정성 있게 풀어놓는 것"이다.[애슈턴] 대부분의 집단은 서로를 응원하지만 가끔은 '악성 댓글 전쟁'과 '서로를 향해 핏대를 높이는 것'으로 귀결되는 논쟁이 불붙기도 한다.[앤디] 때로는 함께 분노와 혐오를 표현하는 것이 유대감을 쌓는 방법이 되기도 한다. 함께 감정을 표출하면서 서로의 분노에 정당성을 부여하는 것이다.

소셜미디어 플랫폼은 저마다 다른 성격과 개성, 프로토콜, 심지어 언어까지 가지고 있다. 한 인터뷰 참여자의 표현을 빌리자면 "각 그룹이 저마다 작은 거품 방울과 같다."[앤디] 그런데 그 거품 방울이 극단적이고 혐오로 가득찬 스타일과 언어로 이뤄져 있다면 대단히 위험해진다. 포챈이 그 예다. 우리가 만난 인터뷰 참여자들도 대부분 이를 인지하고 있었다. 이 장 앞부분에서 언급했던, 스탠퍼드대에 다니는 백인 시스젠더 남학생은 열한 살에 포챈 커뮤니티에 가입했다. 그는 자신이 포챈에서 활동하던 때를 돌이켜보면서 "시간이 흐를수록 끔찍한 사람이 되어가는 게 느껴졌다"고 회고했다. "관계가 확장되면서 현재의 내가 품은 것과 전혀 다른, 당시 빠져 있던 생각들에서 어느 순간 천천히 벗어나게 됐다"고 밝혔다. 그러한 변화는 다른 플랫폼과 현실세계에서 페미니스트들에게 지적을 받고 특정 이슈에 관해 이야기를 나누면서 일어났다. 그는 "일종의 멘토 역할을 하는 공동체"의 중요성을 강조했다. "자기비판과 공동체의 개입은 빠질 수 없는 요소다. 나는 그런 걸 숱하게 목격했고 경험했다."[리엄]

플랫폼마다 달리 쓰이는 언어를 보면 각각의 특성이 보인다. i세대

166

**표 5. 소셜미디어 플랫폼인 포챈, 레딧, 트위터, 트위치, 유튜브에서
포스트 밀레니얼이 사용하는 키워드**

| 포챈 | 레딧 | 트위터 | 트위치 | 유튜브 |
|---|---|---|---|---|
| it's(그건) | it(그것) | 이모지: 웃픔 | lappa(기분이 나쁘거나 짜증남) | like(좋아) |
| don't(아님) | switch(스위치) | checked(확인) | lol(빵 터짐) | I'm(나는) |
| you're(네가) | they(그 사람들) | me(나) | pogchamp ('놀라움 또는 신남' 이모티콘) | screen(화면) |
| anon(익명) | not(아님) | followed(팔로) | stream(스트림) | y'all(너희) |
| her(그 여자) | but(하지만) | YouTube(유튜브) | 4head ('웃음' 이모티콘) | don't(아님) |
| doesn't(아님) | it's(그건) | unfollowed(언팔) | Kreygasm ('강렬한 감정' 이모티콘) | gonna(할래) |
| fucking(좆같은) | games(게임) | automatically(자동으로) | x01action(채팅 메시지에 강조 효과를 주는 명령어) | I(나) |
| they're(그 사람들이) | Nintendo(닌텐도) | 이모지: 하트로 변한 눈 | biblethump ('슬픔' 이모티콘) | yeah(그래) |
| she's(그 여자가) | questions(질문) | person(사람) | wutface ('충격' 이모티콘) | you're(네가) |
| shit(씨팔) | post(게시글) | video(영상) | u(너) | finna (~할 것이다) |

말뭉치 데이터를 분석한 결과, 우리는 포챈, 레딧, 트위터, 트위치, 유튜브에서 가장 두드러지는 단어와 키워드를 추려낼 수 있었다(〈표 5〉).[14]

대화형 소속감은 특정 커뮤니티의 언어를 학습하는 행위를 통해

서도 형성된다. 언어 학습은 소속감을 느끼는 데 중요한 요소다. 다른 플랫폼 말고 유독 포챈에서만 두드러지는 신조어들(tfw 무엇 할 때의 기분, pol 웃다가 기절, kek 월드오브워크래프트에서 통용되는 웃음, mfw 무엇 할 때의 내 얼굴, cuck 나약하거나 수준 미달인 남성, bait 너무나 당연), 포챈 커뮤니티에서 이야기되는 주제들과 특유의 부정적인 태도, 그리고 혐오를 드러내는 키워드들(좆같은fucking, 저능아retarted, 트랜스trans, 트래니trannies, 패것 faggots, 젖가슴tits 등)이 대표적이다. 한편 트위치에서 두드러지는 키워드를 보면, 섹스, 게임, 검열에 집중하는 커뮤니티 성향이 확인된다(스위치 닌텐도 콘솔, 헤일로 엑스박스 게임, 포켓몬, 삭제, 위wii, 걱정, 관리자, 섹스, 콘솔, CP전투력). 모든 소셜미디어 플랫폼은 저마다의 거품 방울 아래로 고유한 하위문화와 언어를 생성해 여러 유형의 조립식 소속감을 형성한다. 특정 사이트에서 사용되는 단어 또는 이미지를 거품 방울 바깥에 있는 사람들은 아마도 절대 이해 못할 것이다.

가끔은 한 영역의 언어가 다른 영역으로 침투해 특정 디지털 플랫폼에 어원을 둔 말들이 플랫폼 바깥에서 포괄적 의미를 갖게 되기도 한다. 우리의 인터뷰와 i세대 말뭉치에 등장하는 '알티!'라는 감탄사가 그 예다. 이제 이 표현은 대화 도중 동의를 의미하는 용어로 널리 쓰인다(트위터에서 사용자가 동의하는 내용의 트윗을 리트윗하는 것에서 비롯되었다). 이와 비슷하게, 동의하면 '오른쪽으로 쓸어넘기기!', 동의하지 않으면 '왼쪽으로 쓸어넘기기!'라는 표현도 자주 쓰인다(틴더나 그라인더 같은 데이트 앱에서는 매력적인 상대가 화면에 뜨면 오른쪽으로 쓸어넘기도록 되어 있다). 이 밖에도 무언가를 강조하거나 별도로 분류할 때 (마음속으로 또는 대놓고 빈정거리는 투로) '해시태그'라고 말하거나, 누군가를 뒷담화할 때 '서브트윗'이라고 말한다(서브트윗이란, 트위터에서 특정인 타임라인에 자신의 트윗이 뜨지 않도록 특정인의 계정을 적지 않고 그 사람에 관해 이야기하는 것을 의미한다).

Z세대의 속어는 소셜미디어에서 급속도로 퍼져나가고 있다. 그런데 그중 상당수는 놀라울 만큼 오랜 역사를 지녔다. 꽤 많은 표현이 아프리카계 미국인 영어에 어원을 둔다. 기원을 거슬러올라가다 보면, Z세대는 물론 인터넷이나 Z세대의 부모, 조부모보다도 역사가 깊다. 워크woke(1962), 스테이 워크stay woke(1972), 도프dope(1981), 팸fam(1996), 프레시fresh(1972), 갱스타gangsta(1988), 후치hoochie(1989), 프롭스props(1990), 그림자를 드리우다throw shade(1990), 힙hip(1904), 후드hood(1969), 호ho(1964) 등이 그 예다. 몇몇 영국 인터뷰 참여자들은 새로운 유행어로 떠올랐으나 알고 보면 자신들이 태어날 즈음 생겨난 말들을 사용했다(이를테면 베어bare, 많은는 1996년 카리브해 영어에 그 어원을 둔다). 또 어떤 말들은 조부모나 증조부모 세대까지 올라간다(릿lit, 취한이라는 단어는 1914년에 유래했고, 러쉬lush, 멋지다는 1928년 처음 기록에 등장했다).[15] 이 외에도 얼핏 새롭게 등장한 것 같은 용어들이 몇 있다. 예를 들어 '십ship'이나 '시핑shipping'은 팬 픽션에 등장하는 드래리(『해리 포터』의 드레이코 말포이와 해리 포터를 엮은 가상 커플명)처럼, '두 가상 캐릭터 또는 두 유명인의 로맨스를 지지하는' 의미로 쓰이는데, 이미 1990년대 드라마 〈X파일〉 속 멀더와 스컬리 커플, 더 일찍이는 〈스타트렉〉 커크와 스팍 커플을 응원할 때 사용되었던 표현이다. 두 남

성 캐릭터를 잇는 '슬래시slash 시핑', 두 여성 캐릭터를 잇는 '펨슬래시 femslash 시핑'도 같은 맥락이다.

온라인 그룹 대화와 스레드는 많은 경우 그 자체로 연속적이고 끊임없이 이어지는 힘이 있다. 바로 이것이 오프라인 대화와 구분되는 지점이다. 온라인 대화는 참여자들의 총합 그 이상을 의미한다. 짧게라도 글을 올려 호응을 얻는 순간, 커다란 무언가의 일부가 된다. 한 인터뷰 참여자는 넘텃 페이스북 그룹을 가리켜 "충격적일 만큼 활성화되어 있고, 충격적일 만큼 참여가 활발하다"고 했다.[앤디] 전 세계 수천 명의 회원이 끊임없이 글을 올리기 때문이다. 참여는 여러 형태로 일어난다. 어떤 글은 순전히 재미를 노리고 쓰이지만, 어떤 글은 "아주 진지하거나 대단히 기술적"이다. 앞의 참여자는 얼마 전 읽은 잡지 기사에서 재미있는 밈을 기대하고 넘텃에 가입한 사람이 몇 달 후 "도시 계획에 관한 지식이 하도 쌓여서 학위를 받아도 될 정도가 됐다"고 말하는 대목이 있었다고 언급하기도 했다. 이 참여자는 대화를 통한 소통이 도시에 관심 있는 아마추어와 전문가를 한데 모아준다는 데 큰 의의를 둔다. "아주 흥미로운 역학이 작동한다. 전문 교육을 받지 않은 사람들은 지식을 얻고, 가끔 거만할 때도 있는 전문가들은 딱딱한 학계 언어에는 익숙하지 않으나 직관적 통찰력을 지닌 일반 사람들을 만나 그들의 관점을 들을 수 있다."[앤디] 이 사례가 보여주듯이 배움과 친목, 재미의 경계는 흐려질 수 있다. 일부 전문가들은 이를 '관계적 학습'[16]이라고 명명한다.

이렇듯 많은 사람이 비공식적으로 참여할 수 있는 온라인 사교 활동은 오프라인 모임 방식에도 자연스럽게 영향을 미친다. 포스트 밀레니얼은 대학, 정부 기관, 교회와 같이 형식적인 교류 공간과 기관을 낯설게 여기는 면이 있다. 누구나 참여해 동등하게 자신을 표현할 수 있는 온오프라인 집단에 소속되어 정체성을 형성한 Z세대에게, 제도적 기관의 형식적인 소통 방식은 마음이 가지 않고 억압적이며 너무 위계적으로 느껴진다. Z세대는 기관들의 언행이 일치하지 않으며 운영되는 방식 역시 부조리하다는 것을 정확히 파악하고 있다. 약속한 포용과 평등이 지켜지지 않고 엄격한 윤리적 잣대에 들어맞지 않을 때, Z세대는 환멸을 느낀다. Z세대가 느끼는 이 환멸감에 관해서는 이후 장에서 다룰 예정이다.

## 나만 그렇게 느끼는 게 아니다

한때 일탈로 여겨진 섹슈얼리티처럼, 어떤 주제는 이전 세대가 철저히 사적인 영역에 두거나 감추던 것이었으나, 이제는 관련 주제를 '선호'하고 그것에 공감하는 사람들과 대화를 시작하는 소재가 된다. 이러한 대화를 통해 수치심과 자기 의심은 긍정적인 것으로 변모한다. 개인의 경험이 모두의 경험이 되고, 모두의 경험이 개인의 경험이 된다. 비록 익명일지라도 이상하고 부끄러울 수 있는 경험과 특성을 온라인에 공유하는 일은 자아를 더 선명히 인식하고 세상을 좀더 편안하게 살아가는 기반이 될 수 있다.

    Z세대는 소속된 온라인 공간에서 감정에 관해 이야기하기를 특히

소중하게 여긴다. 인터뷰 참여자들은 "하루를 엉망으로 보냈다"라는 개인적 감상을 그룹 채팅이나 페이스북 커뮤니티에 공유하면 다른 사람들이 응원의 말을 잔뜩 보내주리라는 것을 아는 데서 오는 이점이 있다고 입을 모았다. 한 학생은 '우울 식사 밈 그룹'의 일원이 된 것이 자신에게 아주 의미 있다고 했다(**우울 식사**는 울적하고 외롭고 우울한 상태에서 먹는 음식을 의미한다. 닥치는 대로 쌓아놓은 음식더미일 수도, 패스트푸드나 테이크아웃 음식일 수도 있다). 사람들은 자신이 먹는 음식 사진을 올려 기분이 괜찮다고, 또는 외롭고 우울하다고 신호를 보낸다. 이 학생은 그룹에 참여하는 사람들이 서로에게 응원의 말을 아끼지 않는다는 사실을 무척이나 마음에 들어했다. "생판 모르는 사람들로 가득한 아주 공적인 그룹인데도, 사람들은 그 안에서 진짜 친구들과도 차마 못 나눌 것들을 공유한다." 이 학생이 볼 때 이렇게 내밀한 공유가 가능한 것은 참여자들이 서로를 모르기 때문이다. 그리고 그 역시 바로 그 부분에서 해방감을 느꼈다. "실제 친구들이라면 나를 도와야 한다는 의무감을 느끼겠지만" 이 그룹의 참여자들은 언제든 거리를 둘 수 있기에 "내가 그들의 감정을 소모한다는 걱정" 없이 글을 올릴 수 있다고 했다.[17][앤디]

밈은 포스트 밀레니얼이 감정을 전달하기 위해 일차적으로 선택하는 대단히 효과적인 수단으로 자리잡았다. 공감이나 웃음을 유발하는 이미지, 영상, 텍스트 조각의 형태로, 소셜미디어 사용자들 사이에서 빠르게 복사되어 퍼져나간다는 특징이 있다. 밈은 개인의 감정은 물론 모두가 공유하는 인식, 이해, 경험을 간결하게, 대부분은 **내부 농담** 형태로 위트 있고 유머러스하게 표현한다. 밈과 내부 농담은 포스트 밀레니

172

**그림 6. '주머 워작' 밈**

얼의 일상을 집약하는 상징이 되어 Z세대 상당수가 자신들 세대의 특징으로 받아들인다. 한 학생은 이렇게 설명한다. "우리는 그것들 (인터넷, 스마트폰)과 함께 자랐기 때문에 우리만의 농담을 만들고 여러 유형의 정보를 퍼뜨리는 방식을 스스로 개발했다. 이러한 경험이 우리 집단을, 또 우리가 학습하는 방식을 형성했다."[18] 주류 광고에 쓰이거나 기성세대에까지 퍼진 밈은 보통 Z세대 사이에서 인기가 시들해진다는 것 또한 이 세대가 밈을 대하는 정신을 보여준다.

Z세대를 가리키는 말로 종종 쓰이는 단어 **주머**는 2018년 6월 포챈 웹사이트에서 만들어진 밈 캐릭터 '주머 워작'에서 유래했다. 유명한 인터넷 밈인 워작은 '더 필스 가이the feels guy'라고도 불리며, 보통 우울과 외로움을 표현한다. 주머 워작은 워작의 변형으로 등장했다. 안경을 쓰고 '언더커트(윗머리만 길게 남기고 뒤통수와 옆머리를 바짝 깎은 머리 스타일)'를 한 캐릭터로, 멈블 랩(이모 랩)*을 좋아하고 '포트나이트' 같은

배틀로얄 장르의 비디오게임에 빠져 산다고 설정되었다. 주머는 이 캐릭터의 이름으로 널리 알려지다 코로나19 팬데믹 이후 줌 화상회의가 보편화되면서 새로운 의미를 띠게 되었다.

밈은 포스트 밀레니얼의 온라인 삶에서 빠질 수 없는 요소다. 미국과 영국 포스트 밀레니얼의 대표 표본에게 우리는 다음과 같은 질문을 던졌다. "좋아요를 누르거나 게시물을 공유하거나 태깅할 때, 얼마나 자주 밈을 통해 상호작용하는가?" 두 나라 응답자의 약 85퍼센트 이상이 밈을 사용하며 50퍼센트 이상이 자주 또는 항상 활용한다고 대답했다. 영국 응답자 3분의 1과 미국 응답자 39퍼센트는 밈을 1개 이상 직접 만든 적이 있다고 밝혔다. 젠더나 대학 교육 여부에 따른 차이는 크지 않았다. 밈 그룹은 포스트 밀레니얼의 모든 관심사에 걸쳐 있다. 예를 들어 과학 관련 밈은 '보상을 추구하는 십대를 위한 도파밈Dopamemes' 페이지에 올라온다. 특정 대학이나 기관에 소속되어 있다면 각 단체의 밈 페이지를 팔로할 수 있다. 신랄한 밈이나 유익한 밈, 개와 관련된 밈, 마인크래프트, 또는 『해리 포터』와 관련된 밈 등 무엇이든 온라인에서 찾아볼 수 있다. 그러다가 자신과 유머 감각이 비슷한 사람들이 모인 커뮤니티를 만나기도 한다. 우리가 만난 인터뷰 참여자 대다수는 '스탠퍼드 에지Edgy 트리(스탠퍼드대 마스코트인 트리를 이용한 말장난) 밈' 또는 '그라인더 감성(그라인더 앱에서 벌어지는 이상한 일을 캡처한 스크린숏)

---

\*     mumble rap(emo rap). 플로우에 맞춰 중얼거리듯 내뱉는 랩.

밈' 등을 팔로하고 있었고, 친구가 재미있어할 것 같다거나 개인적으로 의미가 있다고 생각하는 밈에 친구를 태킹한다며 인터뷰 도중에도 자연스럽게 밈을 언급했다. 스타터 팩에 밈을 집어넣겠다고 응답한 참여자도 꽤 많았다. 일부는 유독 마음에 드는 밈이 1개 이상 있으며, 그 밈이 자신의 정체성과 일상에 중요한 의미를 지닌다고 말했다. 예외적으로 한 참여자는 모든 밈이 '쓰레기'에 불과하다고 언급했다.[제니]

밈은 그룹 바깥에 있는 사람들에게는 수수께끼처럼 느껴질 때가 많다. 다른 세대 사람들에게도 혼란을 준다. 난해한 물리학 밈을 만드는 페이스북 사용자는 물리학과 물리학 인접 커뮤니티 바깥에 있는 사람들의 이해를 애초에 기대하지 않는다. 퀴어 페이스북 그룹이 만드는 밈들 역시 시스헤테로 사람들의 이해를 구하지도, 그들의 경험에 맞추지도 않으며, 오히려 그들의 콧대를 누르려 든다. 소규모 친목 그룹에서도 밈은 순전히 내부의 경험을 토대로 만들어져 그들끼리의 친밀감을 강화한다. 많은 경우 밈 그룹은 일부러 오타를 내거나 단어 앞뒤로 기호를 붙이는 등 자신들만의 새로운 언어 코드를 형성한다.

일부 밈은 심오한 의미를 지니지만 어떤 밈은 단순히 웃길 작정으로 만들어진다. 때로는 이 두 가지 특성이 합쳐지기도 한다. 밈의 성격에 따라 유머는 외부인은 알아챌 수 없는 아이러니와 비꼬기, 풍자, 냉소 속에 녹아든다. 〈그림 3, 4, 5〉의 '미묘한 아시아인 특성들' 밈과 마찬가지로 '블랙 트위터' 그룹에서 만들어진 〈그림 7〉은 밈의 특징인 유머가 때로는 정치적일 수 있음을 보여준다.

밈은 새로운 속어다. 속어가 표준어에 대항하는 반동 언어로 내집

White person: racism...is bad
Y'all: OMG YASSSSSS. YOU INVITED TO
THE COOKOUT. YOU SO WOKE

백인: 인종차별은…… 나빠
우리: 맙소사, 그렇고말고. 우리 파티에 초대할게. 너 정말 깨어 있구나

**그림 7. '블랙 트위터' 밈**

단과 외집단을 가르는 데 쓰이듯, 밈도 동일하게 작동한다. 밈과 속어는
주류 언저리에서 만들어진다. 최초의 인터넷 밈은 1990년대 말 게시판
에 임팩트 폰트를 덧입힌 이미지 매크로 형태로 올라오고는 했다. 요즘
밈은 '블랙 트위터' '위어드 트위터' '트랜스 트위터' '레프트북(좌파 성향
의 페이스북 그룹)' 등의 그룹이 커뮤니티 내부에서 공유할 목적으로 올
린 이미지 게시글에서 만들어지기 시작한다. 외부 커뮤니티가 전혀 공
감 못할 내용이 아니라면, 최초 공유된 플랫폼 너머로 널리 퍼질 수도
있다(트위터나 페이스북에서 텀블러, 레딧, 인스타그램으로 퍼지는 식이
다). 한 학생은 이렇게 설명했다. "인스타그램 사용자들도 밈을 공유하
긴 하지만, 인스타그램에서 밈이 생성되는 경우는 드물고 전파 속도도
느리다. 인스타그램은 콘텐츠를 직접 퍼가서 다시 올리기가 어려운 플

176

**그림 8. '드레이크 예스/노' 밈**

랫폼이기 때문이다."[애슈턴]

　　보통 밈은 몇 달이 지나면 생명력을 잃지만, 어떤 밈들은 입맛대로 변형되며 오래 지속되기도 한다. '드레이크 예스 / 노' 밈이 대표적이다. 이 밈은 랩 아티스트 드레이크의 사진 두 장으로 구성된다. 고개를 돌리고 역겨운 듯 무언가를 손으로 저지하고 있는 사진과 만족스러운 표정을 짓고 있는 사진이다. 사람들은 드레이크의 두 사진 옆에 나란히 놓는 사진을 바꿔가며 자신들의 구체적인 호불호를 간단히 표현하기 시작했다.

　　'커밋 대 악마 커밋' 역시 맞춤형으로 변형하기 쉬운 밈이다. 이 밈은 사회적으로 용납되지 않는 생각을 표현하는 수단으로 개구리 커밋을 등장시킨다. 이미지 속 커밋은 후드를 뒤집어쓴 자신을 바라보고 있다. 여기에 따라붙는 캡션은 "나: [어떤 상황을 관찰함]. 내가 나에게: [그

\*실수로 얼음을 주방 바닥에 떨굼\*
내가 나에게: 발로 차서 냉장고 아래에 집어넣어버리자
**그림 9. '커밋 대 악마 커밋' 밈**

상황에 비윤리적이거나 뒤틀린 반응을 보임]" 공식을 따른다.

이모티콘과 카피파스타처럼 Z세대가 공유하는 또다른 소통 형태의 기저에도 비꼬기와 아이러니가 깔려 있다. '카파Kappa(남자의 얼굴 사진)'로 잘 알려진 이모지는 문장 끝에 붙어 비꼬는 뉘앙스를 풍긴다. 카파는 '저스틴티브이Justin.tv(현 트위치)'에서 처음 만들어졌다. 개발자 조시 디세노가 새로운 이모티콘(트위치 플랫폼에서는 **이모트**라고 부른다)을 만드는 과정에서 장난삼아 자기 얼굴을 넣어 '카파'라고 이름 붙인 것이 시초였다. 이 가짜 이모티콘은 사용자들 눈에 띄어 큰 인기를 끌었다. 지금은 소셜미디어 텍스트를 수집했을 때 가장 자주 반복되는 텍스트 중 하나로, 트위치의 비공식적인 브랜드 마스코트로까지 자리잡았다(샌프란시스코에 있는 트위치 사옥의 커피머신에는 카푸치노 Kappuccino 메뉴가 있을 정도다).

그림 10. 카파 이모트(조시 디세노 이미지)는
비꼬는 느낌을 나타내기 위해 문장 끝에 붙인다.

이와 유사하게, 강조하는 이모지를 잔뜩 덧붙여(복사 후 붙여넣기
해) 편집된 텍스트 덩어리를 가리키는 **카피파스타**는 아이러니와 비꼬
기를 이용해 텍스트 원저자의 진지함을 우스꽝스럽게 만든다. 밈처럼
카피파스타도 유행이 되어 퍼지는 경우가 흔하다(〈그림 11〉참조). 한 학
생은 이렇게 설명했다. "주로 대형 페이스북 그룹에서 시작된다. 누군
가 아주 진지하게, 보통 심하게 투덜대는 내용으로 장문의 글을 올리면,
그 사람을 놀리려고 나머지 사람들이 빈정거리며 그 텍스트를 리포스
팅한다."[애슈턴]

밈과 카피파스타는 정체성과 관심사를 중심으로 뭉친 커뮤니티를
통합할 뿐 아니라, 모두가 공유하는 환멸과 좌절감, 불신과 실망을 표현
하는 수단이 되기도 한다. 특정 그룹을 넘어 한 세대 전체를 결속하는 메
커니즘의 역할을 하는 것이다. 밈에 담긴 아이러니하고 풍자적이며 냉
소적인 유머에 관해 한 학생은 대단히 "공감이 간다"고 했다.[사이러스]

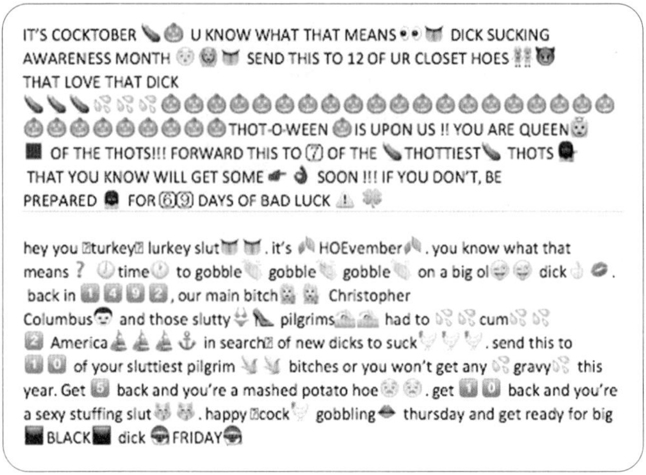

IT'S COCKTOBER 🍆 💦 U KNOW WHAT THAT MEANS • • 👅 DICK SUCKING
AWARENESS MONTH 😩 💦 👅 SEND THIS TO 12 OF UR CLOSET HOES ‼️ 💦
THAT LOVE THAT DICK
🍆🍆🍆💦💦🎃😩😩😩😩😩😩😩😩😩😩😩😩😩😩😩
😩😩😩😩😩😩😩THOT-O-WEEN 🎃 IS UPON US !! YOU ARE QUEEN😩
🏰 OF THE THOTS!!! FORWARD THIS TO ⑦ OF THE 🍆 THOTTIEST🍆 THOTS 💀
THAT YOU KNOW WILL GET SOME 👉 👌 SOON !!! IF YOU DON'T, BE
PREPARED 💀 FOR ⑥⑨ DAYS OF BAD LUCK ⚠️ 🍀

hey you 🦃turkey🦃 lurkey slut 🦃 🦃 . it's 🍂 HOEvember🍂 . you know what that
means ? ⏰time⏰ to gobble 🦃 gobble 🦃 gobble 🦃 on a big ol 👌 😩 dick 🍆 💦 .
back in 1️⃣4️⃣9️⃣2️⃣ , our main bitch 😩 🚢 Christopher
Columbus😏 and those slutty 💦 🥾 pilgrims😩🚢 had to 💦😩 💦😩 cum💦😩 😩💦
🇺🇸 America ⛵⛵💩⚓ in search😩 of new dicks to suck👅💦 💦👅 . send this to
1️⃣0️⃣ of your sluttiest pilgrim 🥾 🥾 bitches or you won't get any 💦😩 gravy this
year. Get 1️⃣3️⃣ back and you're a mashed potato hoe 😩💩 😩 . get 1️⃣3️⃣ back and you're
a sexy stuffing slut 😩 😩 . happy 🍗cock🍗 gobbling 🦃 thursday and get ready for big
⬛BLACK dick 🦃FRIDAY🦃

**그림 11. 카피파스타 사례**

또다른 학생은 이를 좀더 풀어 설명했다. "풍자가 넘쳐나는 이유는 미래
경제가 고도로 불안하다는 사실을 풍자를 통해서밖에 이해할 수 없기
때문이다."[앤디]

## 혐오를 혐오한다

포스트 밀레니얼이라는 존재의 중심에 자리한 조립식, 대화형 커뮤니
티는 윤리적 가치로 충만하다. 이 가치들은 이들이 발화하고 서로를 대
하는 방식을 형성하는 데 영향을 미친다. 규칙이 만들어지는 방식은 자
유롭다. 주제는 대동소이하지만, 그룹마다 규칙의 내용은 고유해서 모

두가 보편적으로 따라야 하는 명령, 법칙, 권리가 주는 중압감을 희석하는 한편 내부적이고 다원론적인 윤리의 면모를 강화한다.

가치는 어디에 소속될지, 또 소속된 환경에서 어떻게 행동할지를 결정하는 데 중요하게 작용한다. 우리가 인터뷰한 학생 중 하나는 자신과 친구들이 어떻게 가치를 중심으로 '결집'하는가를 이야기했다. "나는 같은 관점을 공유하는 사람들과 어울린다. 같은 환경에 노출되었거나 같은 관심사를 공유하기 때문에 가치관이 매우 비슷하다."[베카] 이밖에도 여러 인터뷰 참여자들이 남들과 공유하는 '감성'과 가치를 기준으로 어떻게 '자기 사람들people'을 발견했는지(소속감 조각을 선별했는지) 말했다. 한 응답자는 2016년 프랑스 니스에서 트럭 참사가 발생한 후 소셜미디어에 삼색기를 올린 사람들을 일부러 찾아보았다고 했다. 그에겐 그 상징물이 자신과 가치를 공유하는 사람들을 알려주는 지표였기 때문이다. 이는 "누군가와 교류할지 말지를 결정해주는" 중요한 요인이었다.[말리아] 일반적으로 이러한 가치 공유는 그룹 내부 윤리의 일치화로 이어진다. 포챈처럼 상대방을 공격하는 데서 희열을 얻는 그룹도 예외가 아니다. "사람들이 공개적으로 올리는 글 대다수는 많은 사람이 공유하고 사회적으로 용인되는 의견과 일치한다. 물론 그렇지 않은 글도 언제나 존재한다…… 개인적으로 나는 대다수와 정반대되는 위치에 대부분 있다보니 상대방을 설득하지 못하리라는 것을 알아서 받아들이는 편이다."[말리아]

Z세대에게 소속감과 정체성은 떼어놓을 수 없이 긴밀히 엮여 있으며, 이 세대가 좇는 가치들이 모두 스며들어 있다. 앞서 살핀 바대로,

목적을 가지고 정체성을 주장하고 형성하는 과정에서 가치판단은 아주 결정적으로 작용한다. 개인이 어느 그룹과 동일시하느냐에 있어서도 마찬가지다. 이제는 누군가를, 또는 그의 정체성을 무시하는 일이 소속된 커뮤니티와 집단 전체를 무시하는 것으로 받아들여진다. #미투, #블랙라이브스매터 운동은 지향하는 가치들로 이루어진 정체성과 소속감의 교차를 통해 사람들이 힘과 유대감을 발견해낸 좋은 사례이다.

개인과 커뮤니티가 끈끈하게 연결되어 있다는 것은 일부 집단의 경우 소속감이 대표자로서 갖는 책임을 수반한다는 의미다. 소수집단의 일원이 목소리를 낼 때는 한 개인으로서 의견을 말한다기보다 집단 전체의 대표자임을 의식하고 말하는 경우가 흔하다. 이들은 특정 집단에 들어가 그것을 자기 정체성의 핵심으로 둔 순간부터 집단의 이름을 걸고 목소리를 내는 책임과 특권을 함께 감당한다. 그게 아니라면 자신의 발언이 지극히 개인적인 의견임을 아주 명확하게 표현한다. 집단에 대한 책임감은 좋건 싫건 다수에 속하는 사람들에게도 따라붙는다. 자신이 **앵글로** 백인 중산층의 이익을 내세울 의도가 없다고 한들, 견고한 특권층의 대표자로 받아들여질 수 있는 것이다. 이전 장에서 논의했듯이, 이는 Z세대가 진정성을 아주 가치 있게 여기는 현상과 관련되며 문화적 도용이 금기시되는 이유이기도 하다.

이들이 소속된 공간에서 윤리적으로 행동하는 것에 얼마나 관심이 있는지를 가장 형식적으로 보여주는 것이 바로 여러 온라인 커뮤니티 사이트에 게시된 윤리 강령과 지침, 그리고 규칙이 깨지지 않도록 대화 내용과 게시물을 모니터링하는 관리자의 존재다. 규칙은 사이트에 명시되어 있기도 하지만 매번 관리자의 해석을 거치며 어떤 문제, 논쟁, 사안이 불거지느냐에 따라 달리 적용되기도 한다. 이러한 관점에서 보자면, 집단의 도덕성이란 결코 완성되지도 완결되지도 고정불변의 강령이 되지도 않는다. 오히려 적극적이고 항시적인 교섭 대상이다. 〈그림 12〉는 2019년 '미묘한 아시아인 특성들' 그룹에 게시된 규칙 공지문이다.

온라인 커뮤니티는 개성도 성격도 저마다 달라서 규칙도 각양각색이다. 어떤 커뮤니티는 규칙이 아예 없거나 매우 느슨한 반면, 어떤 커뮤니티는 아주 엄격하고 심지어 심사를 거쳐야만 가입할 수 있다. 한 사용자의 전언에 따르면, 넘텃은 "고도로 체계화된 관리자 팀"을 보유하고 있어서 시간대가 다른 전 세계 지역에 퍼져 있는 관리자들이 게시물을 하나하나 검사한다. 단순히 내용이 적절하고 커뮤니티 지침을 지키는지를 보는 것이 아니라, 의미 있고 '수준'이 높은지를 확인한다. '우울 식사 밈 그룹'도 규칙이 까다로운 편이다. "속내를 꺼내놓는 공간이니 사람들이 어떤 식으로든 상처받거나 위협받지 않아야 하기" 때문이다.[앤디] 극좌파 성향의 그룹들은 대단히 엄격한 윤리 심사를 거친다고 알려졌다. 한 인터뷰 참여자에 따르면, 그러한 그룹들은 가입 희망자에게 "젠더가 몇 가지나 되는지 묻고, '젠더는 스펙트럼'이라는 식의 정답을 요구한다." 만약에 그냥 "2개"라고 답하면 "우파는 탈락!"이라는 답변이 돌아온다. 이 참여자의 설명대로 이러한 관행은 "관리자들이 희망하는 공간을 의도적으로 만들려 하다보면 스스로 고립을 자처하게도 되지만 한편으로는…… 바라는 분위기를 확실히 조성할 수 있음"을 잘

**Group Rules from the Admins**

**1 | No Hate Speech or Bullying**
Make sure everyone feels safe. Bullying of any kind isn't allowed, and degrading posts and comments of any sort (especially colourism and racism) will not be tolerated and you may be kicked.

**2 | Be inclusive**
Try to be inclusive in your posts to all Asian races and refrain from being too exclusive. We encourage you to report any posts you deem offensive to get quicker attention to it!

**3 | Relevant content**
Please keep posts relevant to this group. If your post is not deemed relevant it may be removed. Your post might not be approved because something similar might have been posted many times before.

**4 | No Promotions or Spam**
Give more than you take to this group. Self-promotion, spam and irrelevant links aren't allowed. Please do not edit your Instagram or other links into your post or serious consequences may apply.

**5 | Credit where credit is due**
If you are sharing a video or a photo which is not yours, either use the 'share' button or provide a link back to the original creator. Contact a mod/admin if there are problems.

**6 | Be Kind and Courteous**
We're all in this together to create a welcoming environment. Let's treat everyone with respect. Healthy debates are natural, but kindness is required to keep our group enjoyable for everyone.

**운영자가 정한 그룹 규칙**

1. 혐오 발언, 괴롭힘 금지

   모두가 안전하다고 느껴야 한다. 어떠한 형태의 괴롭힘도 용납되지 않는다. 비하성 게시물과 댓글(피부색 차별과 인종차별 절대 금지)은 용납되지 않으며, 어길 시 강퇴 대상이다.

2. 포용할 것

   게시물을 올릴 때 되도록 모든 아시아 인종을 포용해야 하고 과도하게 배타적인 글은 지양한다. 불쾌감을 느낀 게시물이 있을 시에는 빠른 조치를 위해 신고를 권장한다.

3. 관련 있는 콘텐츠 올리기

   게시물이 그룹의 성격과 맞아야 한다. 무관하다고 여겨지는 게시물은 삭제될 수 있다. 유사한 게시물이 이전에 여러 번 게재되었을 시에도 업로드를 거부당할 수 있다.

4. 홍보성 글과 스팸 글 금지

   이 그룹을 이용하기보다 기여하는 것이 우선이다. 자기 홍보, 스팸, 내용과 무관한 링크는 허용되지 않는다. 게시물에 개인 인스타그램 링크 등을 삽입해서는 안 된다. 어길 시에는 엄중 조치 대상이다.

5. 출처 표기 엄수

   타인의 영상 또는 사진을 공유할 때는 '공유' 버튼을 사용하거나 원창작자 링크를 삽입해야 한다. 문제가 있을 시에는 관리자나 운영자에게 연락할 것.

6. 친절하고 정중할 것

   편안한 환경을 조성하기 위해 다 함께 노력한다. 모두를 존중해야 한다. 건강한 토론은 자연스러운 현상이지만, 함께 그룹을 즐기기 위해서는 친절한 태도를 갖추어야 한다.

**그림 12. 페이스북 그룹 '미묘한 아시아인 특성들' 규칙**

보여주는 사례다.[앤디]

보통 관리진은 자원자들로 꾸려지는데 봉사 의지, 그룹에 대한 헌신, 경험, 그룹 내부에서 활동한 기간 등을 고려해 발탁된다. 이들은 게시물을 삭제하거나 차단하고 논란이 불붙는 것을 미리 방지하는 식으로 대개는 뒤에서 활동하지만, 가끔은 그룹의 윤리가 흔들리지 않게 전면에 나와 개입하고 바로 그러한 가치에 기반해 관리자로서의 권위가 부여된 것임을 상기시킨다. 관리자가 너무 엄격하다 싶으면 그룹 일원들이 들고일어나 내부적으로 커뮤니티의 요구와 필요에 관한 대화를 시작하기도 한다. 〈그림 13〉에 실린 '미묘한 아시아인 특성들' 커뮤니티의 대화가 일례다. 갈등이 극도로 심해지면 관리자에게 불만을 품은 일원들이 아예 그룹을 떠나 새로운 관리자를 둔 커뮤니티를 만들기도 한다.

한 인터뷰 참여자에 따르면, 대형 온라인 커뮤니티는 관리자 여러 명이 한 팀을 이루어 운영한다. "잘 굴러가는 관리자 팀은 다양한 인구 구조를 반영하려고 노력한다." 관리자들도 "그룹에 참여하여 웃긴 게시물을 올릴 수 있다." 게시물로 호응을 얻고 개인적인 것들을 자주 공유하는 관리자들이 더 인정받기도 한다. 하지만 그룹 일원들을 차단할 수 있는 권력을 분별력 있게 행사하는지가 더 중요하다. 갈등을 잘 처리하는 관리자는 평판이 좋지만, 너무 느슨하게 또는 너무 엄격하게 대응하는 관리자는 논란을 불러일으킨다. 위 인터뷰 참여자는 다음과 같이 설명했다. "(관리자들이) 권력을 가지고 있다보니…… 비판에서 자유로운 측면이 있다. 또 관리자를 비판하면 차단당하기 쉽기 때문에 요즘은 익명 피드백 시스템을 운영하는 그룹들이 생겨나기 시작했다." 그는 소셜

Ai-Ling Khoo
⊘ Moderator · January 11 at 3:55 AM

Hi SAT community,

Recently we have seen an increase in racist, homophobic and transphobic content which has been brought to our attention. As our group grows everyday, we would like to kindly remind you all of the guidelines that are part of our group.

1. No Hate Speech or Bullying
2. Be Inclusive
3. Relevant content
4. No promo or spam
5. Give credit when is due.

As your team, we aim to do our best in moderating all posts. We may approve posts based on the belief that we think this will encourage USEFUL discussion among the group. It has been rewarding to see topics such as white washing, talks of racism, sharing of stories be discussed. However, when discussing controversial topics, we ask that you are considerate towards the other people that you are talking to or making reference to in the post. Be mindful of your language and be respectful. This is a community that is meant to bring us together, to share our experiences, and to induce conversation about topics that would normally remain silent. Despite where we come from, our backgrounds, and our stories, we are all humans. We should all treat each other with DIGNITY and RESPECT.

As a result, if there are any future comments with homophobia, racism, transphobia, they will be dealt with the highest of consequences. Provide evidence and name and shame in a DM.

Mod out.

**'미묘한 아시아인 특성들' 커뮤니티 회원들에게**

최근 들어 인종차별, 동성애 혐오, 트랜스 혐오 콘텐츠가 눈에 띄게 많아졌습니다. 그룹의 규모가 계속 커지고 있는 만큼, 다시 한번 모든 회원에게 우리 그룹의 지침을 알립니다.

1. 혐오 발언, 괴롭힘 금지
2. 포용할 것
3. 관련 있는 콘텐츠 올리기
4. 홍보성 글과 스팸 글 금지
5. 출처 표기 엄수

여러분과 같은 그룹의 일원으로서 우리 관리자 일동은 모든 게시물을 관리하려고 최선을 다하고 있습니다. 게시물의 승인 기준은 그룹 내에서 '유용한' 논의가 가능한지입니다. 그동안 화이트 워싱과 인종차별 등의 주제가 다뤄지고, 여러 이야기가 공유된 것에 보람을 느낍니다. 다만 민감한 주제를 논의할 때는 상대방과 게시물에 언급되는 사람들을 배려하기 바랍니다. 언어를 신중하게 사용하고 존중하는 태도를 보여주세요. 이 그룹은 함께 모여 경험을 공유하고, 그동안 이야기되지 않았던 주제들을 끄집어내 대화를 시작해보고자 만들어졌습니다. 출신과 배경, 어떤 일들을 겪었는지와 상관없이 우리는 모두 동등한 인간입니다. 모두의 '존엄성'을 지키고 서로를 '존중'합시다. 앞으로 동성애 혐오, 인종차별, 트랜스 혐오와 관련된 글은 엄중하게 처리할 것입니다. 해당되는 글을 발견한다면 증거와 게시자 이름을 첨부해 DM으로 보내주세요.

관리자 일동

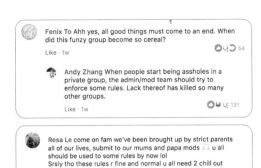

Fenix To: 좋은 시절 다 갔네. 재미있던 그룹이 어쩌다 이렇게 진지해진 거야?

Andy Zhang: 사적 그룹에서 사람들이 뭣같이 굴면 운영진이나 관리자가 규정을 강요하는 게 당연한 거임. 안 그러다 망한 그룹 많이 봤음.

Resa Le: 얘들아, 우리는 평생을 엄한 부모님 밑에서 살았잖아. 엄마와 아빠라는 관리자 말에 순종하면서(이모티콘). 이제는 규칙에 익숙해질 때도 됐지. lol
솔직히 다 맞는 말이고 훌륭한 규칙들이잖아. 다들 진정하자.

**그림 13. '미묘한 아시아인 특성들'의 대화 내용**

미디어 전반에 관해 "규칙은…… 꽤 유동적이며 결국 사용자가 누구냐에 따라 전적으로 달라진다"고 평했다.[애슈턴]

## 결론: 개별적이면서 공동체적이다

새로운 세대는 이전 세대보다 더 개인주의적이라는 통념이 무색하게, 포스트 밀레니얼은 **나**와 **우리**의 간극을 좁히는 새로운 형태의 커뮤니티를 탐색하고 형성한다. 자아도취적으로 스크린만 들여다보는 이미지의 '나 홀로 볼링bowling alone'[19]이나 '미Me 세대'[20] 같은 수식어와는 딴판으로 요즘 젊은 사람들은 자신이 누구인지를 발견하는 것 못지않게 어디에 소속될지를 중요하게 생각하며 둘을 꼭 별개의 것으로 인식하지도 않는다.

포스트 밀레니얼은 조립식 소속을 실천하며 새로운 사회 실험에 동참하고 있다. 저마다 고유한 조합으로 구성되고 복수의 커뮤니티에 소속됨으로써 표출되는 이들의 정체성은 고유함을 그대로 간직하면서 (한 명에게만 전적으로 의지하지 않고) 각자에게 다층적인 사회적 지지를 제공한다. 사회 이론가 미셸 마페졸리의 표현대로 "서로 얽히고설킨 여러 부족에 참여함으로써 각자가 자신만의 고유한 다원성을 살아내는 것"[21]이다. 이러한 소속감은 본질적으로 유연하며, 비공식적이고, 담화적이다. 이때 우선시되는 커뮤니티는 목소리를 내고 싶은 누구에게나 발언권이 주어지고, 또래집단이 공유하는 가치들과 합의, 그리고 그 산물인 규칙을 바탕으로 관리되는 커뮤니티다.

# 꼰대는 사절

» Z세대는 오늘도 인류애를 상실했다 «

야즈……

대학 동아리 '언퍽위더블'의 두 친구, 워리스와 코트니가 야즈 양옆에 나란히 앉아 있는데 이애들이 야즈만큼이나 열심히 사는 건 좋은 학점을 받기 위해서고 그게 아니면

폭망하기 때문이다

실은 이러나저러나 폭망하지만

졸업하면 어마어마한 빚더미에 앉을 테고 일자리를 구하려고 미친듯이 경쟁할 테고 집값이 터무니없이 비싸다는 건 이들 세대가 영원히 독립할 수 없다는 뜻이고, 그래서 미래에는 더한 절망이 이어질 거고 지구는 개같이 파멸할 거고 머지않아 영국은 유럽에서 떨어져나와 반동의 길로 돌진하며 파시즘을 다시 유행시킬 거고, 영구 태닝한 역겨운 억만장자가 미국 대통령이 되어 지성과 도덕의 하한치를 세우는 걸 보노라면 정말이지 미쳐 돌아가는 세상인데 이 모든 게 다 이전 세대가 '모든 걸 망쳤기' 때문이고 그러니까 이들 세대는 폭삭 망했다는 거다

더 늦기 전에

나이 많은 사람들한테서 지적 통제권을 빼앗아오지 않는 한.

—버나딘 에바리스토, 『소녀, 여자, 다른 사람들』[1]

2019년 부커상을 받은 소설『소녀, 여자, 다른 사람들』에 나오는 야즈는 Z세대다. 이 인물은 포스트 밀레니얼의 여러 태도를 고스란히 체현한다. 제도에 회의적이고, 어른들이 물려준 유산에 대개는 환멸을 느끼며, 물려받은 망가진 세상을 해결해야 한다는 부담감을 안고 있다. 이들은 끊임없는 혁신과 광범위하게 연결된 세상, 과잉 정보, 규제받지 않는 기술, 인공지능이 인류에게 가져다줄 미지의 미래, 심각한 기후변화로 위기에 놓인 지구와 인류까지, 다양한 요인에 의해 촉발된 복잡성과 불안정성이 심화되는 상황에서 자랐다. 부모에게 조언을 구하기도 마땅치 않았는데, 그들 역시 빠르게 변화하는 세상을 이해하느라 급급했기 때문이다.

그렇다보니 포스트 밀레니얼은 부모와 기성세대, 일명 전문가들과 교훈적 진리, 그 밖에 전통적 형태의 위계적 권위를 경계하고 심지어는 불신하게 되었다. 위선을 기가 막히게 알아차리고 진정성에 집착하는 이 세대는 종교처럼 물려받은 가치와 관행의 상당수를 거부하거나 변형해서 받아들인다. 따라서 대부분 전통적 제도에 충성심이 아주 낮다. 이들 눈에 그러한 제도는 구태의 가치와 원칙에 따라 작동하기 때문이다. 이들은 차라리 자신들과 중요하게 생각하는 가치가 비슷하고 행위를 즉각적으로 검증할 수 있는 주변 친구들을 더 신뢰한다. Z세대는 기성세대에게 익숙하지 않은 플랫폼과 소속 방식을 탐색해가며 스스로 정보와 조언을 찾아 나서거나 또래집단에게 더욱더 의지한다. Z세대에게 망가진 세상을 준 장본인이 기성세대인데, 그들에게 조언을 구할 이유가 어디 있겠는가?

게다가 포스트 밀레니얼은 급격하게 변화하는 가족 모델을 지켜보며 성장했다. 제도에 대한 회의는 자연스럽게 결혼이나 관계에 대한 태도와 가치관을 변화시켰다. 디지털 기술과 인터넷은 데이트 방식과 패턴을 새로이 형성하고 로맨스를 바라보는 인식을 바꿔놓았다.

이 장에서 우리는 포스트 밀레니얼이 부모나 친구처럼 친밀한 사람과 관계를 맺는 태도를 살피고자 한다. 또 이 세대가 기성세대로부터 물려받은 제도와 가치들을 어떻게 바라보는지 종교관과 이상적 리더에 대한 생각을 통해 들여다볼 것이다.

## 기성세대에 대한 불신과 환멸

2019년 **오케이 부머**라는 표현이 포스트 밀레니얼 사이에서 대유행하기 시작했다. 말이 통하지 않는 완고한 연장자(베이비부머 세대)를 가리키는 말이다. 풍자적이고 냉소적인 이 표현은 말로든 글로든 비꼬는 의미로 쓰이지만, 그와 동시에 윗세대가 준 유산에 대한 포스트 밀레니얼의 불만, 그리고 부머의 실수를 바로잡고 더 나은 세상을 건설할 막대한 책임이 Z세대 어깨를 짓누르고 있음을 부머들이 '이해 못하는' 데서 오는 좌절감의 발로이기도 했다.

포스트 밀레니얼은 9·11 이전 세상을 거의 기억 못하지만, 2008년 금융위기는 생생한 현실로 기억에 남아 있다. 당시 상당수는 부모가 느끼던 불안을 이해하고 공감할 수 있는 나이였다. 지역과 국가, 나아가 세계에서 끊임없이 조성되는 위기의 분위기가 인터넷 피드를 통해 침실로 스며들었다. 폭탄 테러, 영화관과 교실과 교회에서 벌어진 총기 난사, 이라크와 아프가니스탄 전쟁, 팬데믹, 태풍, 지진, 홍수, 산불, 이례 없는 규모의 허리케인까지, 이 모든 것을 이들은 간접적으로나마 경험하며 현실로 체감했다.

동시에 포스트 밀레니얼은 오래된 사회제도의 변화를 지켜보며 성장했다. 가족과 결혼에 대한 인식과 경험이 달라졌고, 제도 종교는 신도가 줄고 스캔들에 휘말렸다. 학교를 비롯한 공공기관들은 늘어난 인구의 필요에 맞추느라 점점 더 비대해졌다. 직장은 합병과 감원의 여파로, 또 긱gig 경제체제에서 계약직과 임시직 고용을 활성화하며 더는 안정적인 일자리와 수입을 보장하지 못하게 되었다. 불공정, 불법, 위선에 대한 인식이 사회에 널리 퍼지면서, 정부마저도 안정적이라는 이미지와 거리가 멀어졌다. 아래의 인터뷰 참여자는 체제에 깊게 뿌리내린 문제들을 해결할 때 기성 제도의 자리는 어디인가를 날카롭게 지적한다.


모르겠다. (기성 제도를) 허물어야 하는 건가? 말로는 쉽지만, 실제 그러기는 어렵다. 정말 잘 모르겠다. 나는 늘 의아했다. 목소리를 내는 활동가나 캠퍼스 학생들은 언제나 문제를 지적한다. "그래서 해법은 뭐죠?" 하고 물으면 딱히 해법이랄 게 없단다. "누군가 이런 짓을 했으니 그 사람을 없애서 문제를 영원히 해결합시다"라고 설명할 수는 없는 노릇이니, 이게 참 어려운 문제지 않나? "경찰관이 무고한 십대 흑인 아이를 쐈으니 경찰관을 체포해서 문제를 없던 것으

로 하자"고 한다면, 안타깝게도 그건 해법이 될 수 없다. 정말 모르겠다.[얼리사]

기존 제도와 정치체제에 대한 포스트 밀레니얼의 환멸은 비단 Z세대 학생 인구에만 국한되지 않는다. 미국과 영국에서 포스트 밀레니얼 대표 표본을 조사하면서, 각국의 정치체제 개혁이 필요한지를 물었다. 영국에서는 3퍼센트, 미국에서는 6퍼센트만이 아무런 개혁도 필요하지 않다고 응답했다. 정반대로 완전한 해체와 교체가 필요하다고 응답한 비율은 각국 모두 약 15퍼센트 정도였다. 대다수는 정치 시스템이 '어느 정도'(영국 35퍼센트, 미국 27퍼센트) 개혁되어야 하거나 '많이'(각국 모두 40퍼센트) 개혁되어야 한다고 응답했다.

포스트 밀레니얼은 기후위기, 경찰 폭력, 인종과 젠더 차별, 무시무시한 신기술(살상 무기를 나르는 드론 등), 혹시 모를 대전염병의 유행 등이 일으킬 파장에 대처해야 한다는 것을 알고 있다. 자신들이 책임을 회피할 수 없다는 것도 잘 안다. 2018년 BBC 라디오 방송에 나온 허더즈필드 출신의 18세 영국 남성은 이렇게 말했다. "우리는 회복 탄력성이 꽤 뛰어난 세대다. 경기침체를 비롯해 우리의 발목을 잡는 것들과 함께 성장했기 때문이다. 솔직히 내가 생각하기에, 우리는 일단 앞으로 밀고 나갈 준비가 되어 있다. 기대되는 동시에 불안하다."[2] 하지만 자신이 이런 짐을 떠안게 된 것을 억울해하는 사람들도 많다.

2018년 초 미국 언론인이자 논평가인 데이비드 브룩스가 대학생들과 나눈 대화를 토대로 기사를 발표했다. 브룩스 역시 우리가 인터뷰와 조사에서 감지한 것과 꽤 유사한 태도를 지적했다. 그가 만난 학생들은 큰 조직을 향해 '줄어든 기대'와 불신을 드러냈다. 브룩스는 이를 다음과 같이 분석했다. "학생들이 희망을 잃은 것은 아니다. 오히려 이들은 사회를 변화시키려 헌신하고 있다. 다만 딱 맞는 조직을 발견 못한 것이다." 그와 대화한 학생들은 "지역적이고 탈중심적인, 그러면서도 현실에 발을 디디고 있는" 변화의 주체, 한 학생의 표현대로 "우리와 닮은" 사람들을 찾고 있었다.[3]

많은 포스트 밀레니얼이 과거 제도에 의존해 현재의 문제를 해결할 수 없다고 보기 때문에, 이들은 소위 정답을 안다고 말하는 '전문가들'에 대해 회의적이다. 가짜 뉴스 봇, 또는 '딥페이크 텍스트'가 인공지능 시스템을 이용해 편향적 콘텐츠를 생성하고 있다는 점 또한 문제로 인지한다. 이러한 문제의식 때문에 제힘으로 정답을 찾아야 한다는 생각이 강하다. 그러다보니 자급자족, 자기 의존self-reliance, 자기 지시를 선호하는 태도가 인터뷰에서도 드러났다. 다음 인터뷰 참여자의 발언은 이런 지향성의 핵심을 포착해 보여준다. "'자율적이고 싶다'는 감각이 존재한다. 무언가를 선택할 때 나는 당연히 조언을 구한다. 다른 사람의 의견과 충고를 새겨들을 의향이 있다. 하지만 최종 선택은 나에게 달렸다. 충고를 고려하는 것도 나의 몫이다. 궁극적으로 모든 것을 계산해야 하겠지만, 타당한 조언이라면 타인의 말을 고려해 결정할 것이다."[게이브]

우리가 실시한 미국과 영국 설문조사에서도 자기 의존 지향성이 강하게 드러났다. 어떤 선택을 하거나 결정을 내릴 때 누구에게, 또는

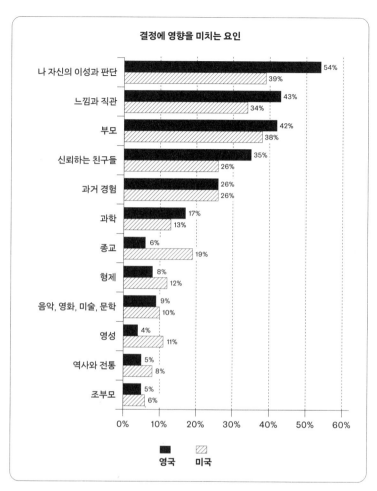

**결정에 영향을 미치는 요인**

| 요인 | 영국 | 미국 |
|---|---|---|
| 나 자신의 이성과 판단 | 54% | 39% |
| 느낌과 직관 | 43% | 34% |
| 부모 | 42% | 38% |
| 신뢰하는 친구들 | 35% | 26% |
| 과거 경험 | 26% | 26% |
| 과학 | 17% | 13% |
| 종교 | 6% | 19% |
| 형제 | 8% | 12% |
| 음악, 영화, 미술, 문학 | 9% | 10% |
| 영성 | 4% | 11% |
| 역사와 전통 | 5% | 8% |
| 조부모 | 5% | 6% |

■ 영국  ▨ 미국

**그림 14. Z세대 설문조사 · "어떤 선택을 하거나 결정을 내릴 때 조언을 구하기 위해 다음 중 어느 것에 가장 의지하는가? 최대 3개를 고르시오"라는 질문에 대한 영국과 미국 응답 결과.**

무엇에 의지하느냐고 묻자 미국과 영국 응답자 모두 '나 자신의 이성과 판단' 그리고 '느낌과 직관'에 매우 높은 점수를 매겼다. '부모' '신뢰하는 친구들' '과거 경험'도 믿을 만한 요인으로 언급되었다. 반면 '과학'이나 '종교' '역사와 전통'이라고 응답한 비율은 대단히 낮았다(응답자들은 12개 항목 중 최대 3개를 고를 수 있었다. 〈그림 14〉 참조).

i세대 말뭉치를 들여다보면, 포스트 밀레니얼이 자신들의 관점과 결정을 얼마나 신뢰하는지 보여주는 또다른 증거가 발견된다. 이 말뭉치에서 일인칭 대명사 I는 일반 인구 말뭉치에서보다 3배나 더 자주 등장한다. 가장 자주 반복되는 표현은 **나는 가졌다**I have, **나는 생각한다** I think, **나는 하지 않는다**I don't이다.[4]


## 보스는 필요 없다


제도를 불신하고, 자기 의존을 중시하고, 협업에 친숙하고, 온라인 관리자의 존재에 익숙한 포스트 밀레니얼의 사고방식은 리더십이 어떻게 발휘되어야 하는지에 대한 태도를 형성한다. 우리가 인터뷰한 Z세대는 어떤 유형의 리더십을 선호하느냐는 질문을 받았을 때, 남을 존중하고 배려하고 그룹을 위해 기꺼이 책임을 지려고 하는 리더를 선호한다고 주로 응답했다. 몇몇은 온라인 사이트의 노련한 관리자들을 예로 들었다. 이렇게 설명하는 이도 있었다. "리더가 남들보다 잘나야 하는 것은 아니다. 리더는 그저 그룹을 도우려는 의지가 특별히 더 강한 사람이다."[메이] 또다른 인터뷰 참여자는 그룹 일원들 사이에서 평등이 얼마나 중요한지 강조했다. "함께 합의에 도달한 뒤 그대로 실행하면 된다. 리더십은 한 사람에게만 있는 것이 아니다. 리더십이란 다른 사람들과 이야기를 나누고 다수가 옳다고 느끼는 것을 선택하는 것이다."[프라이야] 무엇보다 리더가 권위적이어서는 안 된다는 의견이 지배적이었다. "나는 함부로 명령하는 사람들과 잘 지내지 못한다…… 리더라면 일대일로 함께 일하고 대화해야지 상대에게 굴욕을 줘서는 안 된다."[앰버] 리더는 지시하기보다 영향력을 행사하고 길을 안내해야 한다는 의견도 있었다. "나는 길잡이라는 말이 좋다. 개인의 자율성은 대단히 중요하지만, 구속하지 않고 방향을 제시해주는 사람은 있었으면 좋겠다."[조니] 한 인터뷰 참여자는 확실한 리더가 없어야 그룹 일원들이 어울리기 쉽다는 의견을 내놓았다. "확실한 리더가 없는 그룹에 참여하는 게 가장 편하게 느껴진다…… 고등학교 때 토론 동아리를 했는데…… 그 모임이 잘 작동했던 것은 저마다 맡은 역할이 있어서였다."[니콜] Z세대가 중요하게 생각한다고 앞서 언급한 공감 능력도 어김없이 등장한다. "리더가 연약한 모습을 드러내는 게 좋다. '아, 저 사람도 그런 일을 겪고 있구나' 하고 공감할 수 있기 때문이다. '내가 어떤 문제를 겪는지 리더는 전혀 모를 거야'가 아니라 '저 사람이라면 내게 공감할 수 있겠다. 나도 저 사람에게 공감할 수 있고' 하는 생각이 드는 것이다."[베디카]

위계적 권력구조 속에서 각자 알아서 노력해야 했던 기성세대로서는 협업을 지향한다는 것이 당황스러울 수 있다. 1장에서 언급했던 스탠퍼드대 WTU 활동가들과 행정처 직원들의 만남처럼, 업무를 지시하는 리더가 없는 상황이라면 더욱 생소하게 느껴질 것이다. 대개 부머는 선출된 운영진 없이 조직이 어떻게 기능할 수 있는지 이해하지 못한다. 반대로 포스트 밀레니얼은 그런 형식을 갖추지 않고도 멀쩡히 할일을 할 수 있는데 어째서 운영진이 필요한지 이해하지 못한다. 한편 또래 집단과 현저히 다른 관점을 제시한 인터뷰 참여자도 있었다. 그는 누군가 책임져야 하는 상황에서는 리더가 정해져 있어야 한다고 주장했다. 그는 자신이 여학생 클럽에서 활동하던 때를 예시로 들며 "그렇지 않으면 대혼란이 벌어진다"고 지적했다. 그러면서도 "모두가 개별적으로 수행하거나 수행하고 싶은 부분이 확실히 있는" 경우를 함께 언급하며 보다 협력적인 조직 틀을 제안했다.[니콜]

설문조사 결과, 미국과 영국 내 광범위한 포스트 밀레니얼 인구는 집단 리더십과 협업을 선호하는 것으로 나타났다. 응답자의 약 60퍼센트가 "리더의 도움으로 일을 진행하는" 그룹(32퍼센트), 또는 "그룹과 리더가 권력을 나눠 갖는" 그룹(27퍼센트)을 선호한다고 밝혔다. 단독으로 임명된 리더를 선호한다고 밝힌 응답자는 14퍼센트에 그쳤다. 19퍼센트는 '필요할 때' 그룹 일원들끼리 돌아가며 리더를 맡는 형태를 선호했다. 응답자의 약 8퍼센트는 리더가 아예 없는 것을 선호했다.

협업과 가벼운 리더십을 선호하는 경향은 앞서 언급한 이 세대의 지향성과 가치, 특히 개인 정체성과 다양성에 대한 존중, 그리고 공정과 공동체 합의에 대한 열망과 밀접하게 관련이 있다. 협업을 지향하면서 개인의 자율성도 함께 보장해주는 사회구조를 발견하기란 앞으로도 포스트 밀레니얼의 과제가 될 것이다. 산업 시대의 유산인 위계적 사회구조의 약점을 두 눈으로 보고 있는 상황인 만큼 이 과제는 더욱 중요해졌다. 공장들은 완제품을 만들기까지 각각의 기능과 부품을 조직화하는 톱다운 리더십으로 성공을 거뒀으나, 디지털 시대에는 여기저기 흩어져 각자 스크린 앞에 앉아 있는 노동자들의 힘을 합쳐 활용하는 새로운 기술이 요구된다. 몇몇 학자들은 이미 디지털 시대의 '동료 생산peer production' 방식이 위계적인 사회구조를 대체하게 될지, 그 방식은 어떠할지에 관한 논의를 시작했다.[5]

## 가족은 선택 가능한 것

가족제도는 지난 수십 년 사이에 급속도로 변화했다.[6] 포스트 밀레니얼이 경험하는 가족은 부머와는 다르다. 많은 포스트 밀레니얼은 부모를 친구처럼 대한다. 이들이 부모에게 전화를 걸어 그날 있었던 일을 말하고 유명인 가십을 공유할 때의 모습은 또래 친구와 수다를 떠는 모습과 별반 다르지 않다. 부모를 동등한 존재가 아닌 권위 있는 존재로 보았던 이전 세대와는 확연히 다른 지점이다(성인이 된 후로도 이러한 인식은 변함이 없었다). 이러한 부모-자식 관계의 양상은 인터뷰에서도 고스란히 나타났다. 인터뷰 참여자 대다수는 부모님과 가깝게 지낸다고 했다. 하루 동안 뭘 먹는지 부모에게 사진을 보낸다고 말한 참여자도 적지 않았다. 그리고 대부분이 매일매일, 어떤 사람은 하루에도 몇 번씩 부모님과, 주로 엄마와 통화하고 문자를 주고받는다고 답했다(형제와도 꾸준히 연락했다). 로라 해밀턴의 저서 『대학 졸업할 때까지 양육하기』에서 한 대학생은 대학교에 다니는 내내 엄마와 연락했지만, 정작 부모는 자신이 대학을 졸업하기 전까지 전공조차 알지 못했다는 일화를 전했다.[7]

소통을 '시작하는' 사람은 부모이지만, 학생들 또한 무언가를 부탁하기 위해, 혹은 그냥 수다를 떨기 위해 부모에게 먼저 연락한다. 다음은 한 인터뷰 참여자의 말이다. "나는 매일 엄마 아빠에게 연락한다…… (그리고) 자주는 아니어도 문자도 보낸다…… 무언가 부탁할 때는 주로 문자를 보내고, 그냥 대화하고 싶을 때는 전화를 건다…… 엄마랑은 하루 일상을 이야기하고…… 아빠랑은 물리학 이야기를 많이 한다. 내가 워낙 물리학에 젬병이라 아빠 도움이 필요하다. 또 희한하게 아빠는 유명인들 소식에 밝아서 아빠와 그런 이야기를 나누기도 한다."[말리아]

이는 포스트 밀레니얼 양육의 또다른 특성과도 관련이 있다. 우리는 이를 '프로젝트 관리자가 된 부모'라고 부르기로 했다. 현대사회에서 여력이 있는 부모는 어린 자녀를 양육할 때 놀이 약속, 병원 방문, 방과후 활동, 여름방학 계획 등을 조율하며 흡사 프로젝트 매니저의 역할을 한다. 그리고 이 역할 수행은 좀처럼 끊을 수 없는 습관으로 고착된다.[8] 부모는 언제든 자녀의 현실적 문제를 도울 준비가 되어 있다. 차가 고장나거나 물리학을 모르겠을 때, 아는 게 많은 부모는 선뜻 나설 것이다. 현대사회에서 돋보이는 이런 경향성은 최근 『뉴요커』에 실린 만화로도 풍자되었다. 만화 속 어린 청년은 근처에서 신문을 읽고 있는 어른을 가리키며 친구에게 "부모라기보다 해결사에 가깝지"라고 소개한다.[9] '제설기 부모(자녀를 위해 길을 닦는 부모)' '헬리콥터 부모(자녀 위를 맴도는 부모)' '컬링 세대(팀원들이 미끄러지는 돌 앞으로 달려나가 길을 닦으며 장애물을 없애는 스포츠인 컬링에서 착안)' 같은 용어가 만들어진 것도 이에 기인한다. 일부 심리학자는 이러한 양육 모델에 우려를 표했다.[10]

Z세대가 밀고 당기기push/pull 경험에 빠질 수 있기 때문이다. 다시 말해 한편으로는 자기 의존적이어서 다채롭고 복잡한 자기 인생을 효과적으로 다루면서도, 다른 한편으로는 작은 문제에 부딪힐 때마다 친구 같은 부모의 도움을 번번이 받는 데 익숙해져 결국 거기에 의존하게 된다는 것이다.

거꾸로 Z세대가 부모를 돕는 영역도 존재한다. 부모가 새로운 기술과 사회규범을 몰라 자녀에게 도움을 청할 때 역할 전환이 일어난다. 이는 포스트 밀레니얼이 경험하는 부모-자녀 관계의 변화상이다. 디지털 기술은 가족 역학이 이렇게 변화하는 데 큰 영향을 미쳤고, 반대로 그 영향을 받기도 했다. 포스트 밀레니얼은 디지털 문맹인 부모를 보며 자주 답답함을 표출한다. 이는 더 넓은 차원의 세대 갈등을 상징한다고도 볼 수 있다.[11] 인터뷰에서도 이 문제는 세대 갈등을 의미하는 비유로 자주 쓰였다. 한 응답자는 엄마의 스마트폰이 꺼진 일화를 들려주었다. "참 어렵고 마음이 복잡한, 어떻게 보면 우스운 일들이 일어난다······ 그때도 엄마의 스마트폰이 꺼진 건 너무 당연했다. 4주 동안이나 충전을 안 했으니까······ 내가 이런 문제를 엄마 아빠에게 가르쳐야 한다니 기분이 이상하다. 십대 아이가 부모에게 물건 사용법을 가르칠 일은 잘 없으니까. 보통은 반대이지 않나."[에마] 또다른 학생 역시 자녀가 부모에게 문화적 도구를 사용하는 방법을 알려줘야 할 때가 오면, 부모가 자식에게 지식을 전달하던 구조가 반전되고 미묘하게든 노골적으로든 두 세대 모두가 억울함을 느끼게 된다고 평했다. 이 학생은 요즘 아이들이 미래에 관한 조언을 부모에게 기대할 수 없다는 것은 고통스러운 일이라고 지적했다. 변화가 여전히 진행중이기에 자녀만큼이나 부모도 미래를 확신할 수 없는 것이다. 요크셔 출신의 Z세대 시몬 도스는 BBC 라디오 방송에 출연해 이렇게 말했다. "우리가 십대 청소년이 되었을 때 온라인 세상은 어른들이 못 따라올 만큼 급속도로 바뀌고 있었다. 우리는 어쩔 수 없이 스스로 배워야 했다." 온라인 세상에 대한 세대 간 지식 격차는 사이버 괴롭힘이 발생했을 때 극명하게 드러난다. 시몬 도스는 이렇게 말했다. "그런 건 부모에게 털어놓기가 쉽지 않았다. 놀이터에서 놀다가 문제가 생기면 엄마가 해결해줄 수 있겠지만 온라인에서 생긴 문제는 엄마 아빠에게도 낯설 테니까."[12]

　　부모와 자녀의 관계가 재정립되면 부모 역시 혼란을 겪는다. 과거 부모는 적어도 자녀의 통화 소리나 방에서 쿵쿵 흘러나오는 음악소리 정도는 엿들을 수 있었다. 요즘 부모는 그런 기회조차 차단되었다고 느낀다. 아이들이 하나같이 귀에 이어폰을 꽂고 컴퓨터 앞에 앉아서 할일을 하거나 스트리밍 음악과 팟캐스트를 들으니 말이다. 포스트 밀레니얼 자녀를 둔 한 여성은 퍼시픽 스탠더드에 기고한 글에서 이러한 소외감을 털어놓았다. "음악은 언제나 부모와 자녀 간 세대 격차의 원인이자 상징이었다. 지난 수십 년 동안은 음악 스타일, 사회 풍습, 옛것에 대한 향수 등을 둘러싸고 의견이 부딪치면서 그 격차가 드러났다. 그런데 Z세대는 나면서부터 광대한 디지털 음악 세계를 은밀하고 조용히 즐기는 데 익숙하다. 나는 아직도 변화에 적응중인데, 내 아이들은 이미 변화된 세상에 태어난 것이다."[13]

　　이렇듯 관계가 재정립되면 자녀가 부모의 교사가 되고 부모와 동등한 사람인 동시에 부모에게 의존하는 존재가 되는 식으로 관계가 복잡해질 수 있다. 이 관점에서 보자면, 친구 같은 가족 모델이 어째서 유효한지가 좀더 명료해진다. 일상에서 자녀들의 어려움을 관리해주는 부모의 존재는 인터뷰와 설문조사 참여자들이 좋은 리더와 동일시하는 일종의 협력적 '길잡이'와 같다. 그 존재 덕에 자녀들은 자신이 누구인지, 또 어떤 사람들과 가까이하고 싶은지를 스스로 탐색하고 발견할 여유가 생긴다. 일방적으로 부여된 정체성과 소속감이 아니라, 필요시 타인에게 적잖이 도움을 얻어가며 스스로 방향을 정하고 협력을 추구하게 된 변화의 흐름에는 이런 또다른 배경이 있다.

부모-자녀 관계가 예전보다 민주적인 면모를 보이게 된 데는 **가족**에 대한 이해와 체험이 다양해졌다는 이유도 있다. 많은 포스트 밀레니얼은 자라면서 가족 형태의 변화를 몸소 경험했다. 한부모가정, 재혼 가정, 동성 커플이 꾸린 가정이 점점 더 흔해지고 있는 반면에 "남성과 여성이 결혼해 자녀를 낳아 키우는" 전후 시대의 가족 단위는 예전에 비하면 예외적인 것이 되었다. 인구통계학자들은 1870년부터 1945년 즈음 브리튼과 미 대륙에서 일어난 제1차 인구 전환이 이성 간 결혼과 핵가족 단위를 공고히 만들었다고 분석한다. 현재 진행중인 제2차 인구 전환은 우리가 생각하고 경험하는 결혼과 가족의 외연을 확장하고 있다. 특히 1960년대 들어서는 피임 혁명을 시작으로 섹스와 젠더 혁명이 일어났고, 그 결과로 여성과 어린이가 가족 내에서 더 높은 지위와 보다 독립적인 발언권을 얻게 되었다.[14] 1998년 사회학자 엘리자베트 벡게른스하임은 다음과 같이 지적했다. "가족의 일상이 조금씩 변하고 있다. 과거에는 문제없이 작동하는 규칙과 모델에 의지할 수 있었으나 이 제는…… 협상하고 계획하고 개인적으로 정해야 할 것이 점점 많아지고 있다."[15] Z세대는 심리학자 소니아 리빙스턴과 언론학자 얼리샤 블룸 로스가 '민주주의 가족'이라고 명명한 가족 형태를 경험하며 자랐을 확률이 높다. 민주주의 가족 형태에서 부모는 "중대한 결정을 내리는 과정에 (자녀들을) 참여시켜야 한다는 책임감"을 느끼고 "어느 세대 부모보다 권위를 덜 주장하고 상호 존중하는 관계에서 자녀를 책임지게 된다."[16]

수십 년 사이 가족 구조가 급변한 탓에 부머에게 익숙한 가족 구조가 Z세대 사이에서는 더이상 규범적이지 않다. 그런가 하면 의료와 기술 변화가 대안적 가족 형태를 현실로 만들었다. 1978년 최초의 시험관 아기가 태어났다. 이후 난자와 배아 기증, 정자 기증, 또는 대리모를 통해서도 아이를 낳을 수 있게 되었다. 동성 커플이 아이를 입양하고, 여성 혼자 엄마 되기를 선택하고, 나이 많은 여성이 (난자 냉동 기술을 통해) 임신하는 것이 가능해졌다. 2020년 수전 골롬복은 다양한 가족 형태를 연구한 『우리는 가족입니다』에서 이러한 새로운 형태의 가족에서 태어난 아이들이 전통 핵가족에서 태어난 아이들만큼이나 정신적으로 건강하고 적응력이 뛰어나다는 사실을 밝힌다.[17] 2019년 뉴욕 타임스 기사 「정상가족이 대체 뭔데?」에서 작가 클레어 하우그는 자신의 생모, 생모의 여성 파트너, 파트너의 자녀들, 그리고 이 가족에게 정자를 기부한 게이 남성으로 구성된 자기 가족에 관한 이야기를 들려주면서, 요즘에는 이런 형태의 가족이 드물지 않다고 지적한다.[18] 우리가 만난 인터뷰 참여자 중 상당수는 자신 혹은 친한 친구가 이혼 가정에서 자랐다고 밝혔다. 한 인터뷰 참여자는 자기 부모가 이혼하지 않은 것이 "오히려 더 희한한 일이다"라고까지 말했다.[준] 2015년 퓨 리서치 센터의 조사에 따르면 다음과 같다.

> 현재 미국에는 지배적인 가족 형태가 존재하지 않는다. 미국 부모들은 가족 형태가 점점 더 다양해지고 끊임없이 진화하는 상황에서 자녀를 양육하고 있다. 이와 다르게 제2차세계대전 이후 베이비붐이 절정에 이르렀던 1960년에는 지배적인 가족 형태가 존재했다. 당시 아동의 73퍼센트는 서로 초혼인 부부가 꾸린 가정에서 양육되었다. 1980년에는 그러한 가족 구조에서 자라는 아동이 61퍼센트였다. 현재는 그 비율이 절반 미만(46퍼센트)이다.[19]

또한 퓨 리서치 센터의 조사에 따르면, 오늘날 많은 아동이 부모가 갈라서거나 파트너를 바꾸면서 생활환경이 바뀌는 유동성과 변동성을 경험하고 있다. 그런가 하면 쭉 혼자 사는 인구도 늘고 있다. 글로벌 시장조사 회사 유로모니터 인터내셔널은 "2016년부터 2030년 사이에 전 세계적으로 1인 가구가 어떤 가구보다도 빠르게 성장할 것이다……이 기간에 1억 2천만 명의 1인 가구가 새롭게 생겨날 전망이다"[20]라고 관측했다. 포스트 밀레니얼에게 가족이란, 유동적이고 다양하며 선택 가능한 것이다.

# 가족이 된 친구들

가족이 친구 같아졌다면 가까운 친구는 가족 같아지고 있다. 이전 장에서 논의했듯이 Z세대 다수는 가까운 친구 무리를 가리킬 때 **팸**이나 **십**처럼 본래 가족을 지칭하는 단어를 사용한다. 이들의 우정은 돌봄에 바탕을 둔 깊은 유대 관계로 특징지어진다. 즉, 서로를 진심으로 위하는 사람들끼리 맺는 관계다. 한 인터뷰 참여자는 친한 친구들이 자신에게 소중한 이유를 다음과 같이 설명했다. "말하자면 가족처럼 늘 그 자리에 있어준다."[케일라] 친구들끼리 위치 공유 앱을 사용하는 게 유행하는 현상을 두고 "신뢰와 친밀감의 제스처"라고 분석한 『애틀랜틱』 기사에도 유사한 발언이 담겨 있다. 다음은 24세 여성의 말이다. "나는 우정을 가족의 틀에 집어넣으려고 노력해왔다…… 딱히 아이를 낳거나 결혼할 생각은 없다. 사회구조나 핵가족에서 얻을 수 있는 게 있겠지만, 나는 다른 관계를 발전시켜 그 공백을 메우려 한다…… 내가 어디 있는지를 (친구들이) 알고 있으면 더 안전하다고 느낀다."[21]

친밀한 친구 관계는 이들에게 신뢰와 진실성, 그리고 안전하다는 느낌을 준다. 랭커스터대학교의 한 학생도 바로 이 지점을 강조했다. 그는 밤에 악몽을 꾸다 잠에서 깨면 친구에게 문자를 보낸다고 했다. 친구가 아침에 자기 문자를 확인하리라는 생각만으로도 안정을 되찾고 다시 잠들 수 있다는 것이다.[리즈] 다른 인터뷰 참여자는 또 이렇게 말했다. "진짜 친구들은 내 모습 그대로를 좋아해준다는 것이 내가 내린 결론이다."[아미르] 포스트 밀레니얼에게 우정의 중요성은 이들이 쓰는 언어에도 자명하게 드러난다. **팸, 십, 트라이브, 스쿼드, 크루** 같은 단어들이 많이 쓰이는 것은 물론, i세대 말뭉치에서 **친구**라는 단어는 전 연령대 언어 사용과 비교해 이례적으로 빈도수가 높았다.[22]

Z세대는 진짜 가까운 친구와 임시적이거나 범위가 제한된, 대부분 온라인 소통을 통해 발전하는 관계를 확실히 구분한다. 한 인터뷰 참여자는 "우리는 소셜미디어를 통해 교류하고 인스타그램에서 알게 된 사람들과 관계를 맺느라 바쁘다…… 그러면서 그 사람들과 깊이 연결되어…… 어떤 사람인지를 이해하고 싶다는 열망도 생기는 듯하다."[매디슨] 온라인 교류로 의미 있는 관계를 발전시킬 수 없다는 뜻은 아니다. 한 학생은 넘텃 집단 내 교류를 사례로 언급했다. "아무것도 없는 데서 만들어진 대단히 흥미로운 커뮤니티다. 실은…… 커뮤니티라고 부르는 게 어색하기는 하다. 온라인의 가상 커뮤니티가 현실 커뮤니티만큼 진짜 같을 수는 없다고 믿는 편이기 때문이다. 하지만 넘텃을 보고 그런 생각이 많이 바뀌었다. 현실에서는 절대 만들어질 수 없는 커뮤니티를 넘텃이 실현했다. 게다가 이제는 현실에서도 모이고 있다. 보스턴에서 여러 명이 모인 사진을 본 적이 있다."[앤디]

이와 유사한 일례로 2018년 9월, 5년째 알고 지냈지만 실제로 얼굴을 본 적은 없던 게이머 6명이 소아암의 일종인 유잉육종으로 죽음을 앞둔 23세의 온라인 친구 조를 병문안하기 위해 처음 모였다. 이들은 조를 보려고 미국과 캐나다 곳곳에서 뉴저지로 왔다. 이들 중 한 사람은 이렇게 회고했다. "언젠가 만나리라고는 생각했지만, 시간이 얼마 남지 않았다는 걸 알고 나자 서둘러야겠다는 결심이 섰다. 그래야 한다는 걸 우리 모두 알았다."[23]

## 결혼은 특권이다

연애와 성애적 관계를 구분하는 것은 늘 복잡한 문제지만 지금은 더욱
더 까다로워졌다. 우리와 만나 대화한 Z세대는 요즘 시대에 우정이나
연애 파트너십의 구성 요소를 파악하기가 대단히 어렵다는 점을 예리
하게 지적했다. 이들은 길거리에서 마주치면 알아보지도 못할 상대와
나체 사진을 공유하고 수위 높은 대화를 주고받는 데서 오는 혼란과 몇
년째 연락 안 하던 사람의 결혼식에 초대받는 것의 '어색함'에 관하여,
또 처음 보는 사람과 훅업을 즐기거나 **섹스 파트너**friends with (sexual)
benefits를 만나는 것도 연애 관계로 칠 수 있는지에 관하여 자신들의
생각을 들려주었다. 연애 관계와 육체적·비육체적 관계의 경계는 무
엇일까? 한 사람은 이렇게 정리했다. "세대를 대표해 말하자면, 적어
도 내 주변 친구들은 확실한 경계가 있기를 바라지만 현실은 그렇지 않
다…… 어떻게 선을 긋는지도 알지 못한다."[포커스 그룹] 또 어떤 인터
뷰 참여자는 비육체적 우정보다 연애 관계가 더 복잡하다는 점을 다음
과 같이 간결하게 요약했다. "친구면 그냥 친구다. 그런데 친구 이상의
관계거나 데이트를 시도하는 중이라면, 그 사이에 아주 많은 단계가 존
재한다…… 그 과정을 이해 못해서 그냥 관계를 포기하고 마음 내키는
대로 사는 친구들이 많다."[프리야]

이러한 혼란의 결과로 관계, 데이트, 감정을 관리하는 다양한 전략이 생겨났다. 몇몇 포스트 밀레니얼은 철저히 우정 관계만을 유지하기로 마음을 먹었다. 일례로 중국인 게이 남학생은 이렇게 말한다. "연애 관계에 너무 투자하면 위험이 커진다. 나는 길게 갈 관계를 만드는 데 시간과 에너지를 쏟고 싶어 우정을 택했다. 나에게는 그런 관계가 더 소중하다." 이 학생의 경우에는 중국에 돌아갈 가능성과 게이 정체성이 이러한 결정에 일부 영향을 미쳤다. "졸업하고 나면 곧장 중국으로 돌아가게 될 수도 있으니 연애 관계가 어떻게 될지 알 수 없다."[준] 어떤 사람들은 확실하게 경계를 짓고 싶어서 이러한 선택을 내린다. "누구에게나 연애 감정이란 게 있다. 그 감정은 우정과 섞일 수도, 아니면 충돌할 수도 있다. 나는 고등학교 때 이런 문제를 자주 겪었다. 연애 감정이 사람들과 자연스럽고 허물없이 소통하고 싶은 마음과 충돌하더라. 나는 자연스럽고 허물없이 소통하는 쪽을 지키고 싶었다. 그러려면 연애 감정을 뒤로 미뤄두는 편이 도움이 되었다."[빅터] 또다른 인터뷰 참여자는 우정과 연애 사이에서 혼란을 겪었던 적이 있다며 이렇게 말한다. "끝이 좋지 않았다…… '너무 버겁다'는 생각이 든다. 다음 단계로 나아갈 준비가 되기 전까지는 나와 내 친구들에게만 집중하고 싶다. 그게 언제가 될지는 모르겠지만."[베카]

이러한 경계 혼란에 대응하는 주요 반응 중 하나는 진지하거나 오래 지속되는 관계를 회피하는 것이다. 인터뷰 참여자 상당수가 남자친구, 여자친구, 또는 **엔비프렌드(논바이너리 파트너)**가 있다고 답했는데, 그 연애 관계가 삶과 일을 방해하지 않도록 신경쓴다는 반응이 숱하게 반복되었다. 다음은 인터뷰 참여자의 말이다. "현재 나는 새로운 학교에 입학하려고 여기저기 지원중이다. 그래서 웬만하면 체계화된 것(관계)을 선호한다. 연애에 지나치게 헌신하고 싶지 않다. 개인적으로는 장기 연애를 할 준비가 되어 있지 않다고 생각한다. 시험 기간에는 문자를 자주 하지 않아도 된다는 식으로 미리 선을 정해놓는 것을 파트너가 받아들인다면야 장기 연애도 시작할 의향이 있다." 이 학생은 그러한 시도를 이전에 해보았으나 성공하지는 못했다고 했다. "만약 내가 LSAT(미국 로스쿨 표준 입학시험)를 공부하게 되면 문자에 한 시간 안에 답장을 보내지 못할 거다. 예전에는 그런 게 문제가 됐었다. 하지만 그런 것에 신경쓰지 않는 사람도 어딘가 있을 것이다."[지안] 이 발언에서 드러나듯, 스마트폰이 지닌 상시 접속 특성이 연애에 변수로 작용한다. 사회학자 C. J. 패스코의 표현에 따르면, 이 특성은 "언제든 연락을 주고받을 수 있다는 기대감을 높인다." 이때 "잦은 연락은 다른 관계와 연애 관계를 구분 짓는 하나의 방법이 된다."[24] 또다른 인터뷰 참여자는 연애 관계의 지속성이 사람을 질리게 하는 구석이 있다고 표현했다. "인간은 스스로 무언가를 하고, 오롯이 혼자 발전해야 한다고 생각한다…… 내가 연애보다 우정을 조금 더 소중하게 생각하는 것은 덜 진지한데다 매 순간 함께 있을 필요가 없어서다."[앰버] 장기간 이성애 관계를 이어오고 있다고 밝힌 19세 인터뷰 참여자는 이렇게 말했다. "사람들이 훅업을 하는 이유는 진지한 관계를 만들기엔 너무 바빠서다. (내가 다니는 대학에서는) 학생들이 누군가를 정식으로 만나는 일을 진지한 사람들이 하는 대단히 진지한 일로 여긴다."[루시]

몇몇 Z세대는 결혼을 포함해 장기적이고 독점적인 관계 모델 자체에 의문을 제기한다. 만나는 사람이 있다고 밝힌 인터뷰 참여자들조차 "지금은 잘 만나고 있지만 언제 어떻게 될지 모른다……"는 식의 말들을 했다. 이때 '언제'는 학기가 끝나는 날, 졸업식, 혹은 파트너들이 생각하기에 관계를 이어갈 필요가 없다고 느끼는 결정적 순간일 것이다. 물론 대다수는 미래에 진정한 사랑을 만나리라는 꿈을 품고 있지만 결국 연애 관계란 잠정적이라는 견해가 지배적이다. 한 인터뷰 참여자는 이렇게 말했다. "부모님이 생각하는 것만큼 결혼을 신뢰하지 않는다. 두 분은 일찍 결혼하면 좋다는 주의이지만 나는 결혼 자체에 의문이 든다. 그냥 파트너만 있으면 충분하지 군이 한 사람에게 매일 필요는 없다고 본다. 주변 환경과 사람들 때문에 이렇게 생각하게 된 것도 같다." 그러한 견해를 포스트 밀레니얼이 공유하느냐는 질문에 인터뷰 참여자는 "그런 것 같다"고 대답했다.[에런] 포스트 밀레니얼이 이렇듯 결혼하지 않고 연애만 계속하길 바라게 된 것은 어릴 적부터 이혼과 한부모가정을 전보다 많이 보고 자라고, 기대 수명이 길어진 영향인지도 모르겠다. 한 인터뷰 참여자는 이 점을 날카롭게 지적했다.

내가 자라면서 본 연애와 관계 모델이 있는데, 영원히 행복한 관계가 정말 존재한다고 어떻게 믿을 수 있겠는가? 그런 관계를 믿고 상상할 수 있다는 건 특권이라고 확신한다. 끝내주게 좋은 유년 시절을 보냈다는 뜻이니까…… 미국 가족 대부분은 이혼이나 부모 중 한 사람이 떠나는 일을 겪는다. 행복한 가정에서 자랐다면 완벽한 결혼

생활을 영원히 누릴 수 있다고 믿을지 모른다. 좋은 일이다. 멋진 일이지만, 다수가 그렇지는 못하다. 그건 특권이다.[이브]

이렇다보니 당연하게도 연애는 '시간 소모적' '기 빨리는 일' '복잡함' 등으로 표현되기 일쑤였다. 짧은 만남을 주선하는 온라인 데이트앱 덕분에 빠르게 시작하고 끝맺을 수 있다는 점에서 '취미에 가깝다'라거나 '패스트푸드 같다'고 표현되기도 했다. 한 인터뷰 참여자는 연애에 관한 질문을 받자 이렇게 반응했다. "연애?…… 우리 세대한테는 패스트푸드에 가깝다. 그렇지 않나? 하루는 이 사람과 데이트하고 다음번에는 저 사람과 데이트하니까. 아무런 부담이 없다."[제임스] 또다른 인터뷰 참여자는 연애 관계에 관해 이렇게 말했다. "부담을 떠안는 것, 아니면 원래 있던 곳에서 한 계단 내려오는 것으로 여겨진다…… 한 팀이 되어 나를 이끌어줄 누군가와 함께한다는 느낌은 아니다. 잘하면 나를 응원해줄지도 모를 사람과 함께하는 것 정도에 가깝다. 현실은 다를 수 있겠지만."[앰버] 일부 Z세대는 데이트하거나 성애적 관계를 맺을 때 **마음이 생길까봐** 경계한다. 이러한 정서는 i세대 말뭉치 중에서도 특히 트위터 말뭉치에서 두드러졌다. "급속도로 마음이 생겨버림. 비상"[@Sydney_godfrey] "마음이 생기기 시작하면 서글프더라"[@111amandali] "누군가에게 마음에 생겼을 때 안 돼! 멈춰! 뭐하는 거야! 이런 적 없음?"[@aamberrleigh] "한 번 잤는데 마음이 생겨서 상처받음"[@Yo_Girl_Chiina] 등이 그 예다. 이러한 양가감정은 우리가 인터뷰한 학생의 말에서도 잘 드러났다. "만약 내가 남자였으면 퍽보이(가벼운 섹스에만 관심이 있는 남자)가 됐을 거다. 나도 그냥 느긋하게 즐기며 살고 싶다. 하지만 한편으로는 사랑받고 싶고, 연애도 하고 싶다."[히바]

혹업 문화의 확산은 포스트 밀레니얼의 행동과 태도를 확 바꿔놓았다. 리사 웨이드의 저서 『아메리칸 혹업』은 미국 대학 스물한 곳 학생들이 연애와 섹스를 대하는 태도를 탐구하는데, 혹업 문화가 학생들 일상의 중심에 있는 것은 맞지만 많은 경우에 안 좋은 상황과 관계 혼란을 불러일으킨다고 진단한다.[25] 우리가 만난 Z세대는 혹업 문화에 관해 다양한 의견을 내놓았다. 한 명은 이렇게 말했다. "혹업 문화에 젖어 있다는 이유로 재단하는 사람이 많지만, 혹업 문화를 그저 통과의례, 성인이 되면서 으레 지나는 관문 정도로 받아들이는 사람도 많다."[벨라] 중동에서 미국으로 유학을 온 이성애자 여성은 미국 사회의 성 관습에서 해방감을 느낀다. "섹스가 굉장한 터부로 여겨지는 보수적인 공동체에서 자라다가…… 이곳에 왔고, 고향에서 나를 옭아매던 모든 속박으로부터 자유로워졌다. 처음에는 정신적인 관계를 원했다. 그러다 시간이 지나면서 나를 더 받아들이게 되었고, 정확히는 이번 여름부터 아주 가볍게 혹업을 시도하고 경험했다. 그런데도 마음이 불편하지 않다."[히바]

인터넷이 만남의 방식을 변화시키면서 연애, 우정, 혹업의 양상과 의미를 둘러싼 경계 혼란은 더욱 심해졌다.[26] 과거에는 데이트라고 하면 보통 사적인 활동을 의미했다. 그런데 이제는 완전히 사적이라고 보기 어렵고, 때로는 익명으로 이뤄지며, 대부분이 틴더(인터뷰 참여자들이 가벼운 혹업 용도로 자주 사용하는 데이트 앱), 범블(틴더와 유사하지만 여성이 먼저 메시지를 보낸다), 커피미츠베이글(데이트와 연애를 위한 앱), 그라인더(게이 남성들의 훅업 앱) 같은 디지털 기술과 앱의 힘을 빌려 시작된다. 데이트 앱 덕분에 섹스는 '쉽게 할 수 있는 것'이 되었지만, 몇몇 학생은 실제 데이트나 섹스로 이어지느냐와 상관없이 이런 앱을 이용해 타인을 확인하고 검증한다고 밝혔다. 다음은 한 이성애자 학생의 말이다. "처음 이런 앱을 사용했을 때는 솔직히 조금, 아니 조금 많이 피상적이라고 생각했다. 상대방을 만나고 싶은지 아닌지를 사진 네 장과 단어 5개만으로 판단해야 한다니 확신이 서지 않았다. 그런데 세상에, 내 룸메이트가 범블에서 여자친구를 사귄 거다. 그것도 아주아주 괜찮은 여자를. 그걸 보면서 '이게 정말 가능하구나' 싶었다." 또한 그가 아프리카계 미국인으로서 경험한 바에 따르면 몇몇 데이트 앱은 인종차별적이라고 지적했다. "범블은 회원을 노출하는 방식이 인종차별적이다. 틴더와 유사하지만 희한하게 모두 백인이다."[알렉스]

포스트 밀레니얼은 함께 둘러앉아 왼쪽과 오른쪽으로 화면을 쓸어넘기며 공공연하게 틴더를 사용한다. 이러한 문화에서 생겨난 어휘들도 있다. 훅업 성적 만남, 사이드 칙 주기적인 훅업 상대, 레이브 베 하룻밤 또는 한 주 동안 연인처럼 만나는 상대. '베bae'는 다른 누구보다 중요한 사람before anyone else의 준말 또는 베이브babe의 변형 등이 대표적이다. 학생들은 그룹 섹스(주로 남성 둘과 여성 하나가 벌이는 관계)가 왕왕 일어나고 있음을 암시하는 단어들도 적지 않게 사용했다. 이를테면 박히다 남성 또는 여성이 삽입 행위를 당하다, 뒤에서 치다 뒤에서 하는 삽입 행위, 유니콘 스트레이트 커플과 함께 성교하는 바이섹슈얼을 지칭하는 말로, 고유한 특성 조합을 지닌 개인을 일컫는 '유니콘'과 의미가 구분된다 같은 것들이 있다. 퀴어 시스 남성으로 정체화했으며 틴더와 그라인더를 둘 다

216

사용한다고 밝힌 인터뷰 참여자는 이렇게 말한다. "연애라는 측면에서 틴더와 그라인더는 기본적으로 같다. 다만 틴더는 나름의 사회적 에티켓이 있다. 먼저 대화한 다음에 실제로 만나서 데이트나 훅업으로 이어진다. 그라인더는 노골적인 게이 플랫폼이어서 살짝 아슬아슬한 측면이 있다. 거기 등록된 남자들은 오로지 섹스할 기회만을 찾고 있다. 요청한 적도 없는데 선정적인 사진을 불쑥 받을 때도 많다. 그런 게 그라인더 소통의 특징이 아닐까 싶다."[게이브]

많은 Z세대가 데이트 앱을 심각하지 않은 놀이로 받아들인다. 논바이너리 학생은 이렇게 설명했다. "앱을 구경할 때는 무조건 친구들과 함께한다. 함께 보면서 즉흥적으로 남을 평가하는 거다. 아주 재미있다."[애슈턴] 시스 헤테로 여성은 또 이렇게 말했다. "룸메이트도 마찬가지인데, 걔는 순전히 누가 있는지 구경하는 게 재미있어서 앱을 사용한다. 보다보면 진짜 웃긴 프로필도 있고, 정말 흥미롭다."[제니] 인터뷰 참여자 대다수는 데이트 앱이 얄팍한 판단에 근거함을 인정하면서도 계속 앱을 사용했다. 또다른 시스 헤테로 여성은 "틴더 인터페이스는 아주 기본적이고 표면적인 수준에서 '누가 핫하고 아닌지를' 판단하기에 딱 좋다. 그게 다."[매디슨] 다음은 시스 헤테로 남성의 말이다.

어느 지점에 이르면 상대도 나를 진지하게 생각하지 않고 나도 상대를 진지하게 생각하지 않는다는 걸 깨닫는다. 그때부터는 모든 게 어이없는 농담 같고 이상한 추파처럼 느껴진다. 그럼 나는 다음 사람으로 옮겨간다. 어떤 때는 무조건 오른쪽으로 쓸어넘기면서 얼마나 매칭이 되는지를 본다. '내가 이 사람들이랑 진짜 대화하고 싶나?' 생각하면 그건 아니다. 그러고 나면 '제길, 내가 혐오하던 사람이 됐네' 하는 생각이 든다. 참 이상한 경험이다. 목요일 밤에 심각하게 심심한 게 아니라면, 열 번 중 세 번은 안 만나는 게 낫다. 기대감이 전혀 없다.[알렉스]

디지털 기술은 행동과 태도가 이렇듯 유의미하게 변화하는 데 영향을 미쳤다. 인터뷰 참여자 중 하나는 다음과 같이 설명했다.

'사귀는 사이'라는 의미가 사라진 것 같다. 한때는 연애가 대단히 중요했다. 요즘은 그냥 매칭되거나 매칭되지 않거나다. 예전에는 남자가 시간을 들여 여자의 마음을 얻으려 했지만⋯⋯ 이제는 '참, 나한테 남자친구가 있지. 어쩌다 생겼더라? 아, 틴더에서 매칭돼서 데이트하다 사귀었지' 한다⋯⋯ 요즘은 관계란 게 너무 빠르게 진행되어서 의미가 없어지고 있다. 누군가와 넉 달 넘게 사귀는 것도 흔치 않아 대단하다고들 말한다⋯⋯ 그러니까 이제는 단순히 시간을 함께 보내는 것이 새로운 관계의 기준이 된 듯하다. 예전에는 누군가와 사귄다고 하면 진지하고 의미 있는 만남을 의미했다. 서두르지 않고, 천천히 좋아하는 감정을 키웠다. 요즘은 누구를 만난다고 하면 그냥 그 사람과 잠시 시간을 보내고 있다는 뜻이다.[브누아]

디지털 기술은 Z세대가 사람을 만나고 성적 만남을 주선하는 행동 방식에 근본적으로 영향을 주었을 뿐 아니라 인터넷에서 시작되어 디지털 세상 밖으로는 절대 이어지지 않는, 이를테면 페이스북이나 줌을 통해 대화하고 섹스팅하고 '함께 잠을 자는 것' 이상으로 확장되지 않는 연애 관계의 가능성을 열어 보였다. 영국 허더즈필드에 사는 열여덟 살 사이먼은 BBC 라디오 방송에 출연해 온라인 팬덤을 통해 알게 되었으나 실제 만난 적은 없는 독일 여성과의 첫 연애를 회고했다.

원래는 랜선 연애에 신중한 입장이었다. 가짜 관계라는 커다란 오명을 뒤집어쓰니까. 친구와 가족이 나를 어떻게 생각할지 두렵기도 했다…… 서로에게 마음이 생긴 후로 내가 먼저 '대화'할 수 있을지를 물었다. 어떤 때는 일단 지르고 봐야 하는 거다…… 처음 사랑에 빠지면 정신을 못 차리기 마련이다. 너무 깊이 빠져 있기도 했다. 우리는 페이스타임을 켜놓거나 통화를 하다가 함께 잠들고는 했다. 처음에는 그게 참 로맨틱했다. '지금 내 옆에 있는 것만 같은' 느낌이 들어서였다. 그런데 시간이 흐를수록 귀찮아졌다. 그냥 편하게 자고 싶은데 날마다 전선과 이어폰을 주렁주렁 달고 살아야 했다. 또 전화 통화로 다툰다는 게 쉽지 않았다. 문자로는 더 힘들었다. 우리는 자주 다퉜고 그러다 점점 멀어졌다…… 우리 둘 사이의 문제도 있었지만, 랜선 연애가 너무 버거운 탓도 있었다. 랜선 연애에 대해 나쁘게 이야기하는 것은 아니다. 그냥 개인적으로는 너무 스마트폰에 얽매이는 것 같다고 느꼈다. 폰을 한순간도 내려놓을 수 없었다. 원래 나는 사람들과 그렇게까지 대화를 많이 하지 않는데도 말이다.[27]

사이먼은 과거의 연애를 돌아보며 그 시절 자신에게 이런 조언을 건네고 싶다고 했다. "그게 가짜 관계라는 말은 믿지 마. 사랑은 사랑이고, 온라인이라고 달라지는 건 없어. 하지만 거기 휩쓸려서 현실을 내버려두지도 말기를. 네 삶은 여전히 너의 것이니까."[28]

연애와 데이트에 대한 여러 감정, 만연한 혹업 문화, 당장 헌신적 관계를 맺는 것에 대한 양가감정에도 불구하고, 다수의 인터뷰 참여자는 미래에 헌신적 관계를 맺을 의향이 있다고 답했다. 영국과 미국 포스트 밀레니얼의 대표 표본을 대상으로 "인생 파트너를 찾는 것이 당신에게 얼마나 중요한 문제인가?"라고 묻자 양국 응답자의 약 80퍼센트가 중요하거나, 아주 중요하다고 답했다. 젠더나 대학 교육 여부에 따른 차이는 크지 않았다. 우리와 인터뷰한 게이 남학생은 결혼이 포스트 밀레니얼 세대의 중요한 가치인 개인의 자유를 침해할지언정, 또래 대다수가 결혼해 아이를 낳고 싶어한다고 말했다. "가상의 미래 가족은 그들이 상상할 수 있는 유일하게 안정적이고 편안하고 안전한 공간"이기 때문이다. 그는 또 이렇게 덧붙였다.

결혼에 부정적인 생각은 별로 없다. 결혼이 족쇄라느니 하는 옛날 논의에 딱히 공감하지 않는다. 어쩌면 나와 우리 세대가 경험한 양육의 산물이 아닐까 싶다. 안전, 안정, 정착, 이런 게 뭐가 나쁜가?…… 자유가 과대평가되었다는 소리가 아니다. 하지만 나는 결혼해서 아이를 낳고 싶다. 이런 열망은 흔히 사람들이 우리 세대에 덧씌운 이미지와 분명 다르다. 어쨌거나 나는 그렇게 생각한다. 솔직히 내 또래

중에도 이런 생각을 하는 사람이 적지 않다. 어딜 봐도 정치적으로 진보적인 사람들조차 그렇다.[앤디]

결혼과 자녀에 관한 욕망은 미래에 대한 두려움과 희망에 관해 물었을 때 한층 더 선명하게 드러났다. 몇몇은 결혼 상대를 찾지 못하리라는 두려움을 느꼈다. 한 남학생은 이렇게 말했다. "나에게 맞는 사람, 또는 나에게 매력을 느끼는 사람이 있을지 모르겠다."[코디] 가족을 부양할 일자리를 못 구할까봐 두려워하는 인터뷰 참여자들도 많았다. 한 여학생은 이렇게 말했다. "가족을 재정적으로 부양할 만한 커리어를 못 쌓을까봐 너무 무섭다." 그러고는 이렇게 덧붙였다. "그래도 잘될 거라고, 행복한 공간에서 살 수 있을 거라고, 멋진 가족과 함께 지내게 될 거라고 믿으며 희망을 품는다."[매디슨] 이렇게 희망과 불안 사이를 오가는 심리는 인터뷰 참여자들에게서 아주 흔히 발견되었다.

어떤 학생들은 결혼 자체에는 양가적인 태도를 보였으나 안정적인 연애 상대에 관한 욕망은 확실히 드러냈다. 다음은 한 여성 인터뷰 참여자의 말이다. "파트너는 있으면 좋겠지만, 결혼을 원하지는 않는다…… 법적으로 나를 구속할 만큼 결혼이 중요하다고 생각하지 않는다."[카일리] 한 남학생은 안정적인 일자리를 구하고 집을 장만하기 전까지는 가족을 꾸릴 계획이 없다면서도 연애는 하고 싶다고 했다. "집에 돌아왔을 때 일과 상관없는 누군가가 있으면 좋겠다. (그 사람과) 인생의 모든 걸 나누고, 내가 더 나은 사람이 된 기분을 느끼고 싶다."[나이절] 또다른 학생은 믿을 수 있는 단 한 사람을 찾는 것이 연애의 본질이라고 표현했다. "인생에서 겪는 일들을 터놓을 수 있고, 서로 배울 수 있고, 필요할 때 곁에 있어주는 것…… 무슨 일이 생기면 선뜻 나서서 나를 도와주는 사람, 내가 신뢰할 수 있는 사람을 만나면 큰 힘이 된다."[산티아고]

## 엄격한 종교에서 벗어나다

잘 알려진 바대로 Z세대는 형식적인 제도, 특히 위계적인 제도에 대단히 회의적이다. 따라서 종교는 포스트 밀레니얼에게 참 까다로운 분야다. 인터뷰 참여자들은 종교 배경부터 소속된 종교 기관, 믿음의 범위 등이 다양했다. 몇몇은 조직된 형태의 종교를 전부 거부했고, 몇몇은 부모의 종교를 물려받았으나 믿음과 실천을 상당 부분 변용해 받아들였다. 일부는 여전히 탐색중이었고, 나머지는 종교라는 주제 자체에 관심도 흥미도 보이지 않았다. i세대 말뭉치를 보면, 종교와 영성에 관한 용어는 빈도수가 비교적 낮아 두 주제 모두 이 세대에게 별다른 감흥을 일으키지 않는다는 것이 확인되었다.[29] 앞에서 지적했듯이, 종교 단체에 소속되지 않고 종교적 정체성을 갖지 않은 비율도 이전 세대보다 포스트 밀레니얼에게서 더 높게 나타난다. 영국에서는 포스트 밀레니얼의 3분의 2가[30], 미국에서는 3분의 1이 '무종교'라고 정체화한다.[31] 무종교 사회로의 전환은 미국보다 영국에서 더 본격적으로 이뤄지고 있으나 이러한 경향성은 양국에서 공통되게, 특히 젊은 세대일수록 뚜렷하게 나타난다.[32] 무종교 경향성은 Z세대의 책임이라기보다 예전부터 이어진 흐름을 반영한 변화지만, Z세대가 성인이 되어 스스로 선택을 내린 시점과 맞물려 더욱 심화되었다. 영국 포스트 밀레니얼 집단에게 무종교는 규범이 되었으며, 종교 성향이 비교적 강한 미국에서도 종교를 가지지 않는 게 어느 때보다 흔해지고 오명도 덜해졌다.[33] 양국 모두에서 기독교는 여전히 지배적 종교로 남아 있으나, Z세대는 비기독교인과 무종교인을 이전 세대보다 많이 만나며 자랐을 가능성이 높고 학교에서는 종교적 다양성과 자유가 법적·도덕적 규범이라는 교육을 받았다.

다수의 포스트 밀레니얼에게 전통적 형태일지라도 조직화된 종교는 '구태의 것', 형식적이고, 독단적이고, 위계적이고, 남성 중심적이고, 가부장적이고, 권위적인 것으로 인식된다. 자율성, 다양성, 관용성, 수용성을 중시하는 이들의 가치와 아예 상반되기 때문에 쉬이 받아들이거나 의미를 발견하기 힘들다. 아무리 진보적이고 실험적인 교회라 할지라도 형식적 예배와 위계적 권위 구조가 걸림돌이 된다. 한 인터뷰 참여자는 이렇게 말했다. "잘 작동할 **가능성**도 있다고 보지만 대부분은 남용으로 이어지는 경향이 있다." 이 응답자는 조직화된 종교를 조직범죄에 비유했다. "이로움보다 고통을 더 많이 불러일으킨다"는 것이다.[이선] 또 다른 참여자는 포스트 밀레니얼을 대표해 다음과 같이 주장했다.

우리 세대가 종교를 낮게 평가하는 것은 우리의 가치관과 종교적 가치들이 충돌한다는 것을 다들 깨달아서인 것 같다. 우리 세대는 대부분 게이를 당연하게 받아들이는데 이 부분에서 대부분의 종교는 우리와 맞지 않다. 우리 세대는 연애 없는 섹스가 가능하다고 보지만 대부분의 종교는 이 부분에서도 우리와 충돌한다. 또 우리는 욕도 많이 한다…… 종교를 긍정하기에는 우리의 가치와 충돌하는 부분이 너무 많다. 또 어려서부터 첨단기술과 과학 같은 것을 많이 접하며 자랐기 때문에 종교적 이야기들을 선뜻 믿기가 힘들다.[노아]

이렇게 세대 전반이 종교에 부정적 고정관념을 가지고 있다보니, 2장에서 언급한 바대로,[34] 일부 포스트 밀레니얼은 또래집단과 대화할 때 종교적 정체성을 감추거나 축소한다. 종교를 주제로 한 몇몇 서브 레딧에서는 '절대주의'인 종교, 엄격하고 권위주의적이고 가부장적이고 독단적이고 비과학적인 종교의 장단점을 놓고 격렬하게 논쟁이 벌어진다. 한 인터뷰 참여자는 모르몬교도로 자랐으나 절대주의에 동의하기 어려워 종교를 떠나 "(자신의) 진정성을 되찾기로" 결심했다. 그는 이렇게 설명했다. "종교적 관점이란 게 있다. 종교인들은 옳고 그름을 신이 알려준다고 믿는다. 나는 그런 걸 스스로 찾아야 한다는 주의다. 그건 인간의 본성 같아서 내 안에 존재하거나 사회적 상호작용을 통해 깨치는 것일 수도, 아니면 아예 존재하지 않아서 내면 깊은 곳에서부터 만들어내야 하는 것일 수도 있다."[잭]

스스로 무종교인이라고 정체화한 사람들이라고 무조건 무신론자거나 '진정한' 종교적 헌신에 반감을 느끼는 것은 아니다. 몇몇은 조직화된 종교가 본질적으로는 선하고 관대한데, 권력욕에 굶주린 권위주의자들이 그 본질을 오염시켰다고 생각한다. 퀴어라고 정체화한 학생은 부모님의 종교인 힌두교를 열두 살 이후로는 믿지 않지만, 자애롭고 이타적인 부모님의 가치관이 종교적 헌신과 연결되어 있음은 인정했다. 이 학생은 살면서 다시 종교를 가지게 되리라고는 생각하지 않는다면서도 "종교가 있는 사람들과 이야기하다보면 여러 종교와 내 신념 사이에 공통점이 있다고 느낀다. 나는 종교가 시시하다는 생각과 종교 자체는 죄가 없다는 생각 사이에서 왔다갔다하는 것 같다…… 어쩌면 종교는 사람들에게 일련의 가치관을 제시하고 자애, 사랑, 베풂의 토대를 심어주는 가장 쉬운 방법인 듯하다"라고 말했다.[앨리사]

조직화된 종교에 소속된 Z세대는 자신들이 견지하는 가치를 반영하기 위해 종교에서 어떤 부분을 믿을지, 또 그 믿음을 어떻게 실천할지를 스스로 선별해야 한다는 점을 분명히 했다. 로마가톨릭교를 믿는 멕시코계 미국인 학생은 자신이 믿는 종교만 보더라도 "동의할 수 없는 의견과 신념이 많다…… 모두가 각자의 믿음을 가질 권리가 있다"고 말했다. 그는 로마가톨릭교회의 관점 중에서 특히 동의할 수 없는 부분으로 '동성혼/퀴어 문제'를 거론했다. 그는 이렇게 결론 내린다. "나는 가톨릭교도지만 가톨릭교의 모든 의견이나 믿음에 동의하는 것은 아니다."[네이선] 이와 유사한 맥락에서, 규칙에 기초한 종교는 매력을 갖지 못한다. 복음주의 교회 신도인 흑인 학생은 이렇게 설명했다. "나는 종교를 대부분 좋아하지 않는다. 개인적으로 경험한 종교는 무척 마음에 들었지만, 그건 내가 출석하는 교회가 임의적인 규칙을 따르라고 강요하기보다 신과 맺는 관계를 강조하는 곳이기 때문이다." 이 학생은 "게이를 향한 형편없는 태도는 성경의 가르침에 전적으로 위배된다"고 지적하면서 종교도 달라져야 한다고 단언했다. 또 이렇게 말했다. "성경이 실제로 가르치는 것을 강조하지 않고…… 오히려 사소한 구절에 말꼬리를 물고늘어지며 부풀려 해석하려고 하는 걸 보면 제도로서 종교 자체를 좋아하기 힘들다."[말리아] 스탠퍼드대에 재학중이며 이따금 유대교 회당에 출석하고, 스스로 '종교적'이라고 생각하지만 '극도로 종교적'인 것과는 거리가 멀다고 믿는 유대인 학생도 이와 비슷한 의견을 밝혔다.

극도로 종교적인 사람들은 종교가 정해놓은 고정불변한 가치들을 대부분 지지한다. 대다수 종교는 엄격한 관점 때문에 요즘 시대에 뒤처지지만, 그걸 느슨하게 따를 의지가 있다면 극도로 종교적이진 않더라도 종교적일 수 있다고 본다. 극도로 종교적인 사람들은 규칙을 무조건 지키지만…… 그 정도는 아니어도 종교의 전반적 가치를 지지하고, 때로 종교의식을 즐기고, 종교 공동체에 꾸준히 참여해 친구를 사귀고, 그 안에서 지지 시스템을 만든다면, 종교적인 사람이라고 볼 수 있다고 생각한다. 바로 내가 그렇다.[제스]

일부 학생들, 특히 기독교 가정에서 자란 학생들은 종교적 특색을 굳이 드러내지 않으려 했고, 조직화된 종교의 형태를 띠지 않고도 종교와 신적 존재에 접근할 수 있다고 주장했다. 어떤 이는 이렇게 말했다. "나는 어릴 때 교회 가기를 관뒀지만, 조부모님이 개신교도이고 엄마는 자유 감리교도다. 나는 특정 종파에 소속되어 자라지 않았다. 지금은 특정 종파 없이 영적으로 기독교인이라고 나 자신을 정체화한다."[리] 또

다른 이는 이렇게 말했다. "기독교가 유일한 종교라고 생각하지 않는다. 나는 각 종교의 창조주가—두 가지 표현을 다 쓰기는 하지만 (신보다) 창조주를 더 선호한다—결국은 다 같은 존재지만 다른 렌즈를 통해 체현되는 것일 뿐이라고 믿는다. 내가 기독교인으로 정체화한 것은 순전히 편의를 위해서, 또 가족을 안심시키기 위해서, 즉 그로부터 나름 얻는 게 있어서다.[마야]

이렇게 제도 종교에 관한 회의론이 팽배하다보니 일부 인터뷰 참여자들이 종교에서 영성으로 눈길을 돌려 조직화된 종교의 경계 바깥에서 자신에게 맞는 영적 실천을 한다고 고백한 것도 놀랍지 않다. 다음은 중동에서 태어나 무슬림으로 자란 인터뷰 참여자의 말이다.

종교란 영성에다 그 믿음의 일부로 지켜야 할 임무를 몇 가지 덧붙인 것이라고 생각한다. 영성은 종교보다 탄력적인 개념이다. 종교는 어떤 식으로 해석하려고 하건 간에…… 체계적이고 제한된 사회의 틀…… 혹은 주제 같은 것이어서…… 무언가와 이어지고 종교적이라는 느낌을 받으려면 어떤 것에 순응해야만 한다…… 반면 영성은 신과 연결되는 것이라고 스스로 정의하면 끝이다. 좋은 사람이 되는 게 영성이라고 정의해도 상관없다. 원하는 대로 정의할 수 있다. 또 영성은 하루에 다섯 번 기도를 올리고 교회에 꼬박꼬박 나가는 것과는 관련이 없고, 자기 자신과 내면의 평화, 다른 사람들과 맺는 관계에 더 중점을 둔다고 생각한다.[히바]

종교와 영성의 스펙트럼 중에 어느 지점에 있는 것 같냐는 질문에 그는 이렇게 대답했다. "처음에는 종교적인, 어쩌면 반쯤은 종교적인 사람이었다. 그러다 천천히 영성 쪽으로 이동했다. 지금은 종교보다 영성에 더 기울었다고 말할 수 있다. 종교에서 영적인 부분을 취해 따르기로 마음먹었기 때문이다…… 어떤 면에서는 여전히 종교적이지만, 대체로 영적인 사람에 가깝다."[히바]

사적 영역인 영성은 제도 종교보다 받아들이기가 수월하다. 종교의 핵심을 이루는 규칙과 규제는 시대에 뒤처지고 위선적일지 모르지만, 영성은 자기 자신과 또래집단의 가치와 방향에 따라 조율하기가 쉽다. 이렇게 말한 사람도 있다. "영성은 좀더 개인적이다. 반면 종교는 집단적이다. 한 개인을 형성한다는 점에서 둘은 유사하다. 하지만 생각의 자유를 얼마만큼 허용하느냐에 결정적 차이가 존재한다. 종교에는 여러 가지 해석이나 관점이 존재하기 어렵다. 이런 일이 있었으니 이걸 따라라, 하는 식이다."[카일라] 이들은 다양한 범주에서 개인적으로 의미 있고 특별한 것을 '영적인' 것으로 간주했다. 이를테면 부적처럼 귀히 여기는 보석이나 옷, 자연에서 보내는 시간, 명상, 문신, 세상의 아름다움을 인정하는 것 등이 이들에게는 영적인 것이다. 한 명은 이렇게 말했다. "영성이라는 것이 경이로움과 놀라움을 좇고 아름다움을 인정하고 연결되기를 추구하는 것이라면, 단연코 나는 스스로를 영적인 사람이라고 부르겠다…… 나의 영성은 믿음과는 관련이 없다. 볼 수 없는 존재를 믿거나 불가해한 것을 설명하려 드는 것과는 무관하다. 나에게 영성이란 감사하고 돌보는 것과 관련이 있다."[에마] 또다른 사람은 이렇게 말했다. "나에게 영성이라는 말은 자신을 어떻게 느끼며 자신을 위해 무엇을 하는지와 연결된다. 이 세상과 어떻게 어우러지며 그 안에서 무엇을 실천하는지에 대한 이해와 관련이 있다." 이들은 영성과 비교해 종교를 다음과 같이 이해했다. "존재하지 않는 것을 믿는 것이다. 영성은 만지고 느낄 수 있는 세상을 믿는 것인 데 반해 종교는 무언가를 맹목적으로 믿는 것이다."[베카]

종교가 없는 부모들의 자녀 양육을 연구해 '개인이 자신의 세계관을 선택해야 하는 의무'[35]에서 벗어날 방법은 없다고 주장한 크리스텔 매닝 역시 종교와 영성 사이에서 내리는 선택이 개인 차원의 문제임을 언급했다. 어릴 때 접한 종교를 선택한 인터뷰 참여자들도 그것이 개인의 결정이었음을 강조했다. 한국계 미국인으로 대학원에서 공부중인 학생은 이렇게 말했다. "대학 시절 그냥 의무감으로 교회를 다니다가 그게 너무 싫어서 발길을 끊었다. 그러고 나니 삶이 만족스러웠다. 이제 드디어 자유로워졌구나 싶었다…… 그러다가 다시 교회에 출석하면서 이전에 몰랐던 많은 걸 배웠다. 지금은 (신앙이) 내 정체성의 중요한 부분을 이루고 있다고 생각한다."[리나] 이 장 앞부분에서 언급한 설문조사에서 어떤 선택을 하거나 결정을 내릴 때 누구에게, 또는 무엇에 의지하느냐고 물었고, 미국과 영국 응답자 모두 '종교'를 비교적 적게 언급했다. 종교보다는 자신의 판단, 느낌과 직관, 부모, 친구들, 과거 경험을 더 많이 거론했다.

종교를 거부한다고 해서 반드시 신이나 영적인 힘을 거부하는 것은 아니다. 인터뷰 참여자 몇몇은 제도 종교에는 전혀 관심이 없으나 신

(또는 신들)의 존재를 놓고는 고민되는 부분이 있다고 말했다. 한 학생은 이렇게 답했다. "나는 신을 믿지 않지만, 그 존재를 아예 부정하지도 않는다. 뭔가 있을 것 같기는 하지만, 99퍼센트의 확률로 존재하지 않을 것도 같다. 그래서 나는 무신론자로 정체화하지도, 무신론자가 아니라고 정체화하지도 않는다."[이리나] 또다른 학생은 신은 아니나 뭐라 명명할 수 없는, 어떤 거대한 힘을 믿는다고 고백했다.

인간이 만들어 부르는 신이 아니라, 우리의 삶을 창조하고 좌우하는 다른 무언가가 존재한다고 믿는다. 다만 그게 우리가 말하는 신은 아니다. 거룩한 하느님도 예수도 부처도 아닌, 영원한 존재도 전지전능한 존재도 아닌 무언가가 분명 있다…… 사람들은 이토록 다양하게 정의되는 신을 인간 또는 다른 존재로 형상화하지만, 나에게는 뭐랄까, 어떤 용어나 표현에 가깝다. 나에게 신이란 창조주인데, 창조주는 진화 자체를 의미할 수도, 아니면 빅뱅을 의미할 수도 있다…… 나는 이신론적 창조주를 긍정하는 쪽이지만, 그게 인간은 아니다. **그/그녀**라는 대명사도 붙일 수 없는 그런 존재다…… 실제로 어떤 모습일지는 모르겠으나 내가 익히 들어온 신이나 종교가 아닌, 일종의 창조하는 힘일 수도 있는 것이다.[나이절]

스스로 무종교인이라고 정체화한 학생은 이렇게 말했다. "신이 남성인지 잘 모르겠다. 생각해보면 종교들은 가부장 시대에 만들어져 가부장제에 기반을 두었다. 그래서 당연히 신을 남자로 생각했던 거다. 부처, 예수그리스도, 하느님 등 여러 나라의 다양한 신들이 모두 남성의 모습을 하고 있다. 하지만 신이 진짜 어떤 모습인지는 알지 못한다. 남자일 수도 여자일 수도 있고, 꼭 백인이나 흑인이 아닐 수도 있다. 나는 다른 무언가일 거라고 생각한다."[세라]

　Z세대는 공동체 활동을 통해 영적으로 연결되기도 한다. 일례로 논스 앤드 넌스The Nones and Nuns 운동은 청년들, 특히 종교가 없는 청년들 가운데 사회 정의에 관심 있는 사람들이 수녀들과 모여 로마가톨릭교를 공부하는 것이 아니라 공동체를 이루고 보살피고 베푸는 삶을 사는 법을 배운다.[36] 앤지 서스턴과 캐스퍼 터 카일이 펴낸 보고서에 따르면, 영적 공동체에 대한 열망이 소울사이클, 크로스핏 같은 단체들의 인기를 부추기고, 전통적인 종교단체들이 범종교와 커뮤니티 서비스 요소를 강조하게끔 이끌었다.[37] 퍼시픽 스탠더드의 Z세대 연재 기사에서, 크리스텔 매닝은 포스트 밀레니얼의 "선택, 자아실현, 표현의 자유" 문화를 거론하면서 "종교 관련 설문조사에서 젊은 층이 종교가 '없다'라고 답했을 때 그 의미는 기존의 종교 범주를 거부한다는 것일 수 있다"라고 분석한다. 젠더 유동성 개념처럼 종교도 여러 형태를 띨 수 있다는 것이다.[38] 뉴욕 타임스에 글을 쓴 데이비드 브룩스도 이와 비슷한 진단을 내렸다. "지금 우리는 종교 부흥기 한가운데 살고 있다. 다만 그 움직임이 우리가 흔히 알던 종교와 다를 뿐이다."[39] 브룩스는 점성학, 주술, 마음챙김, 사회정의 운동에 깨어 있음 등을 예시로 든다. 다른 평론가들은 열렬한 추종자들로 이뤄진 팬덤, 판타지와 기타 세계를 향한 보편적 관심을 전통 종교를 대신하는 현대 종교 범주에 포함한다.[40]

## 그래도 희망은 있다

포스트 밀레니얼은 세상을 망친(깨어 있지 못한) 부머를 향해 분노를 표출하면서도 희망을 아예 저버리지는 않는다. 정확히는 희망을 거는 대상이 달라졌다. Z세대는 대체로 또래집단에 희망을 품는다. 한 인터뷰 참여자는 젊은 사람들이 책임지는 자리에 올라서기 시작하는 것을 보고 희망을 느꼈으며, 변화를 만들어내기 위해 부모나 연장자가 꼭 필요하지 않다는 것을 깨달았다고 말했다.[수니타] 또다른 참여자는 자기 세대의 태도와 또래들이 내는 목소리에서 희망을 얻었다고 했다.[조] 한편 "사람들에게서 희망을 얻는다…… 세상에서 벌어지는 문제들이 하나둘 눈에 띄지만, 동시에 곳곳에서 무엇이라도 하려고 분투하는 사람들이 점점 더 많아지는 것 같다. 그게 큰 용기를 준다"고 말한 참여자도 있었다.[이브] 한 인터뷰 참여자는 Z세대가 '짜증내며' 투덜대기만 한다는 통념에 이의를 제기하면서, 자기 세대는 수동적이지도 무력하지도 않으며 윗세대에게서 물려받은 문제를 직접 해결할 것이라고 단언했다.

　　지금의 대학생들은 사람들에게 희망을 걸고 있다. 나 역시 사람들에게 희망을 건다. 어리석은 짓일 수 있지만, 다른 방도가 없다. 우리 세대를 '짜증내는 애들'로 치부하며…… 백래시가 있다는 것을 안다. (하지만) 지구를 망쳐놓은 건 이전 세대다. 기후위기가 심각하다. 부동산 시장은 망했다. 일자리는 부족하다. 이전 세대는 이런 문제를 신경쓰지 않았지만, 우리는 신경쓴다…… 이전 세대가 방치한 문제들은 돌이킬 수 없을 만큼 위험한 결과를 낳을 수 있다. 우리가 그 문제를 손볼 것이다. 어쩌면 우리도 많은 걸 망치게 될지 모르지만, 적어도 내가 일흔이나 여든쯤 됐을 때 손주들에게 "너희들이 숨쉬는 공기를 마련하기 위해 우리 세대가 무척 노력했단다"라고 말할 수는 있을 것이다.[브누아]

포스트 밀레니얼은 심각한 문제를 고치는 데 더이상의 진전이 없을까봐 두려워한다. 부머의 삶, 특히 부머가 주도한 사회운동은 꾸준한 진보를 향한 믿음이 뒷받침되었지만 이제 그러한 믿음은 옅어졌다. i세대 말뭉치를 보면 **고착**과 **고여 있음**이라는 표현이 광범위한 인구의 언어 사용 데이터 뱅크와 비교했을 때 유독 두드러진다.[41] 소피아 핑크는 스탠퍼드대에 재학중이던 2016년 여름, 자동차로 미국을 횡단하며 직접 포스트 밀레니얼 조사를 진행하면서 일명 '침체 공포증stagnaphobia'을 발견했다. 퍼시픽 스탠더드 연재 기사를 통해 핑크는 스물한 살 청년들에게 '가장 큰 두려움'이 무엇이냐고 물었다고 밝혔다. 그가 애초에 예상한 답은 변화에 대한 두려움이었다. 다음은 핑크의 말이다. "그러나 스물한 살 응답자들은 거듭 내 예상을 빗나가는 대답을 내놓았다. '모든 게 변치 않고 계속되는 것이 가장 두렵다' 같은 답이 이어졌다."[42] 세계와 지역 문제를 염려하고, 필요한 변화를 만들어내지 못하는 기성세대와 기존 제도의 무능함에 불안해하는 인터뷰 참여자들은 당연하게도 사방에서 목격되는 문제들과 불평등을 해결해야 할 의무감에 대해 반복적으로 이야기했다. 한 인터뷰 참여자는 이렇게 말했다. "'진보'가 어떤 모습인지 잘 알고 있다. 그간 역사에서 얼마만큼의 진보가 이뤄졌는지 알고 있기에 손에 잡힐 것만 같은데, 우리에게 진보는 여전히 너무나도 요원하다. 요즘 상황을 보면 오히려 목표 지점에서 점점 더 멀어지는 것 같다."[이브] 일부 학생들은 세상을 바꾸겠다는 아주 원대한 포부를 품고 있었다. 가령 어느 학생은 '세상을 파괴하고 바꾸자'라는 실리콘밸리의 에토스에 충실한 삶을 살고 있다. "나는 특히 시각장애와 관련한 분야에서 거대한 변화를 일으키고 싶다. 문해력을 100퍼센트로 끌어올릴 기술을 만드는 게 목표다…… 평범한 사무직에 머물러서는 그렇게 크고 대단한 영향력을 끼칠 수 없다."[라이언]

한 인터뷰 참여자의 표현대로, 세대 간 오해 또는 '단절감'은 Z세대에 이르러 극심해졌다.[얼리샤] 부모 세대와 가치관부터 다를뿐더러, 진실성 있게 가치를 지키고 세상의 문제들을 해결하려면 부모의 기대에 어긋나는 일을 해야만 하는 까닭이다. 일례로 중국계 미국인 인터뷰 참여자의 부모는 미국으로 이민을 온 사람들이었는데, 그는 자기 부모를 가리켜 자녀가 성공하고 돈을 잘 저축하기를 바라는 '전형적인 아시아 이민자'라고 언급했다. "'자녀들이 잘되어야 하고 성공해야 한다'는 목표에 너무 몰두한 나머지, 가끔 다른 것들을 잊어버리는" 사람들이라는 것이다.[제니] 포스트 밀레니얼이 꿈꾸는 공정한 세상에 관해서도 부모와 자녀 세대는 '근본적 신념'부터 차이를 보인다. 바로 앞에서 언급한 인터뷰 참여자의 부모는 "게이에 그리 우호적이지 않으며" "남성과 여성의 존재만을 인정한다". 기후위기와 소수자 차별을 중요한 문제로 생각하는 또다른 학생은 부모에게는 없던 비관주의를 갖고 성장하게 된 것 같다고 고백한다. "평생 미래에 대한 희망이란 것을 보지 못했던 부모님보다 내가 희망을 품기 더 어려운 것 같다." 어찌되었건 "부모님은 굉장한 진보를 두 눈으로 목격했기 때문이다."[조]

포스트 밀레니얼은 또래집단을 신뢰하는 만큼 스스로 변화를 만들려 하고 있다. 3개 캠퍼스에서 우리와 인터뷰한 학생 대다수는 주변 사람들 또는 멀리 떨어진 사람들의 삶을 변화시키기 위해 나름의 영향력을 행사하고, 그게 아니더라도 무언가를 실천하고 있음을 직간접적으로 언급했다. 풋힐 칼리지 학생은 이렇게 말했다. "일종의 유산처럼 대단한 무언가를 사회에 환원하고 싶다. 나는 왜 이 땅에 태어났을까를 늘 고민한다."[차오] 랭커스터대 학생은 타인을 행복하게 만드는 것에 의미를 부여했다. "아주 사소한 것일지라도…… 다른 사람에게 행복을 줄 수 있으면 적어도 그 사람의 삶을 작게나마 변화시켰다는 뜻이다…… 그 사람이 나를 계속 기억하리라는 뜻이기도 하다."[테사] 스탠퍼드대 학생은 이렇게 말했다. "나는 사람들과 함께 일하면서 매일매일의 일상에서 그들을 돕고 싶다. 어쩌면 그래서 의사(가 되는 것)에 끌린 것이 아닌가 싶다."[니콜] 또다른 학생은 자신이 명문대에 들어오게 된 것을 행운이라 표현하며 이렇게 말했다. "여기까지 오게 되어 어깨가 더욱 무겁다. 나는 인류에게 실질적으로 보탬이 될 만한 일을 해야만 한다."[리나] 이러한 발언들은 우리가 미국과 영국에서 포스트 밀레니얼 인구를 대상으로 조사한 내용과도 일치한다. 자신을 돌보는 것과 타인을 돌보는 것 중 무엇이 우선이냐고 물으니 양국의 응답자 대다수가 '두 가지가 동등하게'[43] 중요하다고 답했다.

Z세대는 삶에 의미를 부여하는 것들을 평가할 때 타인을 위해 무언가를 했는지에 높은 점수를 매긴다. 개인의 명예를 위해서라기보다 대의를 위해 노력하고 싶은 게 이유다. 그렇다고 이들이 여유 있는 삶을 영위하는 일에 초연한 것은 아니다. 여전히 안정적인 일자리를 걱정하지만, 이들에게는 부와 물질을 얻는 것보다 더 나은 세상 만들기에 일조하는 것이 우선순위에 놓인다. 핑크가 스물한 살 청년 집단을 대상으로 한 연구에서도 이러한 가치관이 드러났다. 핑크는 "부, 안정, 행복을 향한 열망이라는 답변을 기대하며" 무엇이 의미 있는 삶을 만드느냐고 물었다. 그 결과, "Z세대 대다수가 진심으로 세상에 자신의 흔적을 남기고 싶어한다는 사실이 밝혀졌다. 다만 그들은 얼마만큼의 흔적을 남길 수 있을지를 가늠하는 중이다."[44] 미국 Z세대 대표 표본을 대상으로 한 설문조사도 핑크의 연구 결과에 힘을 실어준다. 우리는 응답자들에게 개인적으로 느끼기에 삶에서 가장 중요한 것이 무엇인지를 물으며 몇 가지 항목을 제시했다. 다음은 응답자들이 가장 많이 뽑은 항목을 순서대로 나열한 것이다.

1. 행복한 결혼생활 또는 인생 동반자와의 만남
2. 세상에 긍정적인 영향을 끼치는 것
3. 성공적인 커리어
4. 재미
5. 개인의 잠재력을 실현하는 것
6. 양질의 교육을 받는 것

외모나 남에게 보이는 이미지, 재력, 내 집 마련 등의 항목은 훨씬 적게 언급되었다.[45]


## 결론: 더 나은 세상을 만들어가다


Z세대는 이미 망가졌거나, 어마어마한 문제를 해결할 능력을 상실한 기존의 제도적 형태를 별반 달라진 것 없이 물려받았다는 사실을 확실히 인식한다. 그래서 변화의 방법과 수단을 만들어내고 일상을 보다 잘 살아내는 것에 관심을 둔다.

다음 장에서 더 자세히 다루겠으나, Z세대는 현재 변화의 주체들이 천천히 점진적으로 상황을 개선해나가기를 희망하기보다 근본적인 변화를 바란다. 따라서 지금 당장 자신들 삶에 변화를 주려고 하거나 더 나은 세상을 만들겠다고 캠페인을 벌이는 사람들과 연대해 기존 제도를 바꾸려 든다. 다음 장에 나오듯이, 미국과 영국의 일부 Z세대는 기존 제도 안에서 일하되 충분히 거리를 둬 '함몰되지' 않으려 주의를 기울이는 실용적인 태도를 보인다. 또 일부는 변화를 위해 일하는 활동가면서도 기존 제도와 리더들을 통해 변화를 이끌어내려고 한다. 나머지 일부 역시 피부로 느껴지는 어려운 상황에서도 어떻게든 최선을 다하고, 가치 있는 삶을 살고, 안정적인 관계를 형성하고, 할 수 있는 선에서 타인을 도우려고 노력한다. 이 모든 것에는 Z세대 전체가 널리 공유하는, 그러나 많은 경우에 기존의 위계질서나 제도와 극렬히 충돌하는 희망과 가치, 그리고 열망이 깔려 있다. 이제 우리는 그러한 충돌에서 빚어지는 갈등과 역설에 주목하려 한다.

# 세상에 목소리를 내다

» Z세대는 새로운 인생 지도를 그리고 있다 «

클릭하는 순간 사회운동이 시작된다…… 세상이 짊어진 짐이 무겁다.
많은 일이 벌어지고 있고, 우리가 실현해야 할 변화와 되찾아야 할 정의가 많다.
내 또래는 열정적이지만, 좌절을 경험했다. 그러나 동시에 낙관한다.
지금 우리는 불의와 잔혹함, 부당함과 편견이 넘치는 세상을 목도하고 있다.
그리고 이렇게 말하고 있다. 젠장, 이대로 둘 순 없어.
—지아드 아메드, 21세, 예일대학교 학생
틱톡 팔로워 1만 7000명 보유[1]

6장에서는 Z세대가 세상의 문제들, 역설, 모순과 어떻게 씨름하고 있는 지를 파헤친다. 문제의식은 이들의 가치 시스템에서 비롯된 충돌과 모순으로 증폭되는 면이 있는데, 한편으로는 높은 이상향과 더 나은 미래를 향한 바람이 암울한 현실과 충돌하며 빚어진다. 이들은 존 실리 브라운과 앤 펜들턴-줄리언 같은 행동과학 연구자들이 명명한 '급류의 세계 white water world'[2]를 만들어낸 기술적·사회적 격변 한가운데에서 철학자와 정치학자 등 많은 사람이 오래도록 붙들어온 문제들과 새롭게 씨름하고 있다. 개인의 필요와 집단의 필요 사이에서 적절히 균형을 찾는 법, 디지털 시대에 인간의 가치를 지키는 법 등이 포함된다.

먼저 우리는 포스트 밀레니얼의 정신과 정서 건강에 관한 문제들을 살피고자 한다. 연구를 진행하고 책을 집필하는 동안 거의 한 주도 빼놓지 않고 왜 포스트 밀레니얼이 정신 건강 문제로 유독 고통받는지를 짚는 기사가 나왔다. 우리는 감정을 터놓고 이야기하는 Z세대의 개방성에 관해, 또 이들이 개방적인 표현과 자기돌봄에 중요한 가치를 부여하는 이유에 대해 논의할 것이다. 그후에는 시야를 넓혀 Z세대가 가장 우려하는 거시적 문제들, 이를테면 기후위기, 인종차별, 사회경제적 불평등과 불확실성, 지구 곳곳에서 일어나는 폭력 사태 등에 어떤 식으로 공동 대응하는지 살필 것이다. 사회운동과 활동가들에 대한 인식이 기성세대와 어떻게 다른지, 또 어떤 새로운 방식으로 정치 행동을 조직하는지도 알아보려 한다.

불과 얼마 전까지만 해도 합당하게 여겨졌던 관습과 신념, 가치, 제도가 저항에 직면하고 있다. 그러면서 생겨나는 압박과 역설을 이 세대는 날카롭게 감지한다. 무엇보다 Z세대가 고유한 개개인─모든 '유니콘'─의 존엄성과 진실성을 존중하는 동시에 서로 대립하는 관점과 신념 사이에서 합의와 타협을 이루어야 하는, 이른바 포스트 밀레니얼의 가치 시스템을 두고 어떻게 씨름하고 있는지를 어렴풋이나마 보여준다는 데 이 장의 의의가 있다.

# 존재론적 고뇌에 빠진 눈송이 세대?

포스트 밀레니얼을 비판하는 이들은 Z세대가 이전 세대보다 위험을 감수하지 않고, 운전이나 아르바이트처럼 한 사람의 성인으로서 해야 할 일들에 소극적이라고,[3] 유약하고 응석받이로 컸다고, **눈송이 세대**[*]라고 평가해왔다.[4] 하지만 우리가 만난 Z세대의 모습은 달랐다. Z세대 스스로도 자신을 그렇게 바라보지 않았다. 몇몇 인터뷰 참여자들은 부모든 자녀든 각자의 삶에 충실하면 된다고 주장했다. 이렇게 말하는 사람도 있었다. "부모님은 내가 본인들 생각만큼 어리지 않다는 것을 모르시는 것 같다."[로런] 또다른 인터뷰 참여자는 대졸 학력이 일자리를 보장하던 부모 세대와 비교하며 이렇게 해명했다. "우리 세대가 게으르다는 통념이 널리 퍼져 있지만, 사실 나는 성실함을 중요하게 생각한다. 현실은 통념과 정반대다. ……(요즘은) 경쟁이 너무 치열해 문제다."[제임스] 이를 뒷받침하는 자료들도 있다. 2019년 뉴욕 타임스 기사는 정체된 임금, 치솟는 대학 등록금과 주택·보건·육아 비용, 그리고 어마어마한 학자금 대출을 거론하며 이러한 것들이 "성인으로 홀로서기가 점점 어려워지는"[5] 이유라고 논했다. 2018년 『월스트리트 저널』 기사는 포스트 밀레니얼을 가리켜 "인색하며 경제와 사회 격변으로 신중해지고 완고해진, 상처 입은 세대"라고 표현했다. 대공황과 제2차세계대전을 견딘

---

[*]   쉽게 녹아내린다는 의미를 담아 경멸과 비난조로 이르는 표현. 나약하고 스트레스에 취약하다는 뜻을 담고 있다.

1930년대 자녀 세대와 비슷하다는 것이다.[6]

Z세대는 취업이나 육아를 하지 않더라도 삶을 대하는 태도가 진지하다. 흔히 '어덜팅adulting'이라고 부르는 어른 되기를 받아들이는 이들의 태도는 이전 세대 어른들이 초래했다고 생각하는 것들에 대한 실망과 환멸에서 비롯된다. 한 영국인 학생은 "우리 세대는 이전 세대가 내린 선택으로 인해 우리가 어찌할 수 없게 된 것들에 착잡함을 느낀다"[7]라고 말했다.

포스트 밀레니얼은 자신들을 눈송이라고 재단하는 사람들의 관점이 시대착오적이며 그들이 성장한 시절을 잣대로 내리는 부당한 평가라고 생각한다. 우버와 리프트, 자전거 공유의 시대에 도시 거주자가 운전면허를 따거나 자가용을 소유하는 것은 과거와 달리 전혀 필수적이지 않다. 아르바이트 역시 이전과는 다르게 인식된다. 몇몇 인터뷰 참여자들은 고등학교와 대학교에 다니면서 앱을 만들거나 블로그에 '제품 간접 홍보' 글을 올려 돈을 번다고 했다. 대다수는 대학 졸업장을 따기 위해 일을 병행해야 한다. 이 연령집단의 평균 기대 수명이 팔십대 후반 이상으로 늘어남에 따라,[8] 기성세대처럼 일찌감치 커리어를 시작하고 아이를 양육할 필요를 느끼지 않는 Z세대가 많다. 인간 수명을 다루는 연구자들의 표현을 빌리자면, 이들은 이미 인생 지도를 다시 그리고 있다.[9] 부모 세대가 이들 나이에 했던 일들을 하지 않는다고 해서 이들이 어른으로서 책임질 준비가 되지 않았다는 뜻은 아니다. 오히려 이들은 미래가 불안정한 가운데 재정적 안정을 이룬다는 보편의 목표를 이루기 위해 열심히 일할 각오가 되어 있다.

# 삶에 무슨 일이 일어나고 있나요?

포스트 밀레니얼에게 정신 건강 문제는 일상과도 같다. 문제를 터놓는 데도 거리낌이 없다. 자기 삶에 무슨 일이 일어나고 있는지를 이야기하는 것은 진실성의 징표이기 때문이다. 인터뷰 참여자 다수는 불안과 우울, 번아웃, 공감 피로증compassion fatigue, 무력감에 시달렸던 적이 있다고 고백했다. 한 인터뷰 참여자는 그때의 경험을 이렇게 요약했다. "슬픔이나 외로움이 찾아오면 보통은…… 이 감정이 어디서 왔는지, 내가 왜 이런 감정을 느끼는지 이해하려고 노력하는 게 가장 도움이 되었다." 하지만 모두가 이렇게 할 수 있는 것은 아니라며 "내가 그런 걸 꽤 잘하는 편"이라고 했다.[코디]

Z세대는 또한 행복을 위해 정신 건강이 중요하며 관계와 우정이 소중하다는 것을 안다. "나는 우정을 중요하게 생각한다. 우리는 점점 더 외로워지고 있는 것 같다. 그러니 어느 때보다 우정과 사회적 교류가 중요하다. 늘어난 기대 수명과 심리적 행복의 관점에서 보면 정말로 그렇다."[준] 터놓고 이야기하기는 이 세대의 중요한 생존 전략이다. 한 학생은 이렇게 말했다. "가끔은 제도권을 향해 우리를 좀 신경쓰라고 발악하는 기분이 든다. 그래도 함께 발악하고 있으니 보람은 있다."[말리아]

이 세대가 정신 건강 문제를 터놓고 이야기하다보니 과연 이들이 정말로 심각한 정신 건강 문제에 시달리는 것인지, 어쩌면 단순히 자신들의 문제를 명명하고 보살피는 능력이 뛰어난 것은 아닌지 의문이 들기도 한다. i세대 말뭉치에서 **스트레스 쌓이다**라는 표현이 광범위한 인구 언어 사용과 비교했을 때 이례적으로 빈도수가 높다는 점은 주목할 만하다.[10] 표준 척도로 보아도 확실히 포스트 밀레니얼은 이전 세대보다 심각한 정신 건강 문제를 겪고 있다. 미국심리학회가 2018년 전 연령집단별 3500명을 대상으로 진행한 미국 스트레스 조사(SIA)에 따르면, 15세부터 21세에 이르는 포스트 밀레니얼의 91퍼센트가 우울과 불안 등 스트레스로 인한 심리적·감정적 증상을 겪는 것으로 드러났다.[11]

소셜미디어와 상시 '접속' 상태라는 감각이 정신 건강에 어떤 영향을 미칠까? 앞서 언급했다시피 일부 비판자들은 일차적으로 스트레스가 소셜미디어와 스마트폰 때문이라고 보지만, 옥스퍼드대의 앤드루 프시빌스키와 에이미 오번, 카디프대의 네타 와인스타인의 연구 결과에 따르면 "디지털 기술 사용과 청소년 행복도의 관계는 미미한 수준으로, 행복도 변동의 약 0.4퍼센트만을 설명해준다."[12] 이들은 영국과 미국 전역에서 12세부터 18세 인구 35만 5358명의 디지털 스크린 사용량과 정신 건강을 평가했다. 그 결과 통계적으로는 매일 감자를 먹는 것이 소셜미디어를 사용하는 것보다 행복도에 더 악영향을 미친다는 결론이 나왔다. 심지어 몇몇 인터뷰 참여자들은 소셜미디어 덕분에 불안과 외로움을 잠재울 수 있다고 했다. "소셜미디어가 대학에서 받는 스트레스의 상당 부분을 완화해준다"는 참여자도 있었다. 이 학생은 이렇게 말했다. "무언가를 확인할 용도로" 소셜미디어를 사용하기보다 "수업이 끝났을 때나 과제를 마쳤을 때 일종의 보상으로 소셜미디어를 사용한다. 말하자면 동기 유발 요인이다. 스마트폰에 재미있고 유익한 정보가 나를 기다리고 있다는 기대를 품게 만드는 요인."[벨라] 또다른 학생은 "우리 세대에 습관적으로 인터넷을 하는 사람이 많은 이유 중 하나는 어릴 때 부모님이 두 분 다 바빴거나 자녀에게 소홀한 시기가 있어 기댈 무언가가 필요했기 때문"이라고 주장했다. 이 학생의 발언은 소셜미디어에 대한 비판보다 다시 "이웃과 가까이 지내고 좀더 확장된 가족과 더불어 살아가고" 싶다는 희망을 담고 있다.[베디카]

역설적이게도, 디지털 삶의 어떤 면모는 버팀목이 되어주는 동시에 새로운 압박으로 작용한다. 소셜미디어와 데이트 앱으로 커뮤니티를 발견하고 관계를 맺는 게 어느 때보다 편리해진 것이 적절한 사례다. 포스트 밀레니얼은 FOMO(fear of missing out의 줄임말. 놓칠지 모른다는 두려움)를 호소한다. 범용화된 이 표현은 흔히 재미있는 일, 파티, 친목 모임 등을 놓치는 것을 의미하지만, 들여다보면 좀더 심각한 측면이 존재한다. 가능성이 이토록 무궁무진한데도 유의미한 관계와 커뮤니티를 발견 못한 사람들의 고통은 더욱 뼈아파지는 것이다. 넓게 보면 수천 가지 커뮤니티가 존재하고 관계의 가능성이 무한해 보이는 환경에서, 혼자만 자신과 맞는 부족을 발견 못할 때의 고립감과 외로움은 훨씬 더 깊다. 가능성이 증폭되면 외로움도 함께 증폭되어, 소속될 곳을 찾지 못한 사람은 틀림없이 자신에게 문제가 있다고 생각하게 된다. 어떤 문제를 해결하려고 수백 번 시도하고도 실패하면 좌절하듯이, 그룹에 들어가려 수백 번 시도했으나 의미 있는 관계를 계속 맺지 못하면 상처받기 마련이다. 미세하게 구성된 커뮤니티와 조립식 소속의 가능성이 폭발적으로 늘어나면서 생긴 어두운 면이라 할 수 있다.

요즘 세대의 삶에 가해지는 압박과 그에 뒤따라붙는 불안 역시 정신 건강 문제의 주요한 원인이다. Z세대는 급격한 사회 변화와 폭력, 갈등, 경제 성장에 대한 불신, 정치 불안정과 격동을 겪으며 자랐다. 미국 심리학회 회장 아서 에번스는 앞서 인용된 SIA 조사를 두고 이렇게 논평했다. "현재 벌어지는 일들은 모든 국민에게 스트레스를 주지만, 젊은 사람들이 뉴스를 보고 받는 충격이 특히 심하다. 그 문제들이 자신들의 통제 영역 바깥에 있다고 느끼기 때문이다."[13] 실리콘밸리에서 고등학교에 다니는 학생도 같은 점을 지적했다. "어른들이 왜 그렇게 소셜미디어를 걱정하는지 모르겠다. 내가 인스타그램 때문에 죽을 확률보다 학교에서 죽을 확률이 훨씬 높은데."[14] SIA 응답자의 75퍼센트는 총기 난사가 삶에 스트레스를 유발하는 주요 요인이라고 응답했다. 이는 우리와 만난 미국(영국은 제외) 국적의 연구 참여자들의 응답과도 일맥상통한다. 한 인터뷰 참여자는 트라우마와 충격을 유발하는 정보가 이전 세대는 겪지 못한 수준으로 쏟아지고 있는 것의 여파를 다음과 같이 묘사했다.

우리는 정보 과부하에 시달리고 있다. 베트남전쟁, 시리아 내전, 로힝야 대학살, 그 밖에도 세계에서 일어나는 끔찍한 악행이 담긴 사진을 어느 때고 볼 수 있다. 문제는 '감정적 에너지와 시간을 여기 쓸 마음이 있니?'다. '그럴 수 있겠니?'가 아니라 '그럴 마음이 있니?' '그러고 싶니?' 하고 묻는 것이다. 아마 대다수는 어떤 것에도 마음을 쓰고 싶지 않다고 답할 것이다. 이해한다. 뉴스에 과몰입하면, 뉴스에 한번 빠지면, 아, 젠장, 다 망했구나, 희망 따윈 없어, 그런 생각밖에 안 든다. 이해한다. 내 생각에 중요한 건 디지털 기술을 이용해서 쏟아지는 과잉 콘텐츠를 올바르게 걸러내는 것이다. 이전 세대는 이런 문제를 고민할 필요가 없었다.[이브]

Z세대는 인종차별이 정신 건강에 미치는 영향에 주목한다. 이들은 매 순간 체계적이고 제도적인 인종차별에 저항하며 날마다 온갖 소소한 공격을 당하는 것이 소모적이고 스트레스 받는 일임을, 때로는 깊은 트라우마를 남길 수도 있는 일임을 지적한다.[15] 흑인 인터뷰 참여자들이 특히 민감했다. 그중 한 명은 어떤 대의를 중요하게 생각하느냐고 묻자 이렇게 답했다. "마땅히 보여야 할 관심을 보이는 것이 중요하다. 너무나 많은 사람들, 특히 유색인종 여성들이 심각한 위기에 놓여 있다."[아요툰데] 청년들의 정신 건강을 위해 행동하는 영국의 유명 자선단체 영마인즈는 웹사이트에 "인종, 피부색, 민족 문제 때문에 차별받고 부당한 대우를 받는 것은 정신 건강에 부정적 영향을 끼친다"고 공표하며 도움이 필요한 사람들에게 실질적인 조언과 자원을 제공한다.[16] 흑인 남성인 웨스는 영마인즈에 글을 올렸다. "영국인 중에서도 흑인은 백인보다 높은 확률로 정신질환을 진단받고, 입원 치료를 받고, 정신보건법에 따라 수감된다. 우리는 이런 문제에 대해 이야기해야 한다."[17] 이 지점에서 사회운동과 정신 건강의 유의미한 상관관계를 살필 필요가 있다. 포스트 밀레니얼 운동가들은 인종차별 문제 때문에 정신 건강에 타격을 입곤 하지만, 블랙라이브스매터 운동이 광범위한 지지를 받는 것을 보며 희망을 느낀다고 말한다.[18]

포스트 밀레니얼은 "과거보다 정신 건강 문제를 더 잘 인지하고 수용"[19]하며 성장했다. ADHD, 자폐 스펙트럼 장애, 난독증 진단이 흔해지면서 사회의 의료화가 진전되고, 개인과 가족 단위의 상담 치료, 소아를 위한 감정 조절 약물, 그리고 한 정신과 의사의 표현대로 "일상적 차원의 스트레스를 병리화하는 문화적 움직임"[20]이 이전보다 용인되는 환경에서 자랐다. 따라서 이들이 정신 건강 진단명을 정체성의 여러 특성 또는 표지에 포함하는 것은 자연스럽다. 한 인터뷰 참여자는 이렇게 말했다. "여러 가지 정체성이 나라는 존재를 만든다…… (그렇다고) 흑인인 것이, 레즈비언인 것이, ADHD를 진단받은 것이, 반복 강박이 있는 것이 나의 유일한 정체성은 아니다."[아요툰데] 이들은 또한 자신의 감정을 존중하라는 가르침을 받으며 성장했다. 솔직함을 높게 평가하고, 자기 자신과 타인의 감정을 파악하는 것을 귀중한 일로 여기고, 온라인에서 깊은 관계를 맺고, 친한 친구들끼리 무엇이든 공유한다. 그러니 정신 건강에 관해 이야기하는 것이 디지털 시대에 두드러지는 현상이자 여러 압박감을 처리하는 하나의 방법이 된 것은 놀라운 일이 아니다. 한 학생은 이렇게 말했다. "우리 세대는 어마어마한 압박감에 짓눌려 있다."[준]

## 우울하다고 말하는 게 뭐 어때서

그렇다면 Z세대는 어디서 위안을 얻고, 자신과 또래집단의 정신 건강 문제에 어떻게 반응할까? 미국과 영국의 설문조사 응답자들에게 "삶이 버겁다고 느낄 때 무얼 하는가?"라고 물으며 '기타' '모름'을 포함한 9개 항목 중 2개를 고르라고 하자 놀랍게도 대답들이 유사했다. 45퍼센트는 '스스로 해결한다'를 골랐고, 약 30퍼센트는 '혼자 삭인다'를, 25퍼센트는 '친구에게 연락한다', 또다른 25퍼센트는 '가족에게 연락한다'를 선택했다. 흥미롭게도 (영국인 하면 떠오르는 '평정심을 유지하고 하던 일을 계속하라keep calm and carry on'와 같은 고정관념을 공고히 하듯) 두 가지 조사에서 양국은 약간의 차이를 보였다. 영국에서는 응답자의 4분의 1이 '무시하고 할일을 계속한다'고 답한 반면 미국은 그 비율이 5분의 1이었다. '전문가에게 상담한다'고 답한 미국인 비율(10퍼센트)은 영국인 비율인 5퍼센트의 두 배였다. '버겁다고 느낀 적이 한 번도 없다'고 답한 응답자는 양국 모두 5퍼센트 미만이었다.[21]

Z세대는 정서적인 문제를 해결하려고 할 때 자신과 또래집단에 특히 의지한다. 자기계발과 자기돌봄으로 이러한 문제를 해결한다고 밝힌 인터뷰 참여자 가운데 한 학생은 스스로 불안에 대처하는 법을 다음과 같이 소개했다. "첫째, 명상을 한다. 둘째, 그래도 불안이 너무 심하다 싶으면 상담을 예약한다. 셋째, 친구들에게 연락해 함께 논다. 사람을 만나는 것만으로도 상태가 훨씬 괜찮아진다."[릴링] 다른 참여자들은 정원 가꾸기나 운동처럼 자기돌봄에 시간을 쓰면서 부정적 감정을 '몰아내려' 한다고 응답했다.[피비, 코디, 베디카] "'애초에 이 감정이 어디서부터 시작됐지?' 오래 곱씹는다"고 말한 참여자도 있었다.[세라] 한 남학생은 자기돌봄 활동에 대해 "불안정한 세상에서 주도권을 주장하

고 안정을 찾는 방법"으로 쓸모가 있다고 말했다.[리]

자신의 취약함과 무력감을 받아들이는 자세는 학업에도 적용된다. 요즘 학생들은 공부보다 자기돌봄을 더 우선시하는 추세다. 그로 인해 과제를 완성하지 못하거나 늦게 제출해 낮은 점수를 받더라도 감수한다. 한 학생은 이렇게 말한다. "이번 학기에는 무엇보다 나의 행복을 중요시하고 있다. 지난 두 학기 동안은 내리 4.0점(높은 학점)을 받았지만, 그 대가로 즐거움을 포기해야 했다. 밖에 나가 놀기도 했지만, 스트레스가 심했고 나를 너무 몰아붙였다…… 요즘은 스트레스를 받지 않는 선에서 할일을 한다. 이제는 예전처럼 비현실적인 기준에 매달리지 않는다."[리] 수년간 대학생들을 가르치고 상담해온 우리 역시 동료들과 마찬가지로, 개인의 행복을 위협받으니 과제를 늦게 제출한 것에 대한 불이익을 감수하겠다는 학생들을 많이 만났다. 이들은 자신을 위해 시간을 쓰는 것과 양질의 과제를 완성하는 것 사이에서 어떻게 균형을 잡을지를 우선적으로 생각하며, 그것을 위해서라면 점수가 낮아도 받아들인다.

트리거 워닝trigger warning과 안전 공간도 정신 건강 문제에 대처하는 Z세대의 자기 의존성과 연관이 있다. 이러한 것들은 눈송이 세대다운 민감성의 징후가 아니라, 정신적 자기돌봄의 요소이자 타인을 향한 배려에 가깝다. 감정적으로 힘들 수 있는 문제 앞에서 개인이 스스로 선택하고 통제권을 행사할 기회를 주는 것이다. 트리거란 어떤 식으로든 과거 트라우마를 유발하는 것을 가리킨다. 트리거 워닝, 즉 트리거를 경고하는 것은 앞으로 나올 내용에 사람들이 미리 마음의 준비를 할 수 있도록 돕는 방법이다. 한 인터뷰 참여자는 다음과 같이 설명했다. "트리거 워닝이란 특정 콘텐츠를 읽기 싫게끔 만드는 것이 아니다. 뭐가 나올지 미리 알 수 있게 경고하는 거다…… 사실 트리거 워닝은 '조심해! 위험한 거 온다!'를 정중히 알리는 것에 지나지 않는데, 지나치게 정치화된 것도 같다."[애슈턴] 인터뷰 참여자들에 따르면, 트리거 워닝에도 암묵적 규칙이 존재한다. "여러 페이스북 그룹에 가입되어 있다. 원래는 사용자들이 각자 이야기를 공유하는 밈 그룹으로 출발한 것들인데, 문제의 소지가 있는 게시물을 올릴 때 나름의 규칙이 있다. 트리거 또는 콘텐츠 워닝이라고 알린 뒤에 마침표를 마구 찍어 텍스트를 뒤로 미는 거다…… 그렇게 되어 있으면 '콘텐츠 워닝이군. 그럼 나는 안 볼래' 하고 선택할 수 있다."[애슈턴] 이러한 행위는 타인의 감정을 배려하는 친절한 행위로 받아들여진다.

Z세대에게 안전 공간이란, 스트레스 받는 상황에서 물러나 편안하고 지지받는다고 느끼는 공간이다. 다수의 인터뷰 참여자가 온라인에 만연한 폭력적 언행으로부터 안전하고 안정적이라는 감각이 필요하다고 언급했다. 이와 같은 배경에는 인종적이거나 성적인 폭력을 비롯해 여러 유형의 폭력과 괴롭힘에 대한 인식이 선명해진 것도 영향을 미쳤다. 이 연령집단에서 경계심과 안전함의 문제는 복잡하다. 이들 대부분은 어릴 때부터 인터넷 세상을 자유로이 활보했으나 현실에서는 이웃들이 가할지 모를 물리적 위협을 조심하라는 경고를 들으며 자랐다. 다나 보이드는 자신이 연구한 십대 청소년 대다수가 "어디에나 위험이 도사린다고 믿는다"[22]고 분석한 바 있다. 우리가 만난 인터뷰 참여자들

은 소셜미디어가 모두에게 발언권을 준 것의 장단점을 파악하고 있었다. 한 인터뷰 참여자는 인터넷으로 인해 자기 세대가 강인해졌으며 부모 세대보다 더 이른 시점부터 삶의 난관에 대비하게 되었다고 말했다. "언제나 혐오 세력은 존재한다는 것을 일찌감치 배우게 된다"고 했다. 이 학생은 "부정적인 것에 많이 노출되고 그런 것을 당연시"하게 된다면서도 "그쪽에 신경쓰지 않는 것이야말로 모두가, 특히 유명인들이라면 더더욱 거쳐야 하는 통과의례임을 배우는 중"이라고 말했다.[이브]

인터뷰 참여자들은 저마다의 자기돌봄 전략을 명료하게 소개하는 한편 타인에게 도움을 청하는 것에 관해서도 심도 있는 이야기를 들려주었다. 우울증과 불안증 진단을 받은 한 학생은 부모보다 친구들과 대화하기를 더 선호한다고 했다. 부모는 "정신 건강 문제를 전혀 이해하지 못하기" 때문이다. 그는 이렇게 덧붙였다. "요즘은 우울증을 앓는다거나 삶이 전반적으로 불안하다는 것을 터놓고 이야기하더라도 아무 문제가 없고, 그런 게 지극히 평범한 일이 됐다. 하지만…… (부모 세대에서는) 그런 문제가 있다고 의심받으면 역효과가 났고…… 미친 사람 취급을 받았다." 그래서 그는 "부모와는 정서적인 교류를 하지 않는다. 부모에게 걱정을 끼친다면…… 마음이 더 힘들어질 것 같아서다." 대신 "전적으로 친구들에게 의지한다." 그에게 필요한 정서적 지지를 줄 수 있는 사람들이기 때문이다.[게이브] 인터뷰 참여자들은 타인을 돕고 싶어했다. 한 학생은 어릴 때 심각한 우울증을 진단받았다가 심리 치료, 항우울제, 명상을 통해 회복했다면서 앞으로 자신의 경험을 바탕으로 "남들에게 귀중한 도움을" 주고 싶다고 밝혔다.[준]

우리는 3년간 연구를 진행하면서 인터뷰 참여자들이 정신 건강 문제를 논의하는 태도가 점점 더 개방적으로 변해가는 것을 보았다. 변화는 언어 사용에서도 드러났다. 2016년 연구를 시작했을 때 스탠퍼드대 학생들 대다수는 자신들이 **오리 신드롬**을 앓고 있다고 말했다. 겉모습은 평온함을 유지하되 수면 아래서 죽어라 다리를 젓는 모습을 가리키는 말로, 오래전부터 캠퍼스에서 쓰이던 용어였다. 언어학 수업에서 i세대 언어 사전을 만드는 데 참여한 학생들은 이 용어를 정의할 문장으로 다음을 선정했다. "오리 신드롬은 스탠퍼드대에 실재한다. 모두가 노력하지 않는 것처럼 보이려고 노력한다."[23] 2016년 교내 신문 스탠퍼드 데일리에는 다음과 같은 내용의 기사가 실렸다. "과로 문화와 완벽에 대한 강박, 대학 내 자살의 암울한 현실, 뭘 이야기하든 오리 신드롬은 캠퍼스의 정신 건강을 이야기하는 데 빠질 수 없다."[24] 그런데 1~2년이 지나자 학생들은 더이상 오리 신드롬이라는 말을 쓰지 않았다. 대신 자신들의 취약함을 인정하며 '불안정, 스트레스, 불안이 계속되는 상태'를 의미하는 **덜컹거리는 버스** 또는 **아등바등** 같은 표현을 썼다. 어느덧 캠퍼스에서 감정 문제를 공공연하게 이야기하는 것은 당연한 일이 되어 있었다. '스탠퍼드대 안에서 내가 울어본 장소들' 같은 페이스북 그룹이 이러한 문화 변화를 주도했다. 그룹을 만든 이는 이렇게 말했다. "처음에는 재미로 만들었으나, 학생들이 오리 신드롬을 극복할 수 있는 공간이 되었으면 하는 마음도 있었다. 좀 엉망이면 어떤가."[25] 또 학생들은 경험의 차이로 스트레스 수준이 달라질 수 있음을 예민하게 감지하고 존중한다. 앞의 교내 신문 기자는 기사에서 "비장애인, 헤테로 섹슈얼 시스젠더인 백인 남성이 공학 수업을 들으며 경험하는 '스트레스' 또는 '정신 건강' 문제는, 학생운동에 몸담고 있으며 각종 우울증 약을 달고 사는 퀴어 유색인종 여성의 경험, 또는 변변찮은 재정 지원을 받으며 돈을 그러모아 겨우 학교에 다니는 1세대 외국인 유학생의 경험과 전혀 다를 것이다"라고 지적했다.[26]

정신 건강 문제를 공개적으로 이야기할 때 Z세대는 어려움을 고백한 인기 유명인들로부터 자극을 받고, 또 그들을 모방한다. 인플루언서, 유명인, 스포츠 선수 등이 나이를 막론하고 각자 플랫폼을 통해 우울, 불안, 스트레스 경험담을 공유한다. 팝 아이콘 셀리나 고메즈, 데미 로바토, 저스틴 비버, 할시, 릴리 라인하트, 아리아나 그란데 등은 정신 건강 문제와 싸우고 있음을 팬들에게 솔직하게 알리고 어떤 치료를 받고 있는지를 공유함으로써 이에 따라붙는 오명을 지우는 데 일조한다. 아리아나 그란데는 자신의 뇌를 스캔한 사진을 트위터와 인스타그램에 올리면서, 영국 맨체스터 콘서트장에서 벌어진 폭발물 테러 사건으로 외상 후 스트레스 장애를 겪고 있으며 전 남자친구의 죽음으로 증상이 심해졌다고 털어놓았다. 테러 사건 직후 아리아나 그란데는 희생자들을 추모하는 감동적인 행사를 열어 의연하고 세심한 모습을 보였고, 생존자들에게 깊은 위로를 안겨주었다. 유명인들의 이러한 공개 발언은 정신질환을 둘러싼 오명을 지우고 각자의 감정과 정신 건강을 더욱 잘 보살피도록 사람들을 격려하는 효과가 있다.

포스트 밀레니얼 가수 할시는 양극성 장애와 치료 과정, 자기돌봄 등을 공개적으로 이야기할 때 책임감을 느낀다고 말한다. 할시가 발표한 앨범 'Manic'은 그의 정신질환명에서 따온 이름이다. 2020년 가을 『타임』에서 차세대 리더로 선정된 할시는 코로나19 록다운을 거치면서 매일 밤 분출되던 도파민과 사람들로부터 받는 박수갈채가 사라지자 약물치료를 받게 되었다고 고백했다. 그전까지는 창조력에 저해될까봐 약물치료를 꺼렸으나, 이제는 "그게 내 인생을 바꿔놓았다"고 말한다. 기사는 (공적) 책임감에 관한 이야기로 이어진다.

> 할시는 삶의 조각들을 소셜미디어에 기록해야 한다는 책임감을 느낀다. 그는 생생한 꿈을 막 설명하다 SSRI(항우울제)를 언급할 것이고, 보정하지 않은 셀피를 올릴 것이고, 나이트클럽에 줄 서서 기다리는 사람들을 보며 분노를 터뜨릴 것이다. 또 그는 팬들의 그룹 채팅을 몰래 염탐한다. 할시는 말한다. "지금까지 알지 못했으나 어떤 집단에게는 가치를 부여해주는 새로운 지향성을 하나씩 배워가는 중이다. 주어진 플랫폼에서 내가 할 수 있는 최선은 모두가 그렇듯 적응하는 것이다."[27]

밈은 Z세대가 정신과 정서 건강 문제에 대처하는 하나의 방법이다. 한 인터뷰 참여자에 따르면 "사람들은 자신의 우울과 정신 건강 문제를 겨냥하는 이상한 밈을 만든다. 끔찍한 것들을 똑바로 보고, 더 나아가 그걸로 우스갯소리를 만들면 덜 무서워진다."[앤디] "모든 것을 내면화하는" 사람으로 자신을 소개한 학생은 "거의 매 순간 불안과 스트레스에 시달리는" 감정을 사람들에게 털어놓기 어려울 때가 많지만, 유머에서 위안을 얻는다고 했다. "나는 거의 모든 감정에 잘 대처하지 못한다. 대부분은 그냥 웃고 만다."[로런] 인스타그램과 트위터 밈 그룹 '매닉픽시밈퀸manicpixiememequeen'에는 정신질환 밈을 생산하고 공유하고 리포스팅하는 팔로워가 10만 명 넘게 활동중이다.

밈 그룹들은 정신 건강 문제의 심각성을 축소하고 오히려 문제를 키운다는 비판을 받지만, '공감'을 형성하고 일종의 통제권과 지지(Z세대 사이에서 반복되는 '당신은 혼자가 아니다'라는 메시지)를 주기에 적절한 매체를 통해 고통과 불안을 덜어내는 통로가 되기도 한다. 셰필드헬럼대학교에서 우울 밈의 용례를 조사한 결과, 정신 건강 관련 밈에 담긴 정서적 유의성, 유머, 공감대, 공유성, 그리고 기분 향상 잠재력 등이 만성적인 우울 증세를 보이는 사람들에게 이롭다고 밝혀졌다.[28]

밈은 확실히 문제를 '가볍게' 거론하는 방식이지만, 어떤 사람들은 바로 그 가벼움 덕분에 걱정, 두려움, 문제를 쉽게 외면화해 털어놓는다. 밈은 부정적인 감정이나 경험을 유머러스하게 바라보는 관점을 제공할 뿐 아니라, 또래집단이 보내는 지지를 인식하고 자신의 고통을 이해하고 공유하는 커뮤니티에 소속되어 있음을 느끼게 해준다.

## 더 나은 세상을 만들어야 한다는 책임감

Z세대는 크게든 작게든, 혼자서든 세대 전체와 함께든, '변화를 일으키고' 세상을 더 나은 곳으로 만들어야 한다는 책임감을 느낀다. 이들은

환경오염과 불평등, 폭력, 불의를 우려한다. 그들의 표현대로 이 세대는 시민과 정치제도가 "자신이 누구인지 강요받지 않고 진실된 자기 모습으로 진정성 있게 살아가려는 (모든) 개개인의 권리를 보호"하기를 바란다.[이브]

인터뷰 참여자들은 거시적이고 세계적인 문제에 대해 특히 고민했다. 이는 3개 캠퍼스에서 공통적으로 관찰된 사실이다. 앞서 언급한 문제 가운데서도 미래에 대한 희망과 두려움으로 가장 자주 언급된 문제는 기후위기였다. 한 학생은 이렇게 말했다. "기후위기. 각자의 이익과도 관련이 있기에 모두에게 책임을 요구할 수 있는 유일한 사안이 아닐까 싶다. 사람은 누구나 자기 이익을 챙기려고 한다. 이기적이라는 뜻이 아니라 말 그대로 자기 이익을 신경쓸 수밖에 없으므로, 기후위기가 우리에게 피해가 된다면 (그걸) 막으려 노력할 것이다."[준] 다른 학생은 기후위기를 가리켜 "지금껏 세계가 목격하지 못한 수준의 어마어마한 존재적 위협"이라고 표현했다.[클레어] 또다른 학생은 "(기후위기 때문에) 내가 살아 있는 동안 지구가 멸망할까봐 매우 두렵다"고 말했다.[그레이스] 최근 들어 일부 생물종이 멸종한 것과 지구, 동물, 비인간 생물 전반을 향한 공감 능력이 사라지고 있는 것도 문제로 대두되었다. Z세대에게 기후위기 문제는 지지하는 정당의 스펙트럼을 넘나드는 중요한 사안이다. 퓨 리서치 센터 조사에 따르면, 포스트 밀레니얼 사이에서 기후위기는 진보 진영만의 관심사가 아니다. 공화당을 지지하는 포스트 밀레니얼과 밀레니얼은 기후 문제에 기성세대보다 더 큰 우려를 표명한다. 이들은 기성세대보다 두 배 가까이 높은 확률로 '인간 활동이 기후위기에 심각한 영향을 미치고 있다' '연방 정부가 기후위기에 너무 소극적으로 대응한다'는 의견에 동의한다.[29] Z세대 가운데 일부 보수주의자들은 환경단체를 결성해 기후 활동가들로 변신했다. 자칭 '창업자 겸 정치 활동가'인 벤지 배커는 대학에 입학한 첫해가 지난 뒤 2017년, 미국보수연합(ACC)을 창설했다.[30] 놀랍게도 지도부 전원이 Z세대다. NPR과의 인터뷰에서 배커는 자연을 사랑하게 된 데는 가족의 영향이 있었다고 밝혔다. "가족들은 오듀본협회*와 자연보호협회 회원이다. 동시에 보수주의자들이기도 해서, 나는 환경 문제가 정치적이어야 한다는 생각을 전혀 안 하며 자랐다."[31]

불평등, 그중에서도 인종, 젠더, 섹슈얼리티, 그리고 지구 자원과 관련한 불평등 문제는 Z세대가 진지하게 걱정하는 분야다. 동유럽 출신 헤테로 섹슈얼 학생은 10년 안에 동성혼이 모든 나라에서 가능해지고, 동성애가 중동을 비롯한 모든 지역에서 합법화되기를 희망한다고 말했다.[이리나] 흑인 젠더 플루이드 학생은 가장 걱정하는 문제로 사법제도를 꼽았다. "가족을 책임지던 사람들이 감금된 사례를 알고 있기에 몹시 걱정스럽다. 그게 현실이다. 슬퍼할 일은 아닐지 몰라도…… (사법 문제는) 마음이 많이 쓰인다."[트래비스] 덴마크 혈통의 백인 학생은 자원 분배 문제와 세계 인구 성장 문제를 지적했다. "모두에게 파이가 확실히 돌아갈 방법을 궁리해야 한다. 자신의 것을 나눠야 할 사람이 너무

---

\*     미국의 환경보전단체. 조류와 야생동물 서식지 보호에 힘쓴다.

많다.”[니콜] 중동 출신의 학생은 난민, 이슬람 혐오, 아랍인―특히 무슬림 아랍인―을 테러리스트로 규정하는 편견, 그리고 섹슈얼리티와 자유 문제를 심각한 걱정거리로 언급했다.[히바] 흑인 퀴어 시스 남성은 투표권 문제를 지목했다. “공동체에 대한 무관심은 최상의 결과를 낳지 못한다는 것을 보아왔다…… 내가 살던 지역 사람들은 세상일이 어떻게 돌아가는지 전혀 모른다. 일반적인 방식이나 의미로 작동하는 힘에 관해 알지 못한다. 나에게 정치활동이란 그러한 것들을 사람들에게 알리는 행위다.”[제이든]

폭력을 예방하는 문제도 시급하게 여겨진다. 미국에 사는 인터뷰 참여자는 총기 규제를 자신과 또래집단 대부분이 동의하는 최고 우선과제로 꼽았다. “미국 전역에서 총기 난사 사고가 터지고 있다. 젊은 사람들, 우리 같은 대학생은 물론 고등학생까지 모두가 총기 개혁을 바라고 있다. 사람들이 쉽게 접근할 수 없는―접근해서는 안 되는―총기를 아무나 구매할 수 없도록 더 엄격한 법이 필요하다.”[마야] 랭커스터대학교에 재학중인 학생은 지구 곳곳의 폭력과 지구온난화를 비롯해 도사리고 있는 위험들에 관해 이야기했다. “10년 안에, 무엇보다 나를 위해 정치가 안정화되었으면 한다. 시리아전쟁이 끝나고 테러의 위협이 줄어들고 지구온난화 현상이 가라앉으면 좋겠다. 그 밖에도 뭐랄까, 종말론적 일들도 지금보다 덜 위험해졌으면 좋겠다.”[카일리] 또다른 학생은 해결이 시급한 문제로 가정폭력을 언급했다. “데이트 폭력, 친밀한 파트너 사이에서 일어나는 폭력은 나에게 늘 중요한 문제다.”[아요툰데]

영국과 미국의 Z세대는―대학생뿐만 아니라―전반적으로 이러

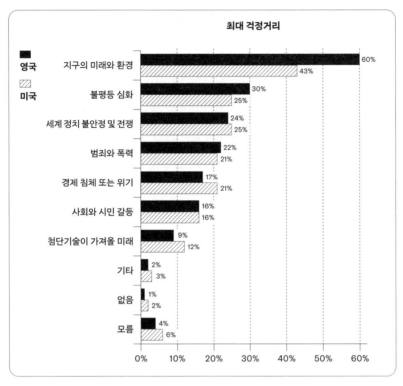

**최대 걱정거리**

■ 영국
▨ 미국

| 항목 | 영국 | 미국 |
|---|---|---|
| 지구의 미래와 환경 | 60% | 43% |
| 불평등 심화 | 30% | 25% |
| 세계 정치 불안정 및 전쟁 | 24% | 25% |
| 범죄와 폭력 | 22% | 21% |
| 경제 침체 또는 위기 | 17% | 21% |
| 사회와 시민 갈등 | 16% | 16% |
| 첨단기술이 가져올 미래 | 9% | 12% |
| 기타 | 2% | 3% |
| 없음 | 1% | 2% |
| 모름 | 4% | 6% |

**그림 15. Z세대 설문조사·"다음의 문제 중에 가장 염려하는 문제는?
최대 2개를 고르시오"라는 질문에 대한 영국과 미국 응답 결과.**

한 문제의식을 공유하고 있다. 영국과 미국 포스트 밀레니얼 대표 표본
설문조사에서 우리는 다음과 같이 물었다. "다음의 문제 중에 가장 염
려하는 문제는?" 응답자는 최대 2개를 고를 수 있었다. 〈그림 15〉에서
보듯이, 미국과 영국 포스트 밀레니얼이 가장 염려하는 문제는 지구의
미래였다. 반면 가장 적게 거론된 문제는 첨단기술이었다. 두 나라 응답
자들은 범죄와 폭력 항목에서도 약간의 차이를 보였는데, 실제로는 미

| | 백인 | 흑인 | 라틴계 | 아시아계 |
|---|---|---|---|---|
| **표 6. Z세대 설문조사 · "다음의 문제 중에 가장 염려하는 문제는? 최대 2개를 고르시오"라는 질문에 대한 영국과 미국 인종별 응답 결과.** | | | | |
| 지구의 미래와 환경 | 51% | 29% | 35% | 38% |
| 경제 침체 또는 위기 | 15% | 19% | 18% | 15% |
| 사회와 시민 갈등 | 22% | 23% | 15% | 30% |
| 불평등 심화 | 27% | 23% | 25% | 21% |
| 범죄와 폭력 | 21% | 33% | 27% | 28% |
| 세계 정치 불안정 및 전쟁 | 23% | 16% | 18% | 30% |
| 첨단기술이 가져올 미래 | 11% | 13% | 12% | 15% |

국에서 범죄와 폭력 발생률이 더 높다.

　　그런데 이 조사에 인종이라는 렌즈가 더해지면 우선순위에 유의미한 변동이 발생한다. 대학 교육 여부에 따른 차이는 중요하지 않았지만, 〈표 6〉에 드러나듯 인종에 따라서는 상당한 차이가 있었다. 범죄와 폭력 항목은 백인보다 흑인, 라틴계, 아시아계 포스트 밀레니얼에게 더 중요한 문제였다. 백인들의 주요 우선순위는 환경이었다. 미국에서 아프리카계 미국인을 겨냥한 경찰 폭력이 지속되고 있는 점을 고려하면, 이는 그리 놀랍지 않다.

　　몇몇 인터뷰 참여자는 자신과 또래집단을 진보로 규정했다. "우리 세대는 이전 세대보다 훨씬 더 진보적이다"라고 한 학생은 말했다. 이러한 인식은 이들 세대가 타인과 자신의 행복이 달린 '이민, 교육, 보건, 인종 평등, 경찰 잔혹 행위' 등에 관한 문제를 두고 가치를 공유하고 함께 걱정하고 있다는 확신에서 기인했다. "우리가 왜 리버럴 세대가 되었는지는 모르겠다…… (다만) 시간이 지날수록 점점 더 진보적으로 변하고 있다고 느낀다."[세라] 실제로 젊은 세대, 특히 18세부터 25세 사이의 사람들이 스스로를 진보로 정체화하는 경우가 많다는 것이 확인된다. 우리는 정치적 입장, 종교, 또는 문화적 배경을 이유로 스스로를 진보적이라고 보지 않는 일부 학생들을 인터뷰했다. 이들은 또래 사이에 지배적인 견해를 공유하지 않는다고 솔직하게 이야기했다. 우리는 이들의 관점도 책에 반영하고자 했는데, 인상적인 점은 이 보수적인 학생들이 스스로를 외부인의 위치에 놓는다는 것이었다. 다음은 한 미국인 학생의 말이다. "나는 보수적인 편이다. 기독교인이어서 남들과 다른 가치관을 지녔다. 신입생 때는 이런 생각을 지금보다 훨씬 공개적으로 터놓았다. 그랬더니 다들 내게 화를 냈다." 이 학생은 여러 논쟁거리에 대해 또래집단과 의견을 달리했는데, "동성혼, 임신중지, 복지 프로그램 같은 주제나 가끔은 세금과 총기 규제에 대해서도 의견이 갈렸다. 몇몇 주제에 관해서는 이후 생각이 달라졌지만, 핵심 신념에는 변함이 없다".[말리아]


## 완벽한 사람만 세상을 바꾸는 건 아니다


오늘날 '어른이 된다'는 것은 총기 폭력으로 희생된 친구들의 죽음에 항거하며 거리를 행진하는 것, 수십 년간 꾸역꾸역 학자금 대출을 갚는 것, 언젠가는 집을 장만할 수 있으리라 무작정 바라는 것을 의미한다. (포스트 밀레니얼은) 자신들이 어른이 되어도 총기 폭력, 기후위기, 국제분쟁, 핵전쟁 위협, 인종차별 같은 문제가 해결되지 않으리라는 것을 안다. 세상을 책임질 수 있을 만큼 나이를 먹었을 때 자신들 세대가 그러한 문제들을 직면하게 되리란 것도. 하지만 지금 당장은 차례를 기다리며 그저 걱정할 뿐이다.[이브]

우리가 연구와 책 집필에 매진하던 시기(2016~2020년)에 포스트 밀레니얼의 사회운동이 크게 두드러졌다. Z세대 활동가들은 지역적·국가적·세계적 문제에 두루 관심을 표명했다. 캠퍼스 생활처럼 현실과 맞닿아 있는 문제들은 인종차별, 불평등 또는 지구온난화 같은 거시적 문제들의 축소판으로 여겨졌다. 앞서 거론했듯이, 학생들은 교직원과 교육과정에 다양성이 부족하다며 교육과정 탈식민화를 촉구하는 시위에 나서는가 하면 대학 기금으로 화석연료 채권에 투자하는 것을 중단하라고 요구한다. 학생 활동가들과 지지자들은 옥스퍼드대학교의 '로즈를 쓰러뜨려라Rhodes must fall'나 스탠퍼드대학교의 '세라 몰 건물 이름 바꾸기'와 같이 노예무역 또는 식민주의와 연관된 인물을 기리는 캠퍼스 안 동상을 허물고 건물 이름을 바꾸는 캠페인—역사적 과오의 상징을 철폐함으로써 그러한 잘못이 더는 용인되지도 지속되지도 않음을 공표하는 행위—을 아주 중요하게 여기지만, 일부 평론가들은 그것을 단순히 상징적인 행위라거나 위험한 역사 지우기로 치부한다.

**활동가**라는 용어는 Z세대 사이에서 존경과 존중의 의미로 쓰인다. 우리가 만난 인터뷰 참여자는 대부분 자신을 활동가로 명명하지 않았다. 사회문제를 위해 노력은 하지만, 많은 시간과 에너지를 들여 공동체나 정치활동을 조직하는 사람들에 비하면 자신들은 활동가라는 라벨을 갖기에는 부족하다는 것이다. 백인 시스 여학생은 이렇게 말했다. "넓게 보아 사회운동은 무언가를 열정적으로 지지하고 변화가 정말 일어나기를 바라는 사람들이 하는 일에 붙는 말인 듯하다. 그런 일을 하는 사람들 사이에도 다양한 스펙트럼이 존재하는 것 같다."[매디슨] 퀴어로 정체화한 흑인 학생은 자신을 활동가로 명명하는 문제를 놓고 다음과 같이 견해를 밝혔다.

나는 정말 진지하게 활동가가 되고 싶었기 때문에, 웬만해서는 스스로를 활동가라고 부르지 않는다. 오랫동안 활동가를 꿈꿔왔다. 공동체에 참여하는 것과 활동가가 되는 것은 엄연히 다른 문제다. 두 가지를 구분했으면 한다. 활동가가 되지 말라는 소리가 아니다. 활동가는 필요하다. 다만 모두가 사회운동에만 집중할 수 있는 시간 또는 정성을 쏟지는 못한다는 거다. 사회운동은 시간과 정성, 경험을 쏟아부어야만 하는 일이다.[아요툰데]

이 인터뷰 참여자의 발언은 자신을 활동가로 명명하는 것에 대한 Z세대의 신중함을 잘 보여준다. 여기에는 이들의 완벽주의도 영향을 미쳤다. 포스트 밀레니얼 싱어송라이터이자 활동가인 할시는 팔로워들에게 사회운동이 꼭 완벽할 필요는 없다고 당부한다. "완벽한 사회운동가는 없다. 어떤 사안에 대해 목소리를 내면서도 한편으로는 잘못된 행동도 한다…… 나도 이 2개의 의자를 딛고 서 있다…… 가끔은 바닥에 떨어질 때가 있다는 거다."[32]

한편 Z세대의 언어에서 누군가를 **소셜 저스티스 워리어** 혹은 줄여서 **SJW**라고 부르는 것은 칭찬이 아니다. 이는 진심어린 걱정이 아니라 진보적인 대의를 옹호하는 자기 자신에게 도취된 듯 보이는 사람, 또는 지나치게 이상적이고 쉽게 불쾌해하는 사람을 조롱하는 말이다. Z세대는 또한 너무 민감하거나(대안 우파는 리버럴을 가리켜 '눈송이'라고 부른다), 위험을 전혀 감수하지 않고 최소한의 노력만을 기울여 실질적 효과를 불러오지 못하는, 따라서 진정성이 별로 느껴지지 않는 방식으로 가치를 옹호하는 사람들을 **눈송이, 슬랙티비스트**slacktivist라고 부른다.

사회운동은 캠퍼스 정치 또는 대학생만의 전유물이 아니다. 우리는 "사회적 대의를 따르거나 사회운동에 참여중인지" 물었다. 미국과 영국의 응답자 다수는 '아니오'라고 대답했고, 영국 응답자 5분의 1, 미국 응답자 4분의 1은 '그렇다'고 답했다. '잘 모르겠다'고 답한 비율도 높지는 않으나 유의미했다(〈표 7〉 참조).

그러나 포스트 밀레니얼이 활동가로 정체화하는 것에 신중하다는 점을 고려하면, 이들이 변화를 만들어내기 위해 실제로 **실천**하는 것이 이 수치에 과소 반영되었을 가능성이 있다. 따라서 '잘 모르겠다'라는 항목은 나름의 의미를 지닌다. 초기에 진행한 설문조사를 보면, 사회운동에 참여하는 포스트 밀레니얼 인구가 2020년 들어 증가한 것이 확인된다. 이러한 흐름은 흑인을 향한 경찰의 잔혹 행위가 거듭되면서 블랙라이브스매터 운동이 확산되고 힘을 키운 것과 맞물린다.[33]

**표 7. Z세대 설문조사·"사회적 대의를 따르거나 사회운동에 참여중인가?"에 대한 영국과 미국 응답 결과.**

|  | 영국 | 미국 |
| --- | --- | --- |
| 그렇다 | 19% | 26% |
| 아니다 | 69% | 60% |
| 잘 모르겠다 | 12% | 14% |

텍사스 고등학생들이 조직한 총기 개혁 캠페인, 그레타 툰베리의 말과 행동이 촉발한 기후 운동이 크게 주목받은 것을 비롯해, 우리는 최근 들어 Z세대의 사회운동을 숱하게 목격하고 있다. 일부 평론가들은 이들의 노력이 너무 순진하고 엉성하다고 비판하지만,[34] 일각의 학자들은 새로운 유형의 사회운동이 시작되고 있음에 주목한다. '개인과 집단이 공적 문제에 목소리를 내고 영향력을 행사하는, 상호적이고 또래집단에 기반한 행위'로 특징지어지는 새로운 '참여형 정치'가 모습을 드러내고 있다는 것이다.[35] 헨리 젱킨스와 상기타 슈레스토바는 청년과 참여형 정치 연구 네트워크에서 실시한 연구 결과를 인용해 이 논지에 힘을 싣는다. "우리가 말하고자 하는 변화는, 정치를 선거처럼 특별한 사건 중심으로 생각하던 것에서 젊은 사람들의 사회적·문화적 삶의 차원과 긴밀히 통합된 보다 넓은 라이프스타일의 한 부분으로 이해하게 된 것이라고 요약할 수 있다."[36] 존 팔프리와 어스 개서 역시 '디지털 태생born digital' 인구에 관한 연구를 바탕으로 이와 유사한 진단을 내린다. "이들은 냉담한 무리가 아니라, 자기들만의 생각과 방식으로 시민 활동

에 참여하는 젊은 집단이다."[37] 학생 공동 저자 메이 린과 함께 이민자 자녀인 청소년들의 사회운동을 연구해온 베로니카 테리케스는 이 집단이 또래의 투표권을 결집시켜온 방식에 주목했다.[38]

## 소셜미디어를 통해 정치에 참여하다

포스트 밀레니얼의 사회운동은 다양한 형태를 띤다. 인터뷰 참여자들은 활동가로 정체화했는지와 무관하게 기존의 정치참여 수단에 환멸을 표했다. 정치를 비롯한 모든 제도가 과도하게 위계적이고 현실과 유리되어 있으며, 세상의 중대한 문제들을 해결 못한다는 것이다. 영국과 미국 학생 집단 일부는 주류 정치와 정당 활동에 적극적으로 참여중이라고 밝혔으나, 그 수는 많지 않았다. 그보다는 특정 사안을 변화시켜나가기 위해 정치를 수단으로 활용하는 경우가 더 흔했다. 한 흑인 남학생은 사회운동을 "사람들에게 문제를 알리기"와 "결정권을 가진 정치인 또는 조직과 함께 일하기" 크게 두 가지 형태로 구분했다.[제이든]

Z세대 사회운동의 핵심에는 소셜미디어가 있다.[39] 앞의 학생은 "정보를 유포"하고 "사람들이 더 잘, 더 많이 알도록 돕는 것"이 관건이라고 언급했다. 이 학생이 소셜미디어에 주로 올리는 글의 주제는 투표권과 사법제도, 그리고 그 제도의 실패에 관한 것이다. 다음으로 이 학생이 주목하는 사회운동 영역은 "소수자를 보호하고 지키기 위한" 캠퍼스 내 활동이다. 그는 캠퍼스 정치에 몸담으면서 기존 제도가 변화를 만

들어내는 능력에 환멸을 느꼈다고 말한다. "나는 사람들이 무엇을 원하는지, 그들이 세상과 자신들이 소속된 공동체를 어떻게 변화시키고 싶어하는지에 큰 기대를 걸고 있는 사람이다. 그런데 서글프게도 제도적 한계가 많다. 체제와 제도가 원래부터 그렇게 만들어졌다는 것을 알게 됐다."[제이든]

2020년 미국 대선 당시 포스트 밀레니얼이 가장 많이 내려받은 앱 중 하나인 틱톡은 십대들이 립싱크하고 춤추던 플랫폼에서 정치참여와 캠페인이 벌어지는 플랫폼으로 변모했다. 앞서 언급한 바 있는, 포스트 밀레니얼 소셜미디어 크리에이터들의 모임인 가상 컬래버 하우스, 일명 **하이프 하우스**(여기서 **하이프**는 '신난다'는 뜻의 속어다)가 정치참여의 중요한 장으로 떠올랐다. 모든 정치 신념을 망라하지만 대체적으로 진보보다 보수 성향에 치우친 이 활동가 그룹들은 틱톡 계정 아이디와 비밀번호를 공유하고 함께 제작한 정치 콘텐츠를 게시했다. 하이프 하우스는 본질적으로 축약된 형태의 TV네트워크 구실을 하며 "젊은이들을 위한 케이블 뉴스"[40]라는 별명을 얻었다.

Z세대 활동가들은 또한 시스템을 교란하고 특정 문제를 공론화할 목적으로 틱톡 같은 플랫폼을 사용하기도 한다. 포스트 밀레니얼, 그중에서도 특히 케이팝 팬들로 이뤄진 틱톡 사용자들이 2020년 6월 미국 오클라호마주 털사에서 열린 도널드 트럼프 유세장 좌석을 예약한 다음 실제로는 오지 않는 노쇼가 벌어졌다. 트럼프 캠프는 티켓 구매가 쇄도했다고 발표했으나 정작 유세 당일이 되자 1만 9000여 개 좌석이 군데군데 비었고 입장 검사를 받은 티켓 수는 6200장에 불과했다.[41] 포

스트 밀레니얼이 논란의 행사를 방해할 작정으로 인터넷 티켓 예약 사이트를 활용한 것이다. 이 행사는 트럼프의 대통령 재선 캠페인을 시작하는 정치 유세였는데, 하필 1921년 아프리카계 미국인 학살 참사가 벌어진 장소에서 열렸다. 심지어 원래 예정된 날짜는 아프리카계 미국인에게 의미가 남다른, 미국 노예해방을 기념하는 6월 19일이었다. 코로나19 팬데믹이 한창 기승을 부리던 때에 아랑곳하지 않고 행사를 고집한 것도 빈축을 샀다. 이 시위는 아이오와에 사는 ('틱톡 할머니'로 알려진) 51세 여성 메리 조 라우프의 아이디어로 시작되었다. 이 여성이 찍어 올린 시위를 제안하는 틱톡 영상이 폭발적 반응을 얻으며 포스트 밀레니얼과의 협업이 이루어졌다.[42] 메리와 포스트 밀레니얼 사용자들은 이후로도 세대를 초월한 협업을 이어가며 디지털을 활용해 트럼프 캠페인에 맞서는 시위를 조직했다. 이를테면 페이스북에 뜨는 트럼프 캠페인 홍보 배너를 클릭 한도 수에 다다를 때까지 클릭해 재게재 비용을 늘렸고, 캠페인 상품을 파는 웹사이트에서 장바구니에 한가득 상품을 담은 다음 결제 보류 상태로 방치해 표시되는 재고량을 일부러 낮췄다.[43]

　우리가 이 책을 마무리한 해인 2020년, 세계를 강타한 코로나19 팬데믹, 블랙라이브스매터 운동, 그리고 미국 대선이 포스트 밀레니얼 (그리고 그들의 윗세대) 모두에게 상당한 영향을 미쳤다. 포스트 밀레니얼이 앞장선 블랙라이브스매터 운동은 미국과 영국 대학들을 뒤흔들어 놓았다. 탈식민화에 대한 요청에 따라 교육과정을 재검토했고, 교직원의 인종 다양성을 재고하기 위한 노력이 확대되었다. 19세기 영국 브리스틀에 세워진 17세기 노예 상인 에드워드 콜스턴 동상을 쓰러뜨린 사건이 기폭제가 되어 굵직한 사건들이 이어졌다. 가수 할시는 블랙라이브스매터가 그의 사회운동에 어떤 영감을 주었느냐는 질문에 이렇게 답했다. "처음에는 뭘 잘 모르고 시위에 나갔다가 고무탄을 두 방 맞고 집에 돌아왔다…… 나한테는 그게 각성제였다." 할시는 의료품을 들고 다시 시위 현장으로 나가 응급구조사인 엄마에게서 배운 기술로 다친 시위대를 돕고, 이후 흑인 예술가들에게 1만 달러의 지원금을 수여하는 블랙 크리에이터 펀딩 이니셔티브를 설립했다.**44**

Z세대는 직장에서도 정의를 바로잡고 타인을 존중하는 문제에 대해 목소리를 내기 시작했다. 이들은 회사를 향해 직원 다양성에 신경을 쓰라고, 공급망을 감시하라고, 회사 상품이 환경에 미치는 영향을 의식하라고, 성별 임금 격차를 줄이라고 외친다. 또 앞서 다루었듯 신체 건강 못지않게 이들이 중요하게 생각하는 정신 건강 관리까지도 회사에 요구하고 있다.

## 모두가 성공할 수 있는 세상 만들기

이 장에서 우리는 Z세대가 받는 압박감, 이들이 최우선으로 신경쓰는 문제들, 이들이 체감하는 부담감, 그리고 이 모든 것에 대한 이들의 반응을 살폈다. 지금까지 논의한 바대로, Z세대 대다수가 공유하는 가치의 관점에서 볼 때 압박감과 그에 대한 포스트 밀레니얼의 반응은 때로 모순과 갈등을 낳는다. 나아가 심각한 문제들을 해결하려는 Z세대의 의지는 이들 세대의 보편적 삶의 방식을 고려했을 때, 디지털 시대에 과연 어떤 방식으로 변화가 일어날지에 대한 질문을 낳는다.

표현의 자유 논란은 포스트 밀레니얼이 씨름중인 모순 중 하나다. 이들은 자율성과 행동의 자유를 대단히 중요하게 생각하지만, 다양성, 공정, 포용, 그리고 과거의 잘못을 바로잡는 것도 마찬가지로 중요하게 여긴다. 그런데 어느 발화자가 특정 개인과 집단을 향해 모욕적이거나 해로운 발언을 거리낌없이 할 때, 이러한 가치들은 충돌한다. 표현의 자유가 진정어린 정체성을 존중하는 문제와 부딪히는 것이다. 표현의 자유를 행사하는 문제로 인한 갈등은 오래전부터 존재했다. 일례로 작가 살만 루슈디는 1988년 어느 무슬림 성직자가 루슈디의 소설을 신성모독이라 표현한 후로 살해 위협에 시달렸다. 디지털 시대에 이 문제는 훨씬 심화된다. 어쩌면 전 세계로 퍼질 수도 있는, 강력한 디지털 '메가폰'을 손에 쥐기가 너무나 쉬워졌기 때문이다.

Z세대는 캠퍼스와 온오프라인 커뮤니티 모두에서 표현의 자유 문제를 두고 분투하고 있다. 우리가 만난 인터뷰 참여자 대다수는 개인의 가치에 따라 내뱉어지고 온라인 커뮤니티 관리자들의 단속을 받는 혐오 발언들을 우려스럽게 바라보았다. 한 인터뷰 참여자는 "사람들이 자신의 발언과 생각에 책임지지 않으면, 문제가 생길 수밖에 없다"고 경고했다.[제스]

2018년 칼리지 펄스가 나이트재단의 의뢰를 받아 미국 대학생 4000여 명을 대상으로 조사한 결과 "학생들은 다양한 집단을 받아들이는 포용 사회를 증진할지, 아니면 포용성을 희생하더라도 표현의 자유를 최대한 보호할지를 놓고 의견이 갈린다"고 밝혀졌다. 이 조사에서 학생들은 수정헌법 제1조에 따라 혐오 발언도 보호받아야 한다는 주장에 살짝 기울었으나 거의 50 대 50의 균형을 이뤘다. 다만 아프리카계 미국인처럼 역사적으로 소외되어온 집단과 젠더 비순응자, 게이, 레즈비언 등 일상에서 혐오 발언 피해를 집중적으로 받아온 학생들은 눈에 띄게 예외적인 반응을 보였다.[45] 나이트재단이 지원한 2020년 갤럽 조사에서는 표현의 자유를 명시한 수정헌법 제1조에 관한 미국 대학생 3000여 명의 의견을 살폈는데, 이러한 가치 충돌은 여전히 해소되지 않았으며 인종, 민족, 젠더에 따라서도 의견이 다르다는 사실이 재차 확인되었다.[46]

혐오 발언을 금지하는 것과 온라인상 표현의 자유를 허용하는 것의 충돌은 이 딜레마의 또다른 면을 보여준다. 이제 주요 소셜미디어 플랫폼들은 혐오 발언을 규제하는 추세다(트위터에서 래퍼 아질리아 뱅크스는 팝스타 제인 말리크를 향해 인종 공격을 퍼부어 계정을 정지당했고, 대안 우파 정치 평론가인 마일로 야노폴로스 역시 배우 레슬리 존스를 괴롭혔다는 이유로 계정을 정지당했다). 이는 전반적으로 보아 긍정적인 현상인 한편, 2018년 창설된 파를레parler, 2017년 창설된 갭Gab처럼 새로운 '표현의 자유' 플랫폼의 성장으로 이어지기도 했다. 2015년 인종과 외모, 체중에 관해 불쾌한 글이 올라오던 서브 레딧 2개가 폐쇄된 시점 전후로 이뤄진 레딧 혐오 발언 조사에 따르면, 소셜미디어에서의 차단 조치는 실제 효과를 발휘하는 것으로 드러났다. 폭력적 성향의 사용자들이 더이상 사이트를 이용하지 않고 남아 있던 사용자들은 다른 서브 레딧

으로 '이사'감에 따라, 혐오 발언은 최소 80퍼센트 가까이 줄어들었다.[47]

　　Z세대가 표현의 자유를 억압하는 것에 비판적인 데는 나름의 맥락이 존재한다. 이전 장에서 언급했듯이, 중국 소유의 짧은 동영상 앱 틱톡은 콘텐츠를 금지하고 검열한다는 비판에 시달려왔다. 틱톡의 '행복을 최적화optimizing happiness'한다는 자유분방한 브랜딩의 매력 이면에는 이런 어두움이 도사린다. 포스트 밀레니얼, 특히 이 플랫폼에서 검열과 침묵을 강요당한 소수자들은 이에 저항하고 있다. 23세 사용자[@bjfromtheburbs]는 "틱톡이 흑인 크리에이터에게 침묵을 강요하지 않는다니, 웃기는 소리 아냐?"라고 조소했다. "정말 그런 거면, 내가 어제 올려서 바이럴된 흑인 인권 지지 랩 영상이 왜 무음 처리되었을까? 도무지 알 수가 없네?"라고 말했다. 이 사례에서 검열은 포스트 밀레니얼 활동가의 목소리를 잠재우기는커녕 오히려 그가 다른 피드와 검색 결과에 묻히지 않도록 새로 올리는 게시물마다 해시태그(#blackcreatorsfedup, #blackvoiceheard, #blacktiktok과 같은)를 달아 시청자 범위를 더 넓히는 결과로 이어졌다.

　　표현의 자유 논란을 해소하고 가치 충돌과 갈등을 해결하기 위해 모두가 노력하고는 있지만, 그 책임은 앞으로도 포스트 밀레니얼의 어깨를 유독 무겁게 짓누를 것이다.[48] 헨리 젱킨스는 '민주주의'와 '다양성'이라는 두 가지 '핵심 개념'과 '개인과 집단 차원의 새로운 윤리의 필요성'을 언급하며 이 갈등에 맥락을 부여한다. "현재 우리는 전환기에 와 있다. 대다수가 네트워크로 연결된 문화 안에서 대폭 확장된 소통 역량을 경험하고 있으나, 이를 책임감 있게 또는 건설적으로 사용하는 법은 배우지 못했다. 이 전환의 결과는 실로 어마어마하게 파괴적일 것이다. 혼란이 벌어지고 윤리적인 딜레마가 대두될 텐데, 누구도 그 힘을 어떻게 써야 하는지 알지 못한다."[49]

가치 충돌은 거시적인 사회문제를 드러내고 해결할 때 정체성과 정체성의 역할을 둘러싸고도 발생한다. 이 책에서 거듭 이야기했듯, 정체성은 Z세대의 삶 중심에 놓인다. 이들 대다수에게 정체성이란 정치의 중심을 의미한다. 또 이들은 과거의 잘못을 바로잡으려는 외골수적 접근 방식을 이해하고 지지한다. 한 인터뷰 참여자는 이렇게 말했다. "'개인적인 것이 정치적인 것'이라는 말을 인정하는 세대는 모든 정치 문제가 개인의 살아갈 능력에 근본적으로 영향을 미친다는 것 역시 인지한다. 정치적인 것은 **언제나** 개인적인 것이지만, 역사적으로 보면 정치적 결정으로 피해를 본 사람들은 그에 대해 발언할 권리를 또는 공동체를 갖지 못한 사람들이었다."[이브] 우리가 인터뷰한 학생들 대다수가 이러한 관점에 동의했다. 하지만 다양성, 공정, 포용을 기리고 존중하는 동시에 '공동선'이 무엇인지를 정하고 그것을 증진할 사회제도를 조직하기란 대단히 어려운 과제다. 한 인터뷰 참여자는 정체성 정치가 "진실과 사실이…… 예전과 같은 의미를 띠지 않는다는" 감각을 유발할 수 있다고 지적했다. 즉, "사람들이 무얼 말하는지가 더는 중요하지 않은 시대가 되었다. 중요한 것은 누가 말하느냐다. '저 사람이 뭐라고 하는 거지?'가 아니라 '저 사람이 나와 같은 편인가?'가 중요해졌다"는 것이다.[브누아]

충돌하는 가치들로 인한 갈등을 해결하는 방법과 관련해, 정치학자 프랜시스 후쿠야마는 2018년 발표한 정체성 관련 저서에서 공공 정책과 행동 차원에서도 정체성이 강조되어야 한다고 주장한다. "앞으로도 우리는 정체성 개념을 떼어놓고 우리 자신과 사회를 생각할 수는 없을 것이다. 우리의 깊숙한 곳에 자리한 정체성이 고정적이지도, 태어남과 동시에 부여된 것도 아님을 명심해야 한다. 정체성은 구분을 위해 쓰일 수도 있지만 통합을 위해서도 쓰인다."[50] 학생 공동 저자들과 작업해온 베로니카 테리케스는 포스트 밀레니얼이 좀더 공정한 제도를 만들겠다는 정치적 목적을 달성하기 위해 어떤 식으로 조직 기술을 개발하고 있는지 보여주었다.[51] 이러한 논의는 단순히 제도에 압박을 가하는 것을 뛰어넘어, 물론 그것도 중요한 일이겠으나, 변화를 위한 전략을 개발하고 실행하는 단계까지 포스트 밀레니얼 정치를 끌고 간다. "과학적 표본 추출 방법을 사용해 대중 전반을 대표하는 시민 평균 집단을 모아 차분하고 냉정한 상태에서 핵심 사안들을 논의하고 토론하는"[52] '숙의 민주주의'도 하나의 방법일 수 있다. 이러한 모든 제안은 정체성, 다양성, 공정, 포용을 고민하는 기존의 방법과 새로운 방법 간 갈등을 효과적으로 해소하기 위해 세대를 교차하는 작업이 이뤄져야 함을 시사한다.

주체성과 자기돌봄의 가치, 또래집단의 정체성과 주체성에 대한 존중, 그리고 공동선을 증진하는 것 사이에서 균형을 잡기란 Z세대에게 갈등을 유발하는 또다른 요소다. 가치 충돌이 체감되는 양상은 개인마다 다를 수 있다. 이전 장에 나온, 포챈 커뮤니티 초창기 회원이었으나 그곳의 여성 혐오와 인종차별이 페미니즘과 소수자 인권에 대한 자신의 이해와 충돌하면서 더이상 사용하지 않게 되었다고 밝힌 학생이 그 예다. 또다른 인터뷰 참여자는 약속 시간에 매번 늦는 친구 때문에 혼란스럽다고 했다. 친구만의 고유한 정체성과 친구가 내리는 선택, 그리고 생활양식—습관적인 지각까지—모두 당연히 존중해주고 싶지만, 어째서 친구는 자신의 고유한 정체성과 약속 시간 칼같이 지키기를 선호하는 취향을 존중하지 않는지 생각하면 마음이 복잡해진다는 것이다.[릴리]

마지막으로 Z세대가 중시하는 자기돌봄, 정신 건강, 워라밸 문제는 갖가지 행동 규범 그리고 전통 가치와 충돌한다. 이러한 문제들에 대한 Z세대의 관심이 일상과 직장을 비롯해 사회 전반에 영향을 미치고 있다. 2019년 뉴욕 타임스는 「젊은이들이 모두의 회사생활을 구하리라」라는 기사를 실었다. 이제 막 시작된 경향이긴 하지만, 근무 유연성과 균형을 중요하게 생각하는 젊은 직원들의 요구가 받아들여져 "갈수록 많은 회사가 안식 휴가, 휴가철 비행기 티켓, 명상실, 운동 또는 치료를 위한 휴식 시간, 유급 자원봉사 활동, 장기 육아 휴가 등을 지원"하고 있다는 보도였다. 이 기사는 젊은 회사원의 다음 발언으로 글을 맺는다. "우리에게 필요한 것을 요구하는 게 지긋지긋하고 짜증날 정도다…… 그래도 우리는 계속 규칙을 바꿔나가고 있다. 우리에게는 모두가 성공할 수 있는 시스템을 만들어야 한다는 임무가 있다."[53]

예상하지 못한 코로나19 록다운으로 이 변화는 광범위하게 적용되어 현실로 자리잡았다. 집이 직장이 되고 교실이 되었으니 말이다. 말하자면 팬데믹 시기는 사회가 포스트 밀레니얼을 따라잡는 기회가 되었다. 첨단기술에 익숙한 Z세대가 재택근무에 더 잘 적응하고 그에 따라붙

는 외로움에도 더 잘 대처할 준비가 되었는지는 앞으로 지켜볼 문제다.[54]

## 결론: 험난한 여정에 오르다

사회 변화는 웬만해서는 순탄히 이루어지는 법이 없다. Z세대는 자신들이 중요하게 느끼는 가치들과 기대치, 그리고 피부로 직접 와닿는 현실 사이에서 갈등을 겪고 있다. 이들은 물려받은 제도 안팎에서 어떻게 변화를 꾀할지 고민한다. 이러한 고민이 이들에게만 해당되는 것은 아니다. 모든 세대가 미래의 대의 민주주의, 개인정보 보호와 자본주의, 디지털 시대의 표현의 자유가 어떻게 흘러갈지를 헤아리고 있다.

Z세대는 어떤 가치를 언제 어떻게 우선시할지를 여전히 실험중이다. 과연 디지털 시대에도 과거의 생각과 가치가 그 의미를 지켜나갈지, 지켜나간다면 어떻게 지켜나갈지에 관한 심오한 질문에 대한 대답도 여전히 찾아가는 중이다. 디지털 시대에 맞춰 새로운 사회구조를 만들기 위해서는 충돌하는 가치들을 선별해 시험을 거듭하면서 타협에 이르는 과정이 뒤따라야 한다. 우리 사회는 그 험난한 여정을 이제 막 시작했을 뿐이다.

Z세대는 이전 세대보다 디지털 시대에 더 잘 적응했으며, 지금까지 우리가 논의한 많은 문제를 주도해 풀어나갈 준비가 되어 있다. 산업혁명을 거치며 시골을 떠나 도시로 온 청년들이 제도와 사회규범을 변화시킨 것처럼, 오늘날 Z세대 시민들도 디지털 시대의 어려움에 가장

효과적으로 대응할 방법을 찾아내고 있다. 이들은 과거에서 무엇을 가져오고 무엇을 남겨둘지, 또 완전히 새로운 사회구조와 관습을 어떻게 건설해갈지 궁리중이다. 어쩌면 이 세대가 개인과 제도를 진일보하게 할 새로운 태도와 규범을 알려줄 전령이 될지도 모르겠다. 어떻게 일해야 하고, 무엇이 가족을 구성하고, 친구란 무엇인가에 대해 이들이 공유하는 공감대는 폭넓은 변화를 반영하는 동시에 촉발한다. 정체성과 소속감에 대한 논의에서 우리가 확인한 바대로, 이러한 변화는 과거보다 유동적이고, 유연하며, 훨씬 더 참여적인 사회형태를 빚어내고 있다.

**디지털 시대의 생존법**

디지털 기술 대중화 초창기, 이른바 '기술 낙관주의'가 지배하던 시절의 전문가들은 디지털 미래를 낙관했다. 이를테면 경제가 유례없이 성장하고, (자율주행 자동차를 타고, 우유가 떨어지면 바로 주문할 수 있는 냉장고 등이 발명되어) 상상도 못했던 여가와 편의를 즐길 수 있게 되고, 누구나 영상 미디어에 접근 가능해지면서 민주주의 건전성이 어느 때보다 커지리라는 낙관이 존재했다. 그 시절에는 디지털 혁명이 별다른 진통 없이 수월히 완수되리라 예상하는 것도 무리가 아니었다.[1]

하지만 그러한 예측은, 알다시피 실패했다. 지금 우리 사회가 직면한 '감시 자본주의', 민주주의를 위협하는 독재정치와 포퓰리즘, 세계 부의 초집중, 기후위기, 인공지능과 유전공학 문제 등이 한꺼번에 디지털 시대에 부상했으며 시간이 흐를수록 악화되고 있다. 미래란 언제나 알 수 없는 것이지만, 디지털 혁명으로 인해 어느 때보다도 불투명해졌다.

우리는 역사를 통해 대대적인 기술혁명은 대대적인 사회혁명으로 이어진다는 사실을 학습했다. 산업혁명이 직장과 학교와 정부에 상상도 못했던 변화를 가져온 것을 떠올리면, 지금 우리가 겪고 있는 사회적 혼란도 그리 놀랍지는 않다. 그럼에도 사람들은 불안하고 동요할 수밖에 없다. 우리는 새로운 시대의 산통을 겪고 있다. 새 시대의 윤곽은 아직 무척이나 흐릿하다.

변화와 불확실성의 세상에서 태어나 어린 시절을 보낸 Z세대는 일상의 한 축을 이루는 온라인 네트워크가 열어준 기회들을 탐험하면서, 정체성과 신뢰할 수 있는 공동체를 새로운 방식으로 발견했다. 이는 이전 기술혁명에 적응해야 했던 조상들의 모습과 다르지 않다. 용기와 창의력을 발휘할 엄청난 기회들이 펼쳐져 있지만, 지금껏 우리가 조명한 바대로 그 길은 험난하기만 하다. Z세대 역시 그 사실을 알고 있는 듯하다.

이 책은 Z세대의 삶이 디지털 기술에 의해 어떻게 형성되는지, 또 디지털 시대가 우리 모두에게 선보인 급속도의 변화에 이들이 어떻게 끊임없이 적응해나가고 반응하는지를 살핀다. '청년' 세대도 결국 나이를 먹어가며 달라질 것이기에, 현재 이들이 품은 모순적인 희망과 환멸을 외면하기야 쉽다. 그러나 앞으로 변화할 사회에서 길잡이가 되어줄 존재는 어쩌면 이들일지 모른다. 물론 가치 충돌과 내외부에서 맞닥뜨리는 변화의 한계를 반복해 겪다보면, 이들의 이상주의도 다소 옅어질 것이다. Z세대라고 모두가 희망과 목표를 품은 것도 아니다. 그러나 놀랍게도 아주 많은 Z세대는 희망과 목표를 품고 있다. 그중 몇몇은 환멸감을 끝내 못 이겨 전투에서 물러나게 될 것이다. 하지만 우리는 네트워크와 어마어마한 개인 데이터의 축적, 인공지능 로봇과 인터넷, 유전공학 등의 속도, 규모, 범위가 계속해서 발달해가는 현상황에서, 인간의 자율성과 서로에 대한 존중을 지키는 싸움을 포기하지 않을, 보다 평등하고 공정하고 인간적인 사회제도를 위해 앞으로도 투쟁해나갈 Z세대들을 만났고, 그들의 목소리를 귀담아들었다.

랭커스터대 인터뷰 참여자는 예순 살이 되었을 때의 세상을 상상하며, 가족이나 종교 또는 그 밖의 권위가 주입하려는 생각을 순순히 받아들이지 않고 모든 것에 의문을 품는 태도가 이 세대에게 얼마나 중요한지 강조했다.

60년 전만 해도 정보가 충분하지 못했고 사람들은 무언가에 의문을 품지 않았다. 조부모님은 젊은 시절 무엇에도 의문을 품지 않고 그저 순응했다는 말씀을 자주 한다…… 할머니가 열 살 때는 윗사람 말에 토를 달면 체벌을 받았다고 한다. 무조건 교회에 가야 했고, 기도해야 했다. 부모님이 하라는 대로 해야 했다. 반면 요즘은 열 살이면 스스로 인터넷을 하면서 여러 가지에 궁금증을 품는다. 인터넷 세상에서는 엄마도 필요하지 않다. 직접 정보를 찾아보면 되니까. 그러니…… 우리 또래가 예순 살이 되었을 때 얼마나 달라져 있을지는 그때 가봐야 알 수 있을 것 같다…… 우리가 얼마나 달라질지 나도 모르겠다.[나이절]

우리는 이를 염두에 두고서 지금까지 연구를 통해 드러난 Z세대의 열 가지 특징을 정리하며 사회 전반이 앞으로 어떤 방향으로 달라질지를 간략하게나마 제시하고자 한다.

## 1. 스스로의 의지로 타인을 돌보다

우리가 만난 인터뷰 참여자들과 설문조사 응답자들이 자기 의존적이라는 증거는 이 책 곳곳에서 발견된다. 가족이나 사회가 정한 한계를 뛰어넘어 자신만의 정체성을 만들어가려는 의지에서 읽히듯, Z세대의 행동과 가치관, 세계관의 핵심에는 개인 주체로서의 감각이 존재한다. 이들은 언제 어디서든 풍부한 온라인 자료를 접할 수 있기에 아주 어려서부터 질문의 해답을 직접 찾고, 세계 반대편 사람을 만나 대화하고, 네트워크를 항해하며 어른들은 이해하지 못하는 도구의 사용법을 익혔다. 공적인 이미지와 사적인 이미지를 구별할 줄 알고, 일상의 조각들을 직접 관리하는 데 능숙하다. 어른이 된 이들은 타인에게 조언과 위로를 구하기도 하지만 결국에는 자기 자신의 판단을 최우선적으로 신뢰한다.

자기 지향성은 자칫 나르시시즘으로 귀결될 수 있으나, 이들에게는 아니다. 이들은 자기 규정적이고 자기 의존적이지만 자기중심적이지도 자만하지도 이기적이지도 않다. 자신감을 드러내지만 오만함과는 거리가 있다. 오히려 시대가 뒤숭숭하고 미래 역시 불투명하다는 사실에 적잖은 부담감을 느끼는 듯하다. 이들은 서구 문화에서 때로 높게 평가받는 '단호한 개인주의자'와 달리 매우 공동체 중심적이며 사회적이다. 개성과 공동체성을 동시에 아주 강하게 띠는데, 이는 흥미로운 조합이다.

또한 이들은 타인을 돌본다. 포스트 밀레니얼은 공감 능력이 부족한 세대라는 우려도 일부 존재하지만, 우리의 연구는 정반대 결과를 시사한다. 이 연령집단은 아주 어려서부터 현실세계와 온라인에서 다른 사람들이 겪는 고통을 숱하게 접한다. 그 결과 무뎌진 사람들도 있겠으나, 다수는 다양성을 옹호하고 타인의 삶에 긍정적인 영향을 끼쳐야겠다는 의지를 다졌다.

인터넷에 접근할 수만 있으면 누구나 광범위한 정보와 경험을 얻을 수 있다는 점으로 비추어보아, 미래에도 많은 활동이 개인 차원에서 일어나리라 예상해볼 수 있다. 이들에게서 두드러지는 자기 주체성이 앞으로도 사회 모든 영역에서 변화를 주도할 것이다. 직장이나 정치 영역에서는 이미 그러한 변화가 관찰된다. 요즘 젊은 사람들은 윗세대만큼 포괄적인 '진영' 논리에 적극 동의하지 않는다. 오히려 어떤 영역에서건 '개인' 차원에서 변화를 만들고 싶어한다.


## 2. 정체성 공동체에 공을 들이다


우리의 연구에서 특히 흥미로운 결과는 디지털 시대에 자아와 공동체는 닭과 달걀의 관계처럼 끈끈하게 엮여 있다는 것이다. 개인은 여러 공동체를 접하면서 미립자로 구성되는 자신만의 정체성을 발견한다. 그리고 특정한 속성으로 이뤄진 정체성을 자신의 것으로 받아들이고 나면 기꺼이 그 특성과 관련된 '부족'의 일원이 된다.

정체성의 특성은 언제나 집단적이다. 정체성이 가족 배경이나 종교에 따라 정해지던 시절에도 마찬가지였다. 이제는 개개인이 정체성의 특성을 좀더 자유로이 주장할 환경이 갖춰졌음에도, 이들은 정체성과 관련해 소속된 공동체를 존중하고 보호하는 데 공을 들인다. 또 소속 공동체를 옹호하는 사람들에 대한 이해가 깊다. 트랜스젠더 또래집단을 지지하기 위해 '젠더 중립적 대명사their 사용'을 함께 실천한다고 밝힌 시스젠더 학생들이 그 예다. Z세대 전체가 자신을 활동가로 정체화하는 것은 아니나 활동가로 정체화한 사람들은 대부분 자신이 속한 정체성 공동체의 이익에 초점을 맞추는 듯 보인다. 이들 세대에는 다양한 정체성을 지닌 사람들을 보호하고 돌봐야 한다는 감각이 널리 퍼져 있다.

조립식 정체성은 앞으로도 디지털 시대를 살아가는 사람들에게 아주 중요한 지향점이 될 것이다. 이들은 지리적 제약을 뛰어넘어 다양한 삶의 방식을 체험하며, 수십억 명이 디지털로 연결된 세상에서 소속 공간을 찾아야 할 필요성을 더욱 날카롭게 느낀다. 성 중립 화장실이 생겨나고 젠더 중립적 대명사가 널리 쓰이는 등 이미 사회는 조립식 정체성에 대한 인식의 변화를 반영해가고 있다. 정체성은 언제나 정치적으로 중요한 함의를 품어왔으나 새로운 기술이 정체성 정치를 더욱더 실현 가능하고 가시화되게 함으로써 앞으로는 다양한 정체성 집단이 새

로운 방식으로 변화시켜나가는 시민사회의 모습을 더 많이 목격하게
될 것이다.

## 3. 타인을 포용하려 노력하다

Z세대가 현실세계와 온라인에서 경험한 것들의 결과로, 1960년대식
'존재의 자유' 윤리가 확산되었다. 누구나 자신의 정체성을 스스로 규정
할 수 있어야 하며 사회에서 공정한 대우를 받을 권리가 있다는 신념은
어쩌면 Z세대가 가장 공감하는 세계관인지도 모르겠다. 또 이 신념은
어째서 포스트 밀레니얼이 젠더와 섹슈얼리티 문제에 관해 그렇게나
강경한 태도를 보이는지, 백인 특권과 암묵적 편견을 인정하고 타파하
는 동시에 인종차별을 없애려고 왜 그렇게나 신경을 쓰는지, 왜 소수의
정체성을 보호하고 지지해야 할 의무감을 느끼는지를 설명해준다. 또
이 윤리는 주어진 정체성을 여전히 옹호하는 기성세대에게 포스트 밀
레니얼이 실망하는 원인이기도 하다. 자유를 좇고 타인을 존중하려는
지향점은 이들에게 지침이자 나침반이자 영감이다. 인류를 위한 더 나
은 미래를 만들겠다는 열망은 바로 여기서부터 출발한다.

　　하지만 이들은 자신들이 바라는 다원적 사회를 어떻게 실현할지
를 놓고 여전히 고민한다. 특히 고도로 당파적인 오늘날의 정치 지형에
서 사람들 간 차이를 메우는 방법을 강구한다. 소속 공동체 내부의 결속
을 다지고 싶어하지만 그로 인해 때로는 공동체 바깥에 있는 사람들과

관계가 틀어지기도 한다. 이들은 자신들이 그리는 더 나은 사회의 실현 모델이 아직 없다는 것을 알기에 직접 실험한다. 일례로 최근 조지타운 대학교 학생회는 1800년대에 대학이 소유했던 노예들의 후손을 위한 배상 기금을 조성하겠다며 학생들에게 세금을 부과하는 방안을 두고 투표를 진행했다.[2] 이 밖에도 여러 캠퍼스가 새로운 방식으로 시민적 대화를 장려하는 데 책임감을 느끼고 있다.[3]

　사회 변화라는 전투에서 포스트 밀레니얼이 가장 맹공을 펼치게 될 부분이 바로 이런 영역이다. 이들의 이상주의와 희망은 시험대에 오를 확률이 높다. 자아와 공동체, 그리고 지금껏 단 한 번도 완전히, 또는 영구적으로 해소된 적 없는 갈등의 역동하는 문제들을 건드리는 것이기 때문이다. 어떤 사람들은 공정한 다원주의를 꿈꾸는 포스트 밀레니얼의 이상주의를 1960년대 베이비부머의 이상주의에 비교하고는 한다(그러면서 베이비부머가 1970년대와 1980년대에 이르러 그 이상을 잃고 말았다는 것을 의기양양하게 상기시킨다). 그러나 이러한 비교는 둘의 결정적 차이를 간과하고 있다. 베이비부머는 탄탄하며 견고한 사회제도에 맞서 저항한 것이지만, Z세대가 마주한 사회제도는 연약하며 심지어 어떤 건 이미 무너져내리고 있다. 게다가 포스트 밀레니얼은 소수가 다수가 된 인구구조로 특징지어지는 세상에서 살아가고 있다.

## 4. 진정성이 중요하다

Z세대는 진정성을 바란다. 사람들, 상품, 인간관계에서 늘 진심을 찾고 싶어한다. 솔직함의 유사어인 **진정성**이라는 표현에는 도덕적인 힘이 있다. 온라인에서건 오프라인에서건 광고가 지배하는 세계에서 자라난 Z세대는 과장과 가식을 기가 막히게 잘 알아차리며 몇몇 예외적인 경우가 아니고서는 사칭을 용인하지 않는다. 이들은 정말로 중요하게 생각하는 영역에서 자신들이 마주하는 상대의 진실성을 신뢰할 수 있기를 기대한다.

진정성을 기대하지 않는 예외적인 상황에는 광고, 과장과 주관이 허용되는 특정 소셜미디어와 뉴스 사이트, TV 리얼리티 쇼 등이 있다. 만약 마땅히 진실한 표현을 기대할 만한 맥락에서 거짓과 왜곡이 발생하면 신뢰가 깨진다. 진실이라고 주장한 것이 거짓으로 판명 난다면 배신감이 더욱 심해진다. 진실이 아니라는 혐의는 곧장 심각한 문제로 떠오른다. 진실성이 부족하고 신뢰를 저버렸다는 의미이기 때문이다. 이 세대는 망설임 없이 가짜를 고발하고, 문화적 전유를 강력히 규탄한다.

디지털 시대에 이르러 '현실'을 조작, 왜곡, 나아가 붕괴하는 기술이 등장하고 있기에, 진정성 문제는 앞으로도 중요하게 여겨질 것이다. 가짜 뉴스가 판을 치면서 정치와 민주주의를 흔들고 있다. 한 적 없는 말을 실제로 하는 것처럼 그럴싸하게 목소리를 꾸며내는 음성 기술, 공격적인 행동을 하는 사람의 몸에 다른 사람의 얼굴을 합성하는 영상 기술 등을 우리는 이미 목격하고 있다. 인류가 신뢰를 토대로 계속 존속하려면, 디지털 시대의 모든 시민이 가짜들 사이에서 진짜를 골라낼 수 있어야 한다.

## 5. 힘을 합쳐 일하고 사교적이다

Z세대는 대체로 혼자보다 협업해 일하는 것을 선호한다. 혼자 일을 할 때도 카페나 공동 아지트 또는 기숙사 휴게실처럼 함께 모일 수 있는 공간에 있으려 한다. 어릴 때부터 학교에서 다 같이 문제를 해결하고 함께 조를 짜 공부한 경험이 있고, 위키피디아나 고펀드미 같은 온라인에서의 협업 활동에도 익숙하다. 이들은 집단 활동이 개성을 해치는 일이라고 보지 않는다. 오히려 다양한 기술과 의견이 모여 더 나은 결과를 내는 기회라고 인식한다. 집단적 노력에 투입한 자신의 몫에 대해 꼭 인정받으려고도 하지 않는다.

Z세대는 단순히 협업을 즐기는 것을 넘어 사교적이기도 하다. 이들은 이메일, 문자, 소셜미디어 덕분에 하루 내내 여러 사람과 이어져 지낸다. 전화와 우편의 규모, 범위, 속도 때문에 원격 소통이 제한적이었던 과거와 크게 달라진 부분이다. Z세대는 온종일 부모, 형제, 친한 친구들과 교류하고 멀리 거주하는 가족이나 지인들과도 꾸준히 연락할 수 있다. 사회적 맥락을 매끄럽게 넘나들고, 오프라인에서 온라인으로, 또 반대 방향으로 자유롭게 움직이는 것을 자랑스럽게 여긴다. 하지만 이들은 사람들과 깊게 이어지고 싶어한다. 어쩌면 이 점이 가장 중요하

다. 이는 Z세대가 대면 소통을 선호하고 사람들과 관계를 맺을 때 진정성을 강조하는 이유와도 이어진다.

협업을 지향하는 Z세대의 태도는 업무 방식에도 영향을 미치고 있다. 협업이 온라인 환경(위키피디아가 대표적이다)에서뿐 아니라, 오프라인 환경에서도 이미 새로운 규범으로 자리잡았음은 자명하다. 회사는 팀을 중심으로 프로젝트를 짜고, 학생들은 거의 모든 작업을 함께한다. 소셜미디어는 온라인 연결로만 가능한 새로운 교류의 기회를 제공함으로써, 친목을 쌓는 다양한 방식을 권하고 있다. Z세대는 대면 소통과 현실에서 맺는 실제 관계에 높은 가치를 매긴다. 우리는 이러한 특성이 미래에도 이어지리라 예상한다.


## 6. 합의된 권위를 지향하다

Z세대는 리더 없는 집단에서 긍정적인 경험을 쌓고 있다. 물론 혼란을 막기 위해 리더가 존재하는 집단도 있으나, 그러한 경우라도 권력이 최대한 분산되고 임시적인 리더십을 선호한다. 유연한 리더십이란 집단의 모든 일원이 돌아가며 리더 역할을 맡거나, 필요에 딱 맞는 역량을 보유한 일원에게 리더 역할이 주어지는 것이다. 어떤 경우건 간에 리더는 권위적인 존재라기보다 집단의 목표 달성을 위한 조력자로 여겨진다. 이들은 합의를 반영하는 리더십을 지향하며, 소셜미디어 커뮤니티의 노련한 관리자들을 바람직한 예로 꼽는다. 관리자 중에서도 사용자

들을 감독하는 '보스'보다 도움을 주는 '가이드'가 이상적이라고 여긴다. 많은 Z세대가 조직화된 종교에 냉담하거나 이탈하는 경향을 보이고 있다. 종교의 리더십 구조가 이들에게는 지나치게 위계적이고 상명하달식이어서 설득력을 잃은 것이다.

합의된 권위를 지향하는 태도와 자기 의존성은 포스트 밀레니얼이 '전문가'를 불신하는 이유를 설명해준다. 이들은 교사 또는 교수가 권위자가 아닌 가이드로 참여하는 공동 학습을 선호하며, 부모를 유용한 조력자, 조언자, 협력자로 인식한다. 물론 필요할 때는 특정 분야에서 자신들이 인정하는 전문가에게 망설이지 않고 조언을 구하기도 한다. 이러한 태도는 권위 있는 존재로 대우받는 것에 익숙한 교육자나 기성세대에겐 당황스러울 수 있겠으나, Z세대에게는 이미 아주 자연스럽다. 그런데 여기서 한 가지 역설적인 상황이 발생한다. 부모가 친구 같아지면서 일부 부모는 자녀의 인생을 관리하는 프로젝트 매니저 같은 역할을 하게 된 것이다. 이러한 현상이 앞으로 어떤 결과를 불러올지는 두고 볼 문제다.

앞으로의 디지털 시대에 산업 시대의 '공장 모델'은 통하지 않을 것이다. 다만 가벼운 리더십으로, 또는 리더십이 아예 부재한 상태로 조직들이 어떻게 기능할 수 있을지는 아직 불투명하다. 일부러 위계질서를 없앤 테크 스타트업과 새로운 가족 구조가 일부 사례가 되어주고는 있으나, 다원주의 사회를 향한 Z세대의 염원과 협력적 리더십에 대한 선호는 사회 변화를 위한 Z세대의 험난한 전투에서 상당한 혁신과 실험을 요구하며 또다른 전선을 형성할 것으로 보인다.

# 7. 유연한 조립식 구조를 선호하다

조립성은 포스트 밀레니얼의 삶 곳곳에 배어 있다. 파편화는 손쉬운 조작과 전송이 가능하도록 정보가 0과 1의 비트와 바이트로 쪼개진 디지털 기술의 핵심 특성이다. 쪼개진 비트와 바이트는 다양한 조립식 통일체로 재구성된다. 이러한 지향성을 고려해보면, Z세대가 개별적인 특성들의 총합으로, 즉 미립자 정체성으로 자신을 인식하고 그와 유사한 방식으로 다수의 공동체에 속해 정체화한다는 것, 다시 말해 미세하게 짜인 소속감을 가진다는 것은 놀라운 일이 아니다. 사회구조의 맥락에서 볼 때, 협업이란 유연한 조립식 작업 그룹이 생성된다는 의미다. 이러한 그룹들은 특정 요구에 맞춰 형성되었다가 작업을 끝마치면 흩어진다.

Z세대는 남편, 아내, 자녀로 이뤄진 가족을 당연시하지 않는다. 가족이란 다양한 형태로 존재할 수 있으며 언제든 바뀔 수 있다는 것을 안다. 나아가 가까운 친구들을 '팸'으로 받아들인다. 이들은 평생 직업이나 직장도 기대하지 않는다. 유연성이 자신과 자녀들에게 재정적 안정성을 가져다주리라 생각하며, 앞으로 수십 년간 이 직장에서 저 직장으로, 이 일에서 저 일로 옮겨다니게 되리라 예상한다. 이들은 대개 대학교 학위를 배움의 마지막 단계로 본다기보다 끊임없이 변화하는 기술과 사회적 요구에 뒤처지지 않으려면 꼭 필요한 '평생교육'으로 가는 관문 정도로 인식한다. 여생 동안 적절한 의료 서비스를 어떻게, 어디서 받을지는 이들도 알지 못한다. 이들은 종교와 정치 영역에서조차 조립성과 유

연성을 기대한다. 종교의 전통적인 구조에 불만을 품은 일부 Z세대는 새롭고 좀더 유연한 형태의 영적 실천과 공동체에 관심을 기울이고 있다. 정치 영역에서도 기성 구조나 관행과 거리를 두며 '참여 정치'를 실천하고, 한 가지 대의에 집중하거나 지역사회에 뿌리를 둔 새로운 형태의 시민 활동에 가담한다.

가족과 직장, 시민 활동에 모두 적용되는 단기적이고 유연한 사회 구조가 디지털 시대의 규범이 되리라는 예상은 꽤 현실성이 있다. 그 규범은 산업 시대에 요구되던 제도와 사뭇 다른 모습일 것이다. 영구적이기보다 임시적이고, 완고하기보다 가변적인 사회제도는 미래에 대한 중요한 질문들을 던진다.


## 8. 환멸을 느끼는 과거를 뒤로하고 현재에 집중하다

Z세대는 버거운 유산을 물려받았다고 생각한다. 이전 세대와 달리, 부모다 더 잘살게 되리라는 기대가 이들에게는 없다. 이들은 기성세대가 해결해야 했던 기후위기, 인종차별, 불의, 총기 폭력 문제를 염려한다. 과거의 위선, 인종차별, 여성 혐오, 동성애 혐오에 실망감을 느끼고 때로는 분노한다. 이전 세대가 저지른 실수로 망가진 사회제도를 고쳐야 하는 고생길이 자신들 앞에 펼쳐졌다고 믿는다. 미래는 과거와 다르리라는 것을 알고 있기에, 과거에서 교훈을 얻으려는 생각은 하지 않는다. 과거에는 존재하지 않았던 디지털 도구와 네트워크가 생긴데다 이

들이 살아오며 경험한 사회 변화를 고려하면, 더욱 그럴 수밖에 없다.

　이들이 현재에 집중하는 것은 다소 어쩔 수 없는 부분이다. 온종일 디지털 도구를 사용한다는 것은 쏟아지는 데이터를 끊임없이 처리해야 한다는 뜻이다. 이들은 당장 의미가 있는 것에 집중하며 효율적이고 생산적으로 일한다. '노는' 시간에는 전화 통화를 하거나 문자를 보내고, 소셜미디어를 확인하거나 스마트폰으로 영상을 시청한다. 인터넷으로 할 수 있는 게 무궁무진하다보니 지루함이 끼어들 틈이 없다. 이들은 일과 휴식시간의 구분이 모호한 한편 균형잡힌 라이프스타일을 원한다. 따라서 몸과 마음의 행복을 위한 자기돌봄에 시간을 못 쓸 만큼 일에 몰두하기를 원치 않는다.

　현재에 집중하는 실용적 지향성은 연애 태도에도 영향을 미친다. 이들은 결혼하고 싶어하지만, 다수가 결혼이란 나중에 좀더 자리를 잡으면 해야 할 일로 생각한다. 그렇다보니 당장 감정적으로 엮이는 것(마음이 생기는 것)을 무작정 기뻐하지 않고, 심지어는 약간 반감을 느낀다. 감정적으로 엮이면 지금 당장 중요한 일들을 할 시간을 뺏긴다고 생각해서다. 반드시 연애 관계에서만 성행위를 해야 한다는 인식이 옅어진 것도 이러한 생각에 영향을 주었다. 연애와 결혼에 대한 새로운 관점은 이들 세대의 기대 수명이 기성세대 평균보다 길다는 것을 스스로 인식하면서 더욱 공고해졌다.

　포스트 밀레니얼이 새로운 사회구조와 지향성을 원한다는 데에는 의심의 여지가 없다. 2018년 뉴욕 타임스가 독자들에게 포스트 밀레니얼을 지칭할 이름을 지어달라고 부탁했고, 여러 의견 중에서 '델타 세대'가 가장 반응이 뜨거웠다. 이 이름을 제안한 22세 응답자는 이렇게 이름 붙인 이유를 다음과 같이 설명했다.

> 델타는 수학과 과학에서 변화와 불확실성을 의미하는 기호다. 우리 세대는 변화와 불확실성으로 특징지어진다…… 우리는 무엇 하나 당연하게 여기지 않는다…… 또 우리는 인구통계학적 변화를 상징하는 세대로, 미국 역사상 어느 세대보다도 다양하다. 우리는 이러한 변화를 받아들여야 한다고 보며, 포용력 있고 올바른 미국을 만들어나가고 싶다…… 우리는 환경이 만들어낸 수동적인 존재가 아니라 역사 흐름을 좌우할 의지를 가진, 사회의 능동적인 일원이다. 우리는 서로를 북돋우며 더 나은 세상을 만들어갈 것이다…… 어른들은 그러지 않고 있다는 것을 너무나도 잘 안다.[4]

다시 말해, 변화로 특징지어진 이 연령집단은 이제 사회를 변화시켜야 할 필요성에 눈을 떴다.


## 9. 밈을 통해 웃으면서 끈끈해지다

밈은 Z세대가 좌절과 실망을 유머와 집단 연대로 풀어내 독창적으로 승화하는 대표적인 수단이다. 내부 농담으로 기능하는 밈은 공유하는 경험과 가치를 부각하여 유대 관계를 강화한다. 끈끈한 결속력을 갖게 할 뿐 아니라 아주 사적인 감정을 표현하는 배출구 구실도 한다. 정신 건강의 맥락에서 보자면, 밈은 자신을 이해해주고 위로해줄 타인에게 자기비하적인 방식으로 두려움과 스트레스, 그리고 취약함을 드러내는 방법이다. 한편 관계의 맥락에서는 우정을 표현하는 방법일 수 있다. 밈에 누군가를 태깅한다는 것은 그 사람을 생각하고 있다는 뜻인 동시에, 그 사람이 어떤 걸 재미있어하고 중요하게 생각하는지 안다는 뜻이다. 밈은 디지털 시대를 살아가며 느끼는 압박감과 역설에 대처하는 데 유용하다.

대학생 나이대의 자녀를 둔 한 동료는 자녀들이 친구들과 함께 늘 깔깔댄다며 웃음이 그들 세대를 결정짓는 특징 아니겠냐고 주장했다. 그러나 우리가 만난 인터뷰 참여자들은 웃음 자체가 자신들을 연결해주는 것은 아니라고 선을 그었다. 정확히는 자신들 세대가 막막한 진실을 인정하고 희극적인 위안을 얻기 위한 배출구를 필요로 한다는 것이라고 했다. 밈에 담긴 유머는 언제나 통렬하다. 한 인터뷰 참여자의 표현대로 '존재론적' 유머라 할 수 있다. 그 이면에는 회의주의와 냉소주의, 때로는 허무주의나 운명론이 깔려 있다.

우리는 밈을 비롯한 짧은 멀티미디어 형태의 유머가 앞으로도 계속되리라 확신한다. 밈은 디지털 시대에 쉽게 퍼져나갈 수 있는 새로운 유형의 오락 커뮤니케이션을 보여주는 하나의 사례다.

# 10. 인류를 위해 투쟁하다

미래에 닥칠 커다란 변화에 대비하기 위해 Z세대는 새로운 기술을 받아들이고, 유연성과 자기 의존성이라는 특성 및 가치를 함양한다. 일면 모순적으로 보일 수 있겠으나, 이들은 안전과 안정도 바란다. 오래 일할 수 있는 안정적인 일자리와 우정, 결혼, 그리고 공동체를 열망한다.

이러한 밀고 당기기의 역학은 삶 전반에 뚜렷하게 나타난다. 이들은 부모와 조부모에게서 배운 다양성과 자유의 가치를 수호하지만, 한편으로는 기성세대의 위선에 환멸을 느끼고 대인관계와 집단 내에서 갈등을 해결 못하는 자신들의 무능력에 좌절한다. 또 진실성을 높이 평가하면서도 어떤 상황에서는 비진실성과 선별적 진실을 예상하고 허용한다. 일차적으로는 네트워크 미디어를 통해 소통하면서도 대면 소통 역시 선호한다. 부모를 '친구'로, 친구를 '가족'으로 지칭한다. 공적인 환경에서 사적인 생각과 감정을 공유하고, 혼자 일할 때는 다른 사람들과 함께 있으려 한다. 개인의 자유와 자기 의존성에 높은 가치를 매기지만, 한편으로는 상호성과 협업, 공동체 의식을 중요하게 여긴다. 전 지구적으로 사고하지만 지역적으로 행동하는 모습을 보이기도 한다. 구사하는 유머에는 무거운 진실이 담겨 있다. 현재를 대할 때는 실용적이고 현실적이지만 미래를 내다볼 때는 이상적인 태도를 보인다.

이렇듯 명백한 모순과 모호함 때문에 혹자는 Z세대를 비판할지도 모르겠다. 하지만 이 모순과 모호함은 옛것과 새것이 교차할 때 당연히 발생하는 어려움이다. 어쩌면 Z세대는 '백 투 더 퓨처 세대'라고 불러도 될 것 같다. 미래의 디지털 기술을 포용하되, 개인의 자유와 사회적 소속감과 관련해서는 인류가 오래도록 간직해온 가치들을 받아들인다는 점에서 그러하다. 우리의 연구는 그간의 주된 평가와 달리 Z세대가 인류의 오랜 가치들을 지워버리는 것이 아니라, 오히려 그것들을 잘 간직하면서 이루어지는 사회 변화를 바라고 있음을 보여주었다.

줄리 리스콧-하임스는 퍼시픽 스탠더드의 Z세대 연재 기사 「부머와 X세대가 Z세대를 후려치는 게 잘못된 이유」에서 Z세대의 이러한 특성을 논하며 기성세대가 이를 인정해야 한다고 주장했다. 『헬리콥터 부모가 자녀를 망친다』에서는 부모에게 자녀 삶에 과도하게 개입하는 헬리콥터 부모가 되어서는 안 된다고 충고했으나, 기사에서는 새로운 관점을 피력했다.

기대에 못 미친다고 이들을 비판하기보다, 우리 다음 세대임에도 불구하고, 또는 우리 다음 세대이기 때문에, 이 (포스트 밀레니얼) 세대가 지금껏 보아온 인간 군상과는 현저히 다르다는 사실을 받아들여야 한다. 어쩌면 재앙 수준의 기후위기가 닥칠지 모를 지구에 태어났다는 사실이 이들에게 결코 침묵할 수 없는 목소리를 주었는지도 모르겠다. 어른들이 무분별한 폭력을 종식시키지 못할 것 같은 상황에서, 젊은이들은 그저 서로에게 기댈 수밖에 없는지도 모른다. 제대로 준비도 안 된 채로 온갖 문제가 우글대는 현실세계에 던져졌으니, 어떻게든 자기 힘으로 버텨야 하는 것인지도 모르겠다. 어쩌면, 찰스 다윈이 승리의 미소를 짓고 있을지도. 어쩌면, 이들이 처한 환경이 이들을 겁쟁이가 아니라 스스로를 구할 전사로 만든 것인지도. 그러니 어쩌면, 달라진 세상에 이들이 어떻게 적응했으며, 우리가 이들과 어떻게 함께할 수 있을지에 관심을 가져야 하는지도 모르겠다.[5]


## 결론: 지금 여기서, 아직 만들어지지 않은 미래로 가는 길

연구를 진행하면서 우리는 Z세대가 자라며 겪었을 격동과 이들 앞에 놓인 중대한 문제들을 좀더 선명하게 확인할 수 있었다. 또 의도적이든 아니든 혼란스럽고 감정적인 인류가 디지털 시대의 '지능적인' 기계들에 길들여지도록, 또는 길들여지지 않도록 이들이 얼마나 열심히 싸우고 있는가를 비로소 이해했다. 정체성, 자유, 의지, 진정성, 소속감, 협업, 다양성, 공정, 포용을 향한 이들의 열정 역시 그 싸움의 일부다. 건강한 정신과 감정을 중요하게 여기고, 지금보다 나은 더 공정한 사회를 꿈꾸는 이들의 신념 역시 마찬가지다.

하지만 열정과 신념을 가지고 꿈꾸는 세상으로 나아가는 길은 아직 그 끝이 불투명하며, 이는 비단 Z세대만의 문제는 아니다. 그럼에도 이들이 제기하는 질문과 일상을 살아가는 양상은 문제를 구체화한다. 정체성 정치의 시대에 대규모 협업은 어떻게 효과적으로 작동할 수 있을까? 유연하지만 일시적인 것처럼 보이기도 하는 온라인 커뮤니티가 과연 장기적으로 충분한 지지와 안정성을 가져다줄 수 있을까? 포스트밀레니얼이 구태의 것이라고 거부하는 전통 제도와 리더 없이, 복잡한 문제들을 해결할 수 있는 유효한 모델은 존재하는가? 유연한 조립식 협업이 효과적인 대안이 될 수 있을까? 과거의 조직보다 친절하고 온화하고 좀더 참여적인 조직이 과연 지속 가능하고 생산적일까? 이러한 질문에 대한 해답은 Z세대를 비롯한 모든 연령집단이 함께 혁신과 실험을 거치며 찾아내야 할 것이다.

Z세대는 자신들만의 비전과 가치, 그리고 사회의 잘못된 부분을 냉철하게 짚어내는 판단력이 완전히 새롭고 더 나은 세상을 만들리라는 희망을 품고 있다. 이 세대가 어떻게 세상을 경험하며, 왜 그러한 방식으로 경험하는지를 더 잘 이해하고 이들이 직면한 문제를 바로 봄으로써, 다른 세대 사람들은 이들의 희망에서 배움을 얻고 자기 세대와 후대를 위해 더 나은 디지털 시대를 만들어가는 이들과 연대할 수 있을 것이다. '오케이 부머'가 실망과 환멸만을 뜻하게 두어서는 안 된다. 더 깊은 이해를 통해 세대 간 연결, 협력, 협업을 의미할 수 있게끔 바뀌어가야 한다.

# 감사의 말

우선 연구를 재정적으로 지원해준 샘 길과 나이트재단에 감사드린다. 특히 뜨거운 응원을 보내준 마거릿 레비와 CASBS(스탠퍼드대 부설 행동과학 고등연구센터) 팀에도 감사하다. 이 프로젝트를 믿어주고 내내 친절을 베푼 샘과 마거릿에게 진심으로 고마운 마음을 전한다.

　　연구 조교 학생들에게 고맙다. 스탠퍼드대 소속의 앤절라 리가 모든 방면에서 수고해주었다. 여러 학생을 인터뷰하고, 우리를 위해 다양한 연구를 진행하고, 프로젝트가 이어지는 내내 훌륭히 조율자 역할을 해주었다. 랭커스터대의 에밀리 윈터 역시 현장 인터뷰를 진행해주었고 프로젝트 초기 단계부터 놀라운 아이디어를 제시하며 멋진 동료가 되어주었다. 이 밖에도 인터뷰를 맡아준 연구 조교들, 풋힐 커뮤니티 칼리지의 아스타 카날, 스탠퍼드대의 토니 해킷, 애나-마리 스프링어에게 고마움을 전한다.

기꺼이 시간을 내어 질문에 답해준 랭커스터대학교, 풋힐 커뮤니티 칼리지, 스탠퍼드대학교의 인터뷰 참여자들에게도 깊이 감사드린다. 그들의 답변이 이 책의 중심을 세워주었다.

i세대 말뭉치와 설문조사를 도와준 사람들에게도 감사를 전한다. 세라와 함께 부지런히 i세대 말뭉치를 만들어준 뉴질랜드 캔터베리대학교의 로버트 프로몬트, 스탠퍼드대 연구 조교진인 맥스 파르, 제이컵 커퍼먼, 어밀리아 릴런드, 애나-마리 스프링어, 사이먼 토드에게 고맙다. 아낌없이 조언해주고 전문 지식을 나눠준 스탠퍼드대 자연언어처리 그룹의 동료들에게도 고맙다. 특히, 현재 미시간대학교 소속인 데이비드 위르겐스와, 맥길대학교에 있는 윌 해밀턴, 그리고 크리스 매닝에게 고맙다는 말을 전하고 싶다. 아울러 i세대 말뭉치가 완성되기까지 아르토 안틸라, 알렉스 체홀코, 패트릭 행크스, 대니 허낸데즈, 댄 주라프스키, 마거릿 레비, 루스 머린쇼, 닉 모클러, 바이런 리브스, 마이크 스콧의 조언과 친절함에 빚을 졌다. 린다와 함께 설문조사를 취합해 분석해준 버나드 실버먼 경에게도 감사드린다. 덕분에 연구와 관련해 고무적이면서도 무척이나 유쾌한 대화가 오갔다.

이 책을 집필하면서 많은 동료, 친구들과 논의를 주고받았다. 책 제목을 정하는 데 도움을 준 루비 리치의 창의적인 의견에 고마움을 표한다. 프로젝트 사전 기획 단계에서 두 번의 CASBS 세미나를 통해 너그러이 자신들의 의견을 전달해준 분들에게도 감사드린다. 시간을 할애해 이 책의 초안을 검토한 뒤 2019년 11월 옥스퍼드 해리스 맨체스터 칼리지에서 열린 워크숍에서 값진 피드백을 전달해준 분들, 마거릿 레비, 줄리 리스콧-하임스, 니콜 모클러, 엘레니 풀로스, 벳시 라잘라, 마야 튜더에게 진심으로 감사하다. 덕분에 책이 훨씬 나아졌다. 더해 퍼시픽 스탠더드 Z세대 연재 기사에 글을 써준 필진들과 그 기사들을 편집해 준 벳시 라잘라의 고마움을 잊을 수 없다.

이 책을 탄생시킨 3명의 놀라운 영웅, 시카고대 출판부의 위대한 편집자 엘리자베스 브랜치 다이슨, 그리고 각각 런던과 뉴욕에서 출판 에이전트로 수고해준 리베카 카터와 에마 패리의 지혜와 다정함에 우리 모두 진심으로 깊이 감사드린다.

책을 완성하는 과정에서 많은 친구와 가족이 따로 또 같이 우리를 응원해주었다. 로버타는 남편 찰스 카츠와 X세대 자녀 세라, 시드니, 팀, 그리고 Z세대 손주 로리, 에이븐에게 변함없는 사랑과 응원을 보내주고 자신에게 깨달음을 준 것에 진심으로 고마움을 전한다. 이 연구를 진행하는 동안 유의미한 통찰력을 더해준 친구들과 동료들에게도 고맙다. 특히 주디 에스트린은 몇 번이나 긴 산책을 함께하며 날카로운 통찰이 담긴 말들을 전해주었다. 린다는 프로젝트 때문에 외국을 돌아다니고 오랫동안 떨어져 있어야 했는데도 변함없이 자신을 응원해준 남편 샌디에게 고마운 마음을 보낸다. 세라는 다양한 질문에 대답해준 Z세대 가족들, 제임스 올슨과 그레이스, 앵거스, 피비, 벤 오길비, 그리고 밀레니얼 조카 진 오길비에게 고마움을 표한다. Z세대의 언어와 관련해 유익한 말동무가 되어준 스탠퍼드대 동료 가브리엘라 사프란에게도 감사를 전한다. 제인은 20세기 기술과 커뮤니케이션과 관련해 대화에 응해준 스탠퍼드대의 프레드 터너, 옥스퍼드대의 애덤 가이에게, 그리고 학부생 교육을 비롯해 여러 주제를 놓고 대화하며 영감을 준 스탠퍼드 대 동료 헤리 엘람(현 옥시덴틸 칼리지 총장)과 미셸 엘람에게 감사를 전한다. 세라와 제인은 2019년 어느 가을날 멋진 점심을 대접해주며 이 책 내용과 관련해 여러 세대의 생생한 이야기를 들려준, 부머부터 Z세대를 망라하는 월폴 카로 가족에게 특별한 감사를 전한다.

마지막으로 특별한 친구이자 동료이며, 훌륭한 정치학자이자 CASBS의 앞서가는 지도자, 마거릿 레비에게 이 책을 바친다.

## 연구와 집필 방법

이 연구를 후원해준 나이트재단의 열린 태도와 연구의 장을 마련해준 CASBS의 지원 덕에 자유롭게 협력할 수 있었고, 연구 결과가 최초의 아이디어에 의문을 던지고 새로운 주제를 이끌어낼 때마다 접근법을 가다듬으며 프로젝트를 유기적으로 발전시킬 수 있었다. 연구 주제가 학문의 경계를 넘나드는 만큼 이 프로젝트에서는 우리 각자의 전문성 (인류학, 언어학, 역사학, 사회학)이 중요했다. 사회심리학과 커뮤니케이션학 분야의 동료들에게도 도움을 받았다.

# 인터뷰

2017년부터 18세에서 25세까지의 포스트 밀레니얼 학생들을 대상으로 인터뷰를 진행했다. 대상자는 대다수가 대학생이었다. 이 책의 구조와 서사는 이들의 언어를 중심으로 짜였다. 연구 조교 학생들은 인터뷰를 진행하도록 훈련을 받았다. 우리는 물론 조교 학생들도 또래끼리 대화해야 더 흥미롭고 솔직한 반응이 나오리라 예상했다. 인터뷰 참여자에게는 기술을 어떻게 사용하는지, 세계 속 자신을 어떻게 바라보는지, 어떤 가치관을 가졌는지, 가족이나 친구와 어떻게 관계를 맺는지 질문했다. 되도록 폭넓고 개방적인 질문을 하려 했고, 학생들의 사회경제적 배경, 문화, 인종, 민족, 종교 등이 다양하게 반영되도록 신경을 썼다. 인터뷰를 보완하기 위해 포커스 그룹을 꾸려 캠퍼스마다 다양한 그룹의 학생들이 서로 대화하도록 만들었다. 참고로 학생들의 발언을 책에 인용할 때는 정체성과 익명성을 보호하기 위해 정체성이 특정되는 표지(인종, 성별, 성적 지향, 국적 등)를 일부러 밝히지 않았으며, 주제와 관련 있지 않으면 출신 캠퍼스도 언급하지 않았다.

인터뷰는 대부분 스탠퍼드대, 랭커스터대, 풋힐 커뮤니티 칼리지, 3개 캠퍼스에서 진행되었다. 이 3개 대학은 각각 다른 유형의 고등교육 제도를 상징한다. 스탠퍼드대는 19세기 말 제인과 릴런드 스탠퍼드가 철도 사업으로 번 재산으로 북부 캘리포니아 팰로앨토에 설립한 사립 대학교다. 당시로서는 파격적이게 남녀공학이자 무종파 학교로 세워졌으며, 학부 교육에 접목한 문제 해결 위주의 실용적 교육관이 지금까지 유지되고 있다. 현재는 미국뿐 아니라 세계적으로 선도적인 연구 및 교육 중심 대학으로 인정받는다. 디지털 시대를 연 테크 기업들의 상당수가 잉태되고 형성된 곳이기도 하다. 실리콘밸리는 이곳을 중심으로 성장했다. 우리는 연구 과정에서 인터넷과 이동통신 기술이 지금의 변화를 설명해줄 수 있는지 물어야 했기에, 스탠퍼드대는 인터뷰를 진행하기에 아주 적합했다. 그곳 학생들은 풀타임 학위 프로그램에 등록되어 있으며, 총 재학생 수만 1만 7000명 남짓으로 그중 학부생은 약 7000여 명이다. 우리가 만난 인터뷰 참여자는 대부분 학부생이었다. Z세대 연령집단에 속한 대학원생도 일부 있었다.

랭커스터대는 연구 중심 대학으로, 영국 대학들이 대개 그러하듯 공립대학이다. 1960년대 들어 고등교육과 고등교육 기관이 지역사회 재생에 미치는 영향에 관한 전후시대의 낙관이 해일처럼 밀려들면서 서식스를 비롯해 여러 대학이 만들어졌고, 랭커스터대도 그중 하나였다. 스탠퍼드대와 마찬가지로 설립 당시에는 늘어나는 인구 대비 대학교 수가 부족했던 지역에 높은 수준의 고등교육 기회를 주었다. 하지만 오늘날 두 학교의 지리적 위상은 극명하게 다르다. 스탠퍼드대는 디지털 기술 세상의 한복판에 있지만 랭커스터대는 수십 년째 제조산업의 쇠퇴를 절실히 체감하고 있는 잉글랜드 북부에 자리하고 있다. 랭커스터대의 학생 인구는 스탠퍼드대에 살짝 못 미치지만, 학부생 인구는 좀 더 많다. 총 재학생 1만 3300명 중에 1만 1400여 명이 학부생이다(그만큼 대학원생 수가 적다는 뜻이다). 학생 약 3분의 2가 영국 출신이며 나머지는 외국인이다(2019~2020년 기준으로 11퍼센트가 유럽연합 출신이고 26퍼센트가 그 외 지역 출신이다). 이 캠퍼스에서 만난 인터뷰 참여자들 역시 거의 다 학부생이었다.

조금 다르지만 풋힐 커뮤니티 칼리지도 비교해볼 만한 대목이 있다. 이 학교는 1950년대 말 북부 캘리포니아 로스 앨토스 힐스에 세워졌다. 스탠퍼드대와 마찬가지로 실리콘 밸리 권역 안에 있다. 하지만 이곳은 4년제 학사 과정이 아니라 2년제 준학사 과정으로 운영된다. 일부 학생들은 풋힐에서 준학사를 받은 뒤 (대부분 캘리포니아에 있는) 4년제 대학교로 진학해 4년제 학사 과정을 마친다. 이 캠퍼스의 학생 수는 약 1만 5300명인데, 4분의 1 정도만 풀타임 학생이고 나머지는 파트타임으로 공부한다. 단순히 청강만 하는 학생도 더러 있다. 스탠퍼드대, 랭커스터대와 달리, 원격 학습 형태로 등록한 학생 수(4만 7000명)도 적지 않다. 우리가 이곳에서 만난 인터뷰 참여자들은 캠퍼스 내에서 풀타임 또는 파트타임으로 공부하는 학부생들이었다.[1]

우리는 2년간 랭커스터대, 스탠퍼드대, 풋힐 커뮤니티 칼리지에서 총 120명을 인터뷰했다. 모든 인터뷰는 인터뷰 참여자들과 동년배인 연구 조교가 진행했다. 랭커스터(에밀리 윈터)와 풋힐(아스타 카날)에는 각각 한 명의 연구 조교가, 스탠퍼드에는 3명의 연구 조교(토니 해킷, 앤절라 리, 애나-마리 스프링어)가 배정되었다. 인터뷰 질문의 틀을 잡는 데 이들의 몫이 컸다. 몇몇 연구 조교는 학생들이 자기 삶에 관한 이야기를 가장 잘 털어놓을 수 있게 유도할 질문을 선정한 파일럿 기간에 우리를 도와주었다. 우리는 학생들이 자신의 가치관을 이야기하고 싶어하며, 마지못해 어른이 되어버린 '눈송이' 세대로 묘사되기보다 스스로 목소리를 내고 싶어한다는 것을 알았다.

인터뷰 참여자들은 대부분 알음알음 선별되었으나, 풋힐의 경우는 스탠퍼드 등 타 대학에서 진행하는 사회과학 연구에 참여할 학생들을 모집하는 공식 프로그램의 참가자들이었다. 횟수를 고려했을 때 인터뷰 참여자 그룹을 무작위로 선별하기는 힘들다고 판단했다. 대신 말뭉치와 설문조사는 해당 연령집단의 무작위 표본을 대상으로 했다. 책에서 언급한 바대로, 우리는 출신 국가가 미국인지 영국인지와 무관하게 인터뷰 참여자들과 설문조사 응답자들의 시각에서 유의미한 유사성을 발견했다. 또한, 인터뷰 참여자들은 모두 고등교육 기관에 소속되어 있음에도 인구 통계학적으로는 상당한 다양성을 보였다. 랭커스터, 풋힐, 스탠퍼드는 저마다 고유한 차이점을 보였을 뿐 아니라, 학생들의 배경도 다양했다. 스탠퍼드는 '엘리트' 기관이라는 인식이 있으나 저소득층 학생들을 유치하기 위한 장학금 프로그램이 잘 마련되어 있는 편이다. 풋힐과 랭커스터 역시 설립된 배경과 목적 면에서는 차이가 있으나, 국적과 삶의 경로가 다양한 학생들을 적극적으로 유치하고 있다.

인터뷰는 가벼운 질문으로 시작되었다. 우리는 학생들에게 스타터 팩에 무엇을 넣겠냐고 묻거나, 전날 시간을 어떻게 보냈는지 게임 판에 색깔별 말뚝으로 표시해달라고 청했다. 또 답변에 제약을 두지 않고 온오프라인 활동과 소속 단체에 관해, 가족, 친구, 연애 상대, 지인과의 관계에 관해, 자신과 세대 전반의 가치관에 관해, 종교와 영성, 젠더, 섹슈얼리티, 리더십, 정치 및 사회운동, 노동 등에 관해 질문했다. 누구 또는 무엇을 믿는지, 어디서 지지와 조언과 지식을 구하는지, 외로움, 좌절감, 슬픔의 감정을 어떻게 처리하는지도 물었다. 인터뷰 마지막에는 본인과 인류 전반이 당도할 미래에 관해 의견을 물었다. 인터뷰는 대부분 한 시간 정도 진행되었고, 시간을 내어준 답례의 표시로 학생들에게 기프트 카드가 증정되었다.

이 인터뷰와 별개로 연구 조교들은 포커스 그룹을 추려 학생들이 자신들 삶에 관해 함께 이야기할 수 있도록 했다. 포커스 그룹에 주어진 질문은 인터뷰 질문과 성격은 유사했으나, 학생들이 교류하는 시간을 확보해야 했으므로 질문 수를 줄였다. 흥미롭게도 학생들은 인터뷰에서건 포커스 그룹에서건 동등하게 자신들의 견해를 솔직하게 표현하는 듯했다. 다만 이는 애초에 포커스 그룹이 실제 친구 사이로 구성되었기 때문일 수 있다.


## i세대 언어 말뭉치


"'cuck'*을 빠짐없이 다 모읍시다"라는
말이 예사롭게 오가는 작업이었다

—맥스 파르, 연구 조교 학생
i세대 언어 말뭉치에 관한 발언(2017년 5월 12일)

---

\*  i세대 주요 플랫폼 중 하나인 포챈에서 많이 쓰이는 신조어.

연구에서 Z세대(언어 말뭉치와 연관해서는 i세대라고 명명) 언어는 중요한 부분을 차지했다. 언어는 문화를 들여다보는 열쇠이기에, 우리는 Z세대 언어를 조사하면서 이들의 사고방식과 태도, 가치관을 확인할 수 있었다. 젊은 층은 언어 혁신의 주동자이자 가장 영향력 있는 언어 변화의 전파자다.[2] 이들의 언어를 연구하면서 우리는 이들이 세상을 어떻게 바라보는지뿐만 아니라 이들의 언어는 무엇이 다르며 앞으로 어느 방향으로 나아갈지, 또 그것이 모두에게 어떤 영향을 미치게 될지 가늠했다.

이 책의 골자인 스탠퍼드, 풋힐, 랭커스터의 Z세대와 인터뷰한 내용에 더해, 대규모로 수집한 일반 언어 모음에 컴퓨터 분석을 접목한 i세대 말뭉치, 그리고 미국과 영국 Z세대 설문조사 결과를 통해 포스트밀레니얼의 일반 인구 정보도 모았다.

i세대 말뭉치는 16세부터 25세 연령대 인구가 다양한 맥락에서 사용하는 구어와 문어 7천만 개 단어를 수집해놓은 디지털 저장고다. 포커스 그룹의 대화 녹취록, 연구팀이 스탠퍼드, 풋힐, 랭커스터에서 실시한 인터뷰 기록, 소셜(트위터), 토론(레딧), 게임(트위치), 이미지보드(포챈), 영상(유튜브) 등 여러 형태의 온라인 참여를 대표하는 소셜미디어 플랫폼 데이터, 그리고 페이스북과 인스타그램에 올라온 밈, 이모지, 카피파스타 등의 맥락을 참고했다.

→ 트위터: 16,001,261개 토큰(1,069,598개 어종)

→ 레딧: 36,884,918개 토큰(415,257개 어종)

→ 트위치: 10,075,603개 토큰(527,798개 어종)

→ 포챈: 6,110,549개 토큰(292,922개 어종)

→ 유튜브: 24,382개 토큰(3,022개 어종)

→ 인터뷰: 891,882개 토큰(18,013개 어종)

→ 밈: 11,701개 토큰(3,126개 어종)

우리는 목표 연령집단(16세부터 25세) 내부의 언어를 추출하기 위해 필요시 머신러닝 알고리즘을 적용했다. 트위터 데이터는 2016년 3월 기준으로 16세부터 25세 사용자 36만 7721명의 언어로 구성되었다. 나이는 연쇄적인 자동 추단법을 이용해 결정되었는데, 14세부터 59세 사이로 필터링되어 처음에는 약 90만 명에 달하는 사용자에서 시작해 고신뢰 사용자 36만 7721명의 언어를 추출했다. 레딧 데이터는 나이 조사가 이뤄진 적이 있는 서브 레딧, 이를테면 리그오브레전드, sjw혐오, 종교, 밈, 유머, 댕크밈, 팬픽션, 프랭크오션, 비욘세, 드레이크, 게이트키핑, 섹스, 호라이즌, 닌텐도스위치, 게이밍, 후방주의, 리얼걸, 베이퍼웨이브, 배설포스팅, 중독, 신음참기, 약물극미량복용, 인디헤드, 웨스트월드, 기묘한이야기, 아니메_irl, 언더테일, 프랫, 정치, 법적청소년, 개쓰레기아트, 개쓰레기디자인, 고등학교, 실프로드, 오버워치커스텀게임 등의 서브 레딧에서 추출한 것이어서 고신뢰 사용자들의 언어로 구성되었다. 트위치의 경우, 플랫폼이 '자동 관리'를 도입하기 전인 2016년 2월에 데이터를 추출해 해당 연령집단에 속한 사용자들의 미검열 언어를 확보했다. 포챈은 18세 이상 사용자들을 위한 공간이기 때문에, 우리가 수집한 데이터는 포챈 인구 통계에 따라 18세부터 25세 사용자들의 데이터로 추려졌다. 데이터를 추출한 게시판은 /a/ 아니메와 망가, /co/ 코믹과 카툰, /v/ 비디오게임, /pol/ 정치적으로 올바르지 않음, /lgbt/, /b/ 랜덤, 총 여섯 곳이다. 유튜브 영상은 ELAN을 이용해 우리가 직접 기록하고 시간을 정렬했다. 영상에 나오는 단어를 말뭉치에서 검색하면 곧바로 그 단어가 언급되는 화면으로 이동할 수 있다. 랭커스터, 풋힐, 스탠퍼드에서 진행된 학생 인터뷰 녹취는 2017년부터 2019년 사이에 기록되고 익명화되어 말뭉치에 통합되었다. 밈과 카피파스타는 해당 연령대를 고려해 직접 균형 있게 유형을 선별했다. 대부분 여러 장르와 형태의 이미지 게시물이었는데, 구체적으로는 '팽창하는 두뇌' 밈, '드레이크 예스/노' 밈, '바닥 조심해' 밈, 건전 밈, 공감 밈, 어이없거나 아이러니한 밈, '레어 스테이크' 밈, '커밋 대 악마 커밋' 밈, 이 밖에 임팩트 폰트를 덧입혀 창작된 이미지 매크로 몇 점이 포함되었다.

i세대 말뭉치를 토대로 Z세대 일반 인구의 언어 사용과 어휘 혁신 패턴을 분석하는 계산법을 적용했고, Z세대 언어를 영국과 미국의 일반 인구(구체적으로는 Z세대가 아닌 인구) 언어 말뭉치(BNC와 COCA)와 비교했다. 그 결과, 어떤 단어와 개념이 일반 인구 대비 Z세대에서 유독 현저성 또는 '핵심도'를 띠는지 알 수 있었다. 핵심도란 다른 말뭉치와 비교해 특정 말뭉치에서 특정 단어의 빈도가 통계적 유의미함을 가지는지 측정하는 것으로, 텍스트에서 어떤 단어가 우연 이상으로 자주 등장하는지 보여준다. 핵심도 값이 클수록 빈도수의 격차가 크다는

것을 의미한다. 우리는 로그 우도(LL)를 이용해 핵심도 값을 산출했다. 일반적으로 로그 우도 값이 6.63 이상일 때(p<.01) 해당 단어를 유의미하다고 판단한다. 따라서 우리는 Z세대 내에서 빈도수가 유의미한 언어인지를 판단할 때 6.63 이상인 로그 우도를 기준값으로 삼았다. 예를 들어 어느 키워드의 로그 우도 값이 1000, 즉 6.63보다 훨씬 큰 경우, 광범위한 언어 사용 말뭉치와 비교했을 때 i세대 말뭉치에서 **이례적으로 빈도수가 높다**고 판단했다. 반대로 어느 키워드가 마이너스 값, 예를 들어 -10000의 값을 가질 경우, 광범위한 언어 사용 말뭉치와 비교했을 때 i세대 말뭉치에서 **이례적으로 빈도수가 낮다**고 판단했다.

i세대 말뭉치를 이용한 언어 분석은 젊은 층 언어에 관한 사회 언어학 및 변이학적 선행연구를 토대로 했다. 이를테면 『언어와 사회』(1988)에 게재된 페니 에케르트의 「청소년 사회구조와 언어 변화의 확산」, 코니 이블의 「비속어와 사교성: 대학생의 내집단 언어」(1996), 마치에이 비다브스키의 「아프리카계 미국인 비속어」(2015), 살리 타글리아몬테의 「10대의 말」(2016) 등이다.

세라 오길비는 로버트 프로몬트(캔터베리대학교 소속)와 함께 i세대 말뭉치를 만들었다. 프로몬트의 Labb-CAT 플랫폼을 사용했고, 맥스 파르, 제이컵 커퍼먼, 앤절라 리, 어밀리아 릴런드, 애나-마리 스프링어, 사이먼 토드 등 학생들의 도움을 받았다. 또한 윌리엄 해밀턴, 데이비드 위르겐스, 마거릿 레비, 크리스 매닝, 아르토 안틸라, 댄 주라프스키, 대니 허낸데즈, 바이런 리브스, 알렉스 체홀코, 루스 머린쇼 등 여러 동료의 아낌없는 조언과 전문성에 빚졌다. 트위터 데이터와 관련해서는 스탠퍼드대 자연언어처리 그룹과 데이비드 위르겐스에게 고마움을 전한다. 레딧 데이터는 윌 해밀턴, 트위치 데이터는 대니 허낸데즈의 도움을 받아 수집할 수 있었다. 나이트재단과 CASBS 팀의 후원과 지지가 없었다면 불가능했을 연구였다. 연구가 마무리되면 다른 연구자들이 참고하거나 영어 이외 언어로 연구를 모방할 수 있도록 i세대 말뭉치를 공개해 전 세계적 규모의 말뭉치 네트워크를 구축하려 한다.


## 설문조사


이 책에 언급된 2개의 설문조사는 린다 우드헤드가 교수이자 영국 왕립학술원 회원인 버나드 실버먼, 유고브YouGov 소속의 리베카 매닝으로 이뤄진 프로젝트 팀과 협의하여 설계했다. 설문조사는 인터넷 여론조사 회사인 유고브의 영국과 미국 지사를 통해 실시되었다. 함께 데이터를 분석해준 린다 우드헤드와 버나드 실버먼에게 값진 도움을 주어 고맙다는 말을 전한다.

영국 현장 조사는 2019년 2월 18일부터 22일까지 진행되었다. 조사는 그레이트브리튼(북아일랜드 제외) 지역에서 18세부터 25세까지의 청년 1002명을 대표 표본으로 삼았다. 미국 현장 조사는 2019년 2월 13일부터 21일까지 진행되었다. 18세부터 25세까지의 청년 1000명을 대표 표본으로 삼았다. 국가의 차이를 고려해 일부 내용이 변형된 것을 제외하면(정치인과 정당 이름 등) 영국과 미국 표본에 주어진 28개 질문의 내용은 같다.

유고브는 대표 표본을 모으기 위해 표준 방법론을 적용했다. 이를 위해 영국과 미국의 고정 패널에서 하위 표본을 추출해야 했다. 그렇게 추출된 표본은 나이, 젠더, 사회계층, 교육 수준, 민족, 정치 참여 등을 기준으로 18세부터 25세까지의 영국인과 미국인을 각각 대표했다. 이 하위 표본집단은 설문조사에도 참여했다. 하위 표본집단은 사용자 이름과 비밀번호를 통해서만 질문에 접근할 수 있었고, 응답자는 각 조사에 한 번씩만 응답했다.

설문조사가 끝난 후 영국과 미국의 18세부터 25세 인구(인터넷 미사용 인구 포함) 개요에 통계 가중치를 적용해 최종 데이터를 만들었다. 초기 추출 표본이 적격한 사람들을 적격한 비율로 모은 것이라면, 통계 가중치가 적용된 표본은 각국에서 인터넷에 접근 가능한 인구뿐 아니라 전체를 반영하는 18세부터 25세 인구를 대표한다.

우리는 인터뷰 작업이 후반부에 돌입하기 전까지 설문조사의 구성을 확정하지 않았다. 이는 우리의 질문이 선행된 질적 연구를 토대로 결정되었고 그에 대한 답이 얼마나 대표성을 띠는지 가늠하는 데 쓰였을 수 있음을 의미한다. 우리는 이렇게 랭커스터대에서 나온 결과를 그레이트브리튼 내 18세에서 25세까지에 해당하는 인구 전반의 태도와 비교하고, 스탠퍼드대와 풋힐 커뮤니티 칼리지에서 나온 결과를 미국 내 18세에서 25세까지에 해당하는 인구 전반의 태도와 비교했다.

# 주

## 들어가며: 디지털 네이티브의 등장

**1**  이 연재 기사에서 많은 부분을 인용했다. 연재 기사 전문은 퍼시픽 스탠더드 웹사이트에서 확인할 수 있다. https://psmag.com/ideas/special-projects/generation-z.

## 1장. 디지털 세상을 항해하는 Z세대

**1**  W. Joseph Campbell, *1995: The Year the Future Began*(Berkeley: University of California Press, 2015).

**2**  다나 보이드, 『소셜시대 십대는 소통한다』, 지하늘 옮김, 처음북스, 2014.

**3**  BBC, "Generation Z and the Art of Self Maintenance," September 30, 2019, https://www.bbc.co.uk/sounds/play/m0008wnn.

**4**  i세대 말뭉치에서 'lol'은 여느 플랫폼보다 게임 플랫폼 트위치에서 자주 나

타났다. 일반적으로 핵심도 또는 로그 우도(LL) 값이 6.63 이상일 때 해당 단어를 유의미하다고 판단한다. i세대 말뭉치에서 'lol'의 핵심도 값은 트위치 LL=111,242.14, 유튜브 LL=-55.94, 트위터 LL=-3,518.09, 포챈 LL=-8,390.61, 레딧 LL=-39,035.59이다.

**5**   Sarah Ogilvie, "The Effect of Technology on Human Interactions", Center for Advanced Study in the Behavioral Sciences, Stanford University, March 6, 2018. 해당 발언은 이 발표 이후 세라 오길비가 유치원 교사와 나눈 대화에서 발췌했다.

**6**   'collab'은 'collaboration' 'collaborate' 같은 단어보다 빈번하게 i세대 언어 데이터 뱅크에 등장한다. 특히 음악이나 영상 협업을 가리키는 경우가 잦다. 전 연령집단의 언어 사용을 망라하는 일반 말뭉치와 비교해서도 이례적으로 빈도수가 높다. i세대 말뭉치에서 'collaboration'이라는 단어의 핵심도 값은 BNC 대비 LL=-16.77, COCA 대비 LL=-703.83이고, 'collaborate'라는 단어의 핵심도 값은 BNC 대비 LL=없음, COCA 대비 LL=-86.78인 반면, 'collab'이라는 단어의 핵심도 값은 BNC 대비 LL=22.19, COCA 대비 LL=3,335.48이다.

**7**   Bianca Bosker, "Crowdsourcing the Novel," *Atlantic*, December 2018, 18쪽.

**8**   헨리 젱킨스, 『팬, 블로거, 게이머』, 정현진 옮김, 비즈앤비즈, 2008.

**9**   로버타 카츠와 로버트 천의 2019년 3월 대화에서 발췌.

**10**   "Lunch with the FT: Opal Tometi," *Life and Arts* section of the *Financial Times*, August 15, 2020, 3쪽.

**11**   Z세대 장애인에게 온라인에서의 삶이 주는 의미와 유용함에 관해서는 Sonia Livingstone and Alicia Blum-Ross, *Parenting for a Digital Future* (New York: Oxford University Press), 5장 참조.

**12**   이 갈등에 관한 최근의 논의는 다음을 참조. George Dyson, *Analogia: The Entangled Destinies of Nature, Human Beings and Machines* (London: Allen Lane, 2020).

**13** 세라 오길비와 RARV의 2017년 2월 대화에서 발췌.

**14** 토머스 H. 대본포트·존 벡, 『관심의 경제학』, 이동현·김병조·권기환 옮김, 21세기북스, 2006.

**15** Byron Reeves, N. Ram, T. N. Robinson, J. J. Cummings, L. Giles, J. Pan, A. Chiatti, M. J. Cho, K. Roehrick, X. Yang, A. Gagneja, M. Brinberg, D. Muise, Y. Lu, M. Luo, A. Fitzgerald, and L. Yeykelis, "Screenomics: A Framework to Capture and Analyze Personal Life Experiences and the Ways That Technology Shapes Them," *Human-Computer Interaction* 36, no. 2(2021): 150-201쪽.

**16** 타 캠퍼스에 출강했던 동료에게서 들은 일화다. 이 동료는 캘리포니아대 버클리 캠퍼스에서 초청 강의를 개설해 강의 평가에서 최고점을 받았다. 탁월한 강의였다고 응답한 수강생 비율이 무려 100퍼센트였는데, '아주 공감이 간다'라는 것이 이유였다(로버타 카츠와 JE의 2017년 11월 대화에서 발췌).

**17** i세대 말뭉치에서 'relatable'이라는 단어의 핵심도 값은, BNC 대비 LL=23.89, COCA 대비 LL=3,020이다.

**18** 니콜라스 카, 『생각하지 않는 사람들』, 최지향 옮김, 청림출판, 2020.

**19** 수전 그린필드, 『마인드 체인지』, 이한음 옮김, 북라이프, 2015.

**20** 매리언 울프, 『다시, 책으로』, 전병근 옮김, 어크로스, 2019.

**21** Sam Wineburg, Sarah McGrew, Joel Breakstone, and Teresa Ortega, "Evaluating Information: The Cornerstone of Civic Online Reasoning," Stanford Digital Repository, 2016, https://purl. stanford.edu/fv751yt5934.

**22** Mizuko Ito, Sonja Baumer, Matteo Bittanti, danah boyd, Rachel Cody, Becky Herr Stephenson, Heather A. Horst, Patricia G. Lange, Dilan Mahendran, Katynka Z. Martínez, C. J. Pascoe, Dan Perkel, Laura Robinson, Christo Sims, and Lisa Tripp, *Hanging Out, Messing Around, and Geeking Out*(Cambridge, MA: MIT Press, 2013), 25쪽.

23    토니 와그너, 『이노베이터의 탄생』, 고기탁 옮김, 열린책들, 2013.

24    Rose Macaulay, *Crewe Train*(London: Virago Press, 1926, reprint 2000), 187쪽.

25    진 트웬지, 『#i세대』, 김현정 옮김, 매일경제신문사, 2018.

26    벨의 분석은 Ben Rooney, "Women and Children First: Technology and Moral Panic," *Wall Street Journal*, July 11, 2011, https://blogs. wsj.com/tech-europe/2011/07/11/women-and-children-first-technology-and-moral-panic/에서 인용.

27    Claude S. Fischer, *America Calling: A Social History of the Telephone to 1940*(Berkeley, CA: University of California Press, 1994); David Trotter, *Literature in the First Media Age: Britain between the Wars* (Cambridge, MA: Harvard University Press, 2013).

28    Franz Kafka, *The Neighbour*(trans. Tanya Ellerbrock, 2021[1917]), http://www.kafka.org/index.php?aid=163.

29    사피야 우모자 노블, 『구글은 어떻게 여성을 차별하는가』, 노윤기 옮김, 한즈미디어, 2019; 버지니아 유뱅크스, 『자동화된 불평등』, 김영선 옮김, 북트리거, 2018.

30    "A-Levels: Student Foresaw Exam Crisis in Winning Story," *BBC News*, August 17, 2020, https://www.bbc.co.uk/news/uk-englandmanchester-53812315; "University Offer Reinstated for Exam Crisis Author Jessica Johnson," *BBC News*, August 20, 2020, https://www.bbc.co.uk/news/uk-england-manchester-53828077. 제시카 존슨의 이야기는 다음을 참조. https://www.orwellfoundation. com/the-orwell-youth-prize/2018-youth-prize/previous-winners-youth/2019-winners/a-band-apart-jessica-johnson/.

31    Fred Turner, *From Counterculture to Cyberculture: Stewart Brand, the Whole Earth Network, and the Rise of Digital Utopianism*(Chicago: University of Chicago Press), 2006 참조.

**32** 이 통계는 Alan Rusbridger, *Breaking News: The Remaking of Journalism and Why It Matters Now*(Edinburgh: Canongate, 2018) xxi에서 인용.

**33** 독싱과 다크 웹에 관한 추가 논의는 Jamie Bartlett, *The Dark Net: Inside the Digital Underworld*(Brooklyn: Melville House, 2014) 참조.

**34** S. Craig Watkins, *The Young and the Digital*(Boston: Beacon Press, 2009), 60쪽.

**35** 현대사회에서 도서관 같은 공공장소가 어떤 식으로 사회 통합을 이끄는지에 관한 거시적 논의는 Eric Klinenberg, *Palaces for the People: How Social Infrastructure Can Help Fight Inequality, Polarization, and the Decline of Civic Life*(New York: Crown, 2018) 참조.

**36** "Under the Hood: TikTok's Rampant Growth Strikes Wrong Note." *FTWeekend*, July 25/26, 2020, 14쪽.

**37** Y Combinator, "Tim Urban of *Wait but Why*," YouTube video, January 3, 2018, https://www.youtube.com/watch?v=7a9lsGtVziM.

## 2장. 다양한 조각들로 이루어진 '나'

**1** 이후 연설 일부가 공개되었다. Elizabeth Alexander, "How to Make a Life from Scratch," *New York Times*, July 21, 2018.

**2** 캐스퍼 터 카일, 『리추얼의 힘』, 박선령 옮김, 마인드빌딩, 2021. 정체성의 일부 요소를 떼어내 다른 요소와 접합하는 과정이 정체성 형성에 수반된다고 주장한 이전 논의는 Hans Mol, *Identity and the Sacred: A Sketch for a New Social-Scientific Theory of Religion*(New York: The Free Press, 1977) 참조.

**3** Kwame Anthony Appiah, *The Lies That Bind. Rethinking Identity: Creed, Country, Colour, Class, Culture*(London: Profile Books, 2018),

3쪽.

4   Leonore Davidoff and Catherine Hall, *Family Fortunes: Men and Women of the English Middle Class 1780-1850*(London: Routledge, 2002) 참조.

5   Francis Fukuyama, *Identity: Contemporary Identity Politics and the Struggle for Recognition*(London: Profile Books, 2018), 115쪽.

6   *Columbia Law School News*, "Kimberlé Crenshaw on Intersec tionality, more than two decades later," June 2017, https:// www.law.columbia.edu/news/archive/kimberle-crenshaw-intersectionality-more-two-decades-later. 원 기사는 Kimberlé Williams Crenshaw, "Demarginalizing the Intersection of Race and Sex: A Black Feminist Critique of Antidiscrimination Doctrine, Feminist Theory and Antiracist Politics," *University of Chicago Legal Forum* 1, no. 1(1989): 139-167쪽.

7   Paul Hond, "Portrait of a Gen Z Activist," *Columbia Magazine*, Fall 2020, https://magazine.columbia.edu/article/portrait-gen-z-activist.

8   Elle Hunt, "Meet the Numtots: The Millennials Who Find Fixing Public Transport Sexy," *Guardian*, July 5, 2018, https://www.theguardian.com/cities/2018/jul/05/meet-the-numtots-the-millennials-who-find-fixing-public-transit-sexy-urbanist-memes.

9   Interview in British *Vogue*, June 2018, 76쪽.

10  Sarah Ogilvie, ed. *Tree Seak: Words of Stanford Dictionary*, Stanford University, 2017, https://words.stanford.edu/.

11  https://igencorpus.ling-phil.ox.ac.uk/express/transcript?ag_id= 190247&threadId=68#ew_0_5289923 참조.

12  "Generation Z Looks a Lot Like Millennials on Key Social and

Political Issues," Pew Research Center, January 17, 2019, http://www.pewsocialtrends.org/2019/01/17/generation-z-looks-a-lot-like-millennials-on-key-social-and-political-issues/.

13 Dan Levin, "Young Voters Keep Moving to the Left on Social Issues, Republicans Included," *New York Times*, January 23, 2019, https://www.nytimes.com/2019/01/23/us/gop-liberal-america-millennials.html/.

14 Phillip L. Hammack, "The Future Is Non-binary and Teens are Leading the Way," *Pacific Standard*, April 8, 2019, https://psmag.com/ideas/gen-z-the-future-is-nonbinary.

15 토머스 월터 라커, 『섹스의 역사』, 이현정 옮김, 황금가지, 2000. 19세기에 뿌리내린 성적 차이 개념에 관해서는 Cynthia Russett, *Sexual Science: The Victorian Construction of Womanhood*(Cambridge, MA: Harvard University Press, 1991); Davidoff and Hall, *Family Fortunes* 참조.

16 2019년 12월 19일 트윗. Aja Romano, "J. K. Rowling's Latest Tweet Seems Like Transphobic BS. Her Fans Are Heartbroken," *Vox*, December 19, 2019, https://www.vox.com/culture/2019/12/19/21029852/jk-rowling-terf-transphobia-history-timeline 참조.

17 Aja Romano, "Harry Potter and the Author Who Failed Us," *Vox*, June 11, 2020, https://www.vox.com/culture/21285396/jk-rowling-transphobic-backlash-harry-potter.

18 Jamie Raines(Jammidodger), "Responding to JK Rowlings Essay: Is It AntiTrans?," YouTube video, June 28, 2020, https://www.youtube.com/watch?v=6Avcp-e4bOs 참조. 에이자 로마노는 BBC 라디오4 프로그램에 출연해 이 주제에 관해 이야기하기도 했다. "Can I Still Read *Harry Potter*?"(broadcast November 13, 2020), https://www.bbc.co.uk/programmes/p08y8x0s.

19 Romano, "Harry Potter and the Author Who Failed Us."

20 우리의 설문조사 결과를 영국 통계청 수치와 비교해볼 수 있다. 영국 통계청 에 따르면 2017년 기준 16세부터 24세 인구의 4.2퍼센트, 전체 인구의 2퍼센 트가 LGB에 가깝게 정체화했다. 우리는 온라인 설문조사를 실시해 익명성을 보장했으나 통계청은 전화 통화와 방문 조사 방법을 채택했다.

21 Raisa Bruner, "How Halsey's Unflinching Honesty Turned Her into Pop's Most Approachable Star," *Time*, October 8, 2020, https:// time.com/collection-post/5896372/halsey-next-generation-leaders/ 참조.

22 Rogers Brubaker, *Trans: Gender and Race in an Age of Unsettled Identities*(Princeton, NJ: Princeton University Press, 2016) 141-144쪽.

23 Lauren D. Davenport, *Politics beyond Black and White: Biracial Identity and Attitudes in America*(Cambridge: Cambridge University Press, 2018).

24 BAME이라는 약어에 대한 논쟁이 있다. 이 책을 출간하는 현시점에 이 용 어는 유동적으로 쓰이고 있다. Rajdeep Sandhu, "Should BAME Be Ditched as a Term for Black, Asian and Minority Ethnic People?" *BBC News*, May 27, 2018, https://www.bbc.co.uk/news/uk-politics-43831279 참조.

25 Lauren D. Davenport, "Beyond Black and White: Biracial Attitudes in Contemporary U.S. Politics," *American Political Science Review* 110, no. 1(February 2016): 52-67쪽.

26 Thanos Trappelides, Aqsa Ahmed, Tamara Krivskaya, Anca Usurelu, and Jabeel Mahmoud, "Issues of Belonging in the iGeneration," unpublished jointly written student paper, Richardson Institute, Lancaster University, 2019.

27 미국에서 민족주의와 함께 발달한 백인 정체성에 관한 논의는 Kathleen Belew, *Bring the War Home: The White Power Movement and Paramilitary America*(Cambridge MA: Harvard University Press,

2018) 참조. 우파 단체들이 북유럽 신들과 의식을 백인 정체성의 일부로 채택하는 현상에 관한 논의는 Ethan Doyle White, "Northern Gods for Northern Folk: Racial Identity and Right-Wing Ideology among Britain's Folkish Heathens," *Journal of Religion in Europe*, 10, no. 3 (2017): 241-273쪽; Matthias Gardell, *Gods of the Blood: The Pagan Revival and White Separatism*(Durham, NC: Duke University Press, 2003); Jennifer Snook, *American Heathens: The Politics of Identity in a Pagan Religious Movement*(Philadelphia: Temple University Press, 2015) 참조.

**28**  i세대 말뭉치에서 'nation'이라는 단어의 핵심도 값은 BNC 대비 LL=-15.17, COCA 대비 LL=-8,088.26이다. i세대 말뭉치에서 'national'이라는 단어의 핵심도 값은 BNC 대비 LL=-1,191.79, COCA 대비 LL=-30,057.39이다. i세대 말뭉치에서 'nationality'라는 단어의 핵심도 값은 BNC 대비 LL=4.17, COCA 대비 LL=-23.17이다.

**29**  i세대 말뭉치에서 'class'라는 단어의 핵심도 값은 BNC 대비 LL=-26.43, COCA 대비 LL=-104.16이다. i세대 말뭉치에서 'privilege'라는 단어의 핵심도 값은 BNC 대비 LL=-7.17, COCA 대비 LL=-56.84이다. i세대 말뭉치에서 'status'라는 단어의 핵심도 값은 BNC 대비 LL=-58.53, COCA 대비 LL=-1,299.46이다.

**30**  Tim Clydesdale, *The First Year Out: Understanding American Teens after High School*(Chicago: University of Chicago Press, 2007), 39-41쪽.

**31**  영국 캠퍼스에서 이슬람과 무슬림 학생들이 받는 대우에 관한 최근의 연구에 따르면, 세속주의는 암묵적으로나 명시적으로 만연하다. 제도를 비롯해 교육과정과 학술 토론에서 그러한 경향이 확인된다. Alison Scott-Baumann, Mathew Guest, Shuruq Naguib, Sariya Cheruvallil-Contractor, and Aisha Phoenix, *Islam on Campus: Contested Identities and the Cultures of Higher Education in Britain*(Oxford: Oxford University

Press, 2020).

Mathew Guest, Alison Scott-Baumann, Sariya Cheruvallil-Contractor, Shuruq Naguib, Aisha Phoenix, Yenn Lee, and Tarek Al-Baghal, *Islam on Campuses: Perceptions and Challenges*, SOAS University of London, 2020, https://www.soas.ac.uk/represen tingislamoncampus/publications/file148310.pdf, 15-18쪽.

Mathew Guest, Kristin Aune, Sonya Sharma and Rob Warner, *Christianity and the University Experience: Understanding Christian Faith*(London: Bloomsbury Academic, 2012), 39쪽.

Mathew Guest, "The 'Hidden Christians' of the UK University Campus," *Young People and the Diversity of (Non)religious Identities in International Perspective*, ed. Elizabeth Arwick and Heather Shipley(Cham, Switzerland: Springer, 2019), 51-67쪽.

Linda Woodhead, "The Rise of 'No Religion' in Britain: The Emergence of a New Cultural Majority," *Journal of the British Academy* 4(2016): 245-261쪽.

찰스 테일러, 『자아의 원천들』, 권기돈·하주영 옮김, 새물결, 2015.


## 3장. 진정성이 중요하다

"Apple Martin: Teen Tells Off Her Mum, Gwyneth Paltrow, for Sharing Photo without Permission," BBC *Newsround*(blog), March 27, 2019, https://www.bbc.co.uk/newsround/47718465.

20세기 이후로 진정성이란 개념에 무게와 가치가 더해진 것에 관한 논의는 Lionel Trilling, *Sincerity and Authenticity*(Cambridge, MA: Harvard University Press, 1972); Charles Taylor, *The Ethic of Authenticity* (Cambridge, MA: Harvard University Press, 2002) 참조.

3  자아분열에 관한 논의는 Anthony Giddens, *The Consequences of Modernity*(Stanford: Stanford University Press, 1990); 앤서니 기든스, 『현대성과 자아정체성』, 권기돈 옮김, 새물결, 2010 참조. 복수 자아에 관한 논의는 Peter L. Berger, Brigitte Berger and Hansfried Kellner, *The Homeless Mind. Modernization and Consciousness*(New York: Random House, 1973) 참조. 유동적 자아에 관한 논의는 Zygmunt Bauman, *Liquid Life*(Cambridge: Polity Press, 2005) 참조.

4  BBC, "Generation Z and the Art of Self Maintenance," September 30, 2019, https://www.bbc.co.uk/sounds/play/m0008wnn, at 5:31.

5  i세대 말뭉치에서 'free'라는 단어의 핵심도 값은 BNC 대비 LL=215.31, COCA 대비 LL=-22,916.4이다.

6  i세대 말뭉치에서 'real'이라는 단어의 핵심도 값은 BNC 대비 LL=145.96, COCA 대비 LL=8,839.66, 'true'라는 단어의 핵심도 값은 BNC 대비 LL=168.81, COCA 대비 LL=17,339.37, 'honest'라는 단어의 핵심도 값은 BNC 대비 LL=32.58, COCA 대비 LL=3286.62, 'fake'라는 단어의 핵심도 값은 BNC 대비 LL=202.38, COCA 대비 LL=13,718.03이다.

7  Erica Bailey, Sandra C. Matz, Wu Youyou, and Sheena S. Iyengar. "Authentic Self-Expression on Social Media Is Associated with Greater Subjective Well-Being," *Nature Communications* 11(2020), https://doi.org/10.1038/s41467-020-18539-w.

8  Sanam Yar, "Lili Reinhart Is Just Being Honest," *New York Times*, October 8, 2020, https://www.nytimes.com/2020/10/03/style/lili-reinhart-swimming-lessons-riverdale.html/에서 인용.

9  연구 조교 앤절라 리가 2018년 여름 MyDigitalTat2에서 인턴십을 할 당시 확인한 발언이다.

10 Gloria Moskowitz-Sweet, Erica Pelavin, "Gen Z's Message to Parents—Put Your Phone Down." *Pacific Standard*, April 22, 2019, https://psmag.com/ideas/put-down-the-phone-and-

reconnect-with-your-child; Jenny Radesky; "What Happens When We Turn to Smartphones to Escape Our Kids?" *Pacific Standard*, April 22, 2019, https://psmag.com/ideas/what-happens-when-parents-cant-put-their-phones-down.

11  Erin McLaughlin, "'On Fleek' Inventor Kayla Newman AKA Peaches Monroee on Her Beauty Line," *Teen Vogue*, March 2017.

12  http://www.pewsocialtrends.org/2019/01/17/generation-z-looks-a-lot-like-millennials-on-key-social-and-political-issues/.

13  https://www.nytimes.com/2019/01/23/us/gop-liberal-america-millennials.html/.

14  http://www.pewsocialtrends.org/2019/01/17/generation-z-looks-a-lot-like-millennials-on-key-social-and-political-issues/.

15  Nicola Madge, Peter J. Hemming, and Kevin Stenson, *Youth on Religion: The Development, Negotiation and Impact of Faith and Non-Faith Identity*(London: Routledge, 2013).

16  그러나 일부 기성 활동가들은 캔슬 컬처를 부정적으로 본다. 브리스틀대학교의 저명한 흑인 역사학자 올리베트 오텔은 2020년 "캔슬 컬처를 둘러싼 논의는 지극히 중산층스럽다. 실제 활동가들은 겨우 살아남아 서로를 지탱하고 있다"라고 말했다. Nesrine Malik, "Interview Olivette Otele," *Guardian*, October 16, 2020. https://www.theguardian.com/books/2020/oct/16/olivette-otele-discussions-of-cancel-culture-are-very-middle-class-activists-just-survive-and-support-each-other.

17  i세대 말뭉치에서 'cancel'이라는 단어의 핵심도 값은 BNC 대비 LL=55.86, COCA 대비 LL=2970.21이고, 'blocking'이라는 단어의 핵심도 값은 BNC 대비 LL=18.17, COCA 대비 LL=24.47, 'ghost'라는 단어의 핵심도 값은 BNC 대비 LL=27.09, COCA 대비 LL=2503.48이다.

18  Romano, "Harry Potter and the Author Who Failed Us." https://

www.vox.com/culture/21285396/jk-rowling-transphobic-backlash-harry-potter.

19 이러한 점에서 공정 중심의 접근 방식은 평등보다 취약함에 주목한 마사 앨버트슨 파인먼의 법철학과 유사한 지점이 많다. "Vulnerability and Social Justice," *Valparaiso University Law Review* 53(2019) 참조.

20 Sonia Livingstone and Alicia Blum-Ross, *Parenting for a Digital Future*(New York: Oxford University Press, 2020).

## 4장. 가족을 찾아서

1 Sarah Ogilvie and David Martin, "Oxford English Dictionary: Building Dictionaries with Crowdsourcing" podcast, January 2019, https://www.youtube.com/watch?v=ZmoyLCftpAs.

2 Cara Delevingne, "Girl Up Hero Awards Interview," October 13, 2019, at 1:21, https://www.eonline.com/videos/297220/cara-delevingne-gushes-over-ashley-i-m-the-luckiest-girl-in-the-world.

3 Mizuko Ito, Crystle Martin, Rachel Cody Pfister, Matthew H. Rafalow, Katie Salen, and Amanda Wortman, *Affinity Online: How Connection and Shared Interest Fuel Learning*(New York: New York University Press, 2018), 5쪽.

4 Kat Lin, "The Story of the Subtle Asian Traits Facebook Group," *New Yorker*, December 22, 2018. https://www.newyorker.com/culture/culture-desk/the-story-of-the-subtle-asian-traits-facebook-group ; Nicholas Wu and Karen Yuan, "The Meme-ification of Asianness," *Atlantic*, December 27, 2018. https://www.theatlantic.com/technology/archive/2018/12/the-asian-

identity-according-to-subtle-asian-traits/579037/ 참조.

**5**   Lin, "The Story of the Subtle Asian Traits Facebook Group."

**6**   Wu and Yuan, "The Meme-ification of Asianness."

**7**   BBC, "Generation Z and the Art of Self-Maintenance," September 30, 2019, https://www.bbc.co.uk/sounds/play/m0008wnn, at 8:21 참조.

**8**   앤절라 네이글, 『인싸를 죽여라』, 김내훈 옮김, 오월의봄, 2022.

**9**   이러한 유형의 부정적인 커뮤니티를 중심으로 맹렬한 여성 혐오가 벌어지고 있다. 여성 혐오에만 몰두하는 인셀 운동이 대표적이다. 인셀 운동은 1990년대 중반 캐나다에서 앨라나라는 여성에 의해 시작되었다. 초기에는 남성과 여성이 성적 공포, 좌절감, 불만족감 등을 공유하며 서로를 지지하는 소규모 온라인 커뮤니티였다. 앨라나는 비자발적 독신주의자involuntary celibates를 뜻하는 '인비셀invcels'로 자신들을 명명했다. 그런데 시간이 흐르면서 이 커뮤니티는 전혀 다른 형태로 변해갔다. 인셀은 웹사이트, 블로그, 포럼, 팟캐스트, 유튜브 채널, 채팅방까지 전방위로 아우르며, 여성 혐오에 매몰된 커뮤니티가 되었다. 로라 베이츠는 새로운 사람들이 인셀 커뮤니티로 유입되는 경로가 아주 다양하다고 설명한다. "어떤 사람은 인생이 외로운 이유에 대한 답을 찾다가 우연히 그 커뮤니티를 발견한다. 어떤 사람은 일반 메시지 보드나 웹사이트와 같이 인터넷으로 다른 활동을 하다가 자연스럽게 흘러들어간다. 어떤 사람은 딱히 원치 않았는데 유튜브 같은 영상 플랫폼의 알고리즘이 인셀 콘텐츠를 추천하는 바람에 유입된다. 또 어떤 사람은 좀더 은밀한 수단을 매개로, 이를테면 사적인 게임 채팅방이나 십대 남자 청소년들이 자주 사용하는 포럼에 올라오는 메시지에 길들여져 인셀 커뮤니티로 빨려 들어간다." Laura Bates, *Men Who Hate Women: From Incels to Pickup Artists, the Truth about Extreme Misogyny and How It Affects Us All*(London: Simon and Schuster, 2020), 13쪽 참조. 우리가 살핀 인터넷 서브 커뮤니티와 마찬가지로, 인셀 커뮤니티도 자신들만의 언어를 개발한다. 우리는 그 언어를 통해 그들의 문화를 일별한다. 남성을 혐오하는 세상,

즉 남성보다 여성을 더 위하는 세상은 '여성상위주의gynocracy'라 일컬어지고, 남성과 여성이 동등하다는 무지가 지배하는 '정상' 인생에서 인셀이 깨어나는 순간을 '빨간 약red pill'이라 부른다. '로스티roastie'는 섹스를 지나치게 많이 한 여성을 의미한다(성기가 구운 소고기 같다는 뜻이다). '포이드foid'는 여성 휴머노이드의 준말로 여성을 지칭할 때 쓰인다('여성'이라는 단어가 과분한 인간성을 부여하기 때문이다). '강간인셀rapecel'은 성적 좌절감을 풀려고 여성을 강간하는 인셀을 부르는 말이다.

**10**  에이트챈은 2019년 9월 텍사스와 오하이오에서 벌어진 두 건의 대형 총기 참사가 플랫폼에서 생중계된 사건을 계기로 클리어넷(딥 웹, 다크 웹과 구분되는 공공 인터넷) 자격을 박탈당했다. 그리고 2019년 11월, '에이트쿤8Kun'으로 이름을 바꿔 다시 등장했다. 이번에는 러시아의 '방탄' 호스팅 업체 미디어 랜드를 통해서였다.

**11**  Casey Newton, "Facebook will pay $52 million in settlement with moderators who developed PTSD on the job," *Verge*, May 12, 2020, https://www.theverge.com/2020/5/12/21255870/facebook-content-moderator-settlement-scola-ptsd-mental-health.

**12**  Ito et al., *Affinity Online*, 214쪽 참조.

**13**  BBC, "Generation Z and the Art of Self-Maintenance," at 9:32.

**14**  키워드는 우연이라기에는 예상보다 더 빈번하게 등장하는 단어를 의미한다. 상위 말뭉치(i세대 말뭉치 전체)에서 예상되는 빈도수 대비 하위 말뭉치(예를 들면 포챈, 레딧, 트위터 등)에서의 단어 빈도수를 비교하는 로그 선형 통계 테스트를 통해 산출한다.

**15**  Ogilvie and Martin, "Oxford English Dictionary."

**16**  Henry Jenkins, Shangita Shresthova, Liana Gamber-Thompson, Neta Kligler-Vilenchik, and Arrely Zimmerman, *By Any Media Necessary: The New Youth Activism*(New York: New York University Press, 2016), 49쪽 참조.

**17**  그러나 거식증과 기타 섭식장애 환자를 위한 커뮤니티 '프로-아나(거식증)'

의 악명이 시사하듯, 때로는 지지가 반작용을 낳아 회복 노력을 저해하고 커뮤니티를 영영 떠나게 만들기도 한다. Web MD, "Pro Anorexia Sites: The Thin Web Line," accessed April 28, 2019, https://www.webmd.com/mental-health/eating-disorders/anorexia-nervosa/features/pro-anorexia-web-sites-thin-web-line; Angela Lee, "Tumblr Helped Me Plan My Eating Disorder. Then It Helped Me Heal," *Pacific Standard*, April 29, 2019, https://psmag.com/ideas/tumblr-helped-me-plan-my-eating-disorder-then-it-helped-me-heal.

**18** BBC, "Generation Z and the Art of Self-Maintenance."

**19** 로버트 D. 퍼트넘, 『나 홀로 볼링』, 정승현 옮김, 페이퍼로드, 2009에서 따온 표현. 이 책에서는 미국과 영국 인구가 갈수록 덜 집단적이며 고립되어가고 있다고 주장한다. 셰일린 롬니 가렛과 공동 집필한 2020년 저서 『업스윙』에서 퍼트넘은 1960년대부터 현재에 이르기까지 '나' 중심 문화와 자립성, 에고이즘이 발달해온 궤적을 그리며 기존의 주장을 반복한다. 그러나 우리의 연구 결과, 포스트 밀레니얼 사이에서는 '나'와 '우리'가 결합된 사뭇 다른 패턴이 발견된다. 로버트 D. 퍼트넘·셰일린 롬니 가렛, 『업스윙』, 이종인 옮김, 페이퍼로드, 2022 참조.

**20** Jean Twenge, *Generation Me*(New York: Atria Books, 2014)에서 따온 표현. 이 책은 젊은 사람들이 자기중심적이고 자기소비적이며 개인주의적으로 변하고 있다고 주장한다.

**21** Michel Maffesoli, *Time of the Tribes: The Decline of Individualism in Mass Society*(London: Sage, 1996), 147쪽.

## 5장. 꼰대는 사절

**1** 버나딘 에바리스토, 『소녀, 여자, 다른 사람들』, 하윤숙 옮김, 비채, 2020.

2   BBC, "Generation Z and the Art of Self-Maintenance," September 30, 2019, https://www.bbc.co.uk/sounds/play/m0008wnn, at 25:55 참조.

3   David Brooks, "A Generation Emerging from the Wreckage," *New York Times*, February 26, 2018, https://www.nytimes.com/2018/02/26/opinion/millennials-college-hopeful.html/.

4   i세대 말뭉치에서 일인칭 대명사 'I'의 핵심도 값은 BNC 대비 LL=10,785.32, COCA 대비 LL=986,003.19이다.

5   Henry Jenkins, Mizuko Ito, and danah boyd, *Participatory Culture in a Networked Era: A Conversation on Youth, Learning, Commerce and Politics*(London: Polity Press, 2016); Daniel Kreiss, Megan Finn, and Fred Turner, "The Limits of Peer Production: Some Reminders from Max Weber for the Network Society," *New Media & Society* 13, no. 2(2011): 243-259 참조.

6   20세기 가족사에 대한 개괄은 Mary Abbot, *Family Affairs: A History of the Family in Twentieth-Century England*(London: Routledge, 2002); Marilyn Coleman, *Family Life in Twentieth-Century America*(Westport, CT: Greenwood, 2007) 참조. 최근의 가족 변화에 관해서는 Susan Golombok, *Modern Families: Parents and Children in New Family Forms*(Cambridge: Cambridge University Press, 2015) 참조.

7   Laura T. Hamilton, *Parenting to a Degree: How Family Matters for a College Degree*(Chicago: University of Chicago Press, 2016).

8   대표적으로 줄리 리스콧 하임스가 이 습관을 극복할 수 있도록 양육자들을 돕고 있다. 줄리 리스콧 하임스, 『헬리콥터 부모가 자녀를 망친다』, 홍수원 옮김, 두레, 2017 참조.

9   *New Yorker*, August 20, 2018, 39쪽.

10   Madeline Levine, *Ready or Not: Preparing Our Kids to Thrive in an Uncertain and Rapidly Changing World*(San Francisco: Harper,

2020).

**11** 소니아 리빙스턴과 얼리샤 블룸 로스는 디지털 시대 양육에 관한 연구에서, 자녀들이 부모의 기술적 이해도를 오해하거나 과소평가하는 경향이 있고, 반대로 부모는 자녀들의 기술적 이해도를 과대평가하는 경향이 있다고 지적한다. Sonia Livingstone and Alicia Blum-Ross, *Parenting for a Digital Future*(New York: Oxford University Press, 2020) 참조. 하지만 Elisabeth Gee, Lori Takeuchi, and Ellen Wartella, *Children and Families in the Digital Age: Living Together in a Media-Saturated Culture*(London: Routledge, 2018) 6장을 보면, 라틴계 이민자 자녀들은 디지털 기술 경험이 부모보다 훨씬 풍부해 가족 내에서 정보를 중개하는 역할을 맡기도 한다는 것이 확인된다.

**12** BBC, "Generation Z and the Art of Self-Maintenance" 참조.

**13** Kristina Sepetys, "Have Headphones Made Gen Z More Insular?" *Pacific Standard*, April 29, 2019, https://psmag.com/ideas/have-headphones-made-gen-z-more-insular.

**14** Ron Lesthaeghe, "The Unfolding Story of the Second Demographic Transition," *Population and Development Review* 36, no. 2 (2010): 211-251쪽.

**15** Elisabeth Beck-Gernsheim, "On the Way to a Post-familial Family: From a Community of Need to Elective Affinities," *Theory Culture and Society*, 15 no. 3-4(August 1998): 53-70쪽.

**16** Livingstone and Blum-Ross, *Parenting for a Digital Future*, 17쪽.

**17** Susan Golombok, *We Are Family: What Really Matters for Parents and Children*(London: Scribe, 2020). 골롬복의 2015년 저서 『Modern Family』는 최근 수십 년간 가족의 성격이 어떻게 변했는지를 추적한다.

**18** Claire Haug, "What's a Normal Family, Anyway?" *New York Times*, February 5, 2019, https://www.nytimes.com/2019/02/05/style/the-edit-normal-unconventional-family.html/.

19  Pew Research Center, "The American Family Today," December 17, 2015, https://www.pewsocialtrends.org/2015/12/17/1-the-american-family-today 참조. 이 보고서는 민족이 어떤 변수로 작용하는지도 다룬다. 일례로 아시아인 부모를 둔 자녀들은 양쪽 부모가 있는 가정에서 생활할 확률이 가장 높다.

20  Euromonitor International, "Households in 2030: Rise of the Singletons," March 20, 2017, https://blog.euromonitor.com/households-2030-singletons/.

21  Julie Beck, "It's 10 p.m. Do You Know Where Your Friends Are?" *Atlantic*, August 20, 2019.

22  i세대 말뭉치에서 'friend'라는 단어의 핵심도 값은 BNC 대비 LL=65.85, COCA 대비 LL=9,386.18이다.

23  "Gamers Meet in Real Life at Bedside of Terminally-Ill Friend," *BBC News*, September 29, 2018, https://www.bbc.co.uk/news/world-us-canada-45651739.

24  C. J. Pascoe, "Intimacy," in *Hanging Out, Messing Around and Geeking Out: Living and Learning with the New Media*, ed. Mizuko Ito et al.(Cambridge, MA: MIT Press, 2009), 129쪽 참조.

25  Lisa Wade, *American Hookup: The New Culture of Sex on Campus*(New York: W. W. Norton & Co., 2017).

26  기술이 촉발한 변화를 통찰력 있고 유쾌하게 분석한 논의로 아지즈 안사리·에릭 클라이넨버그, 『모던 로맨스』, 노정태 옮김, 부키, 2019 참조.

27  BBC, "Generation Z and the Art of Self-Maintenance," at 20:15 참조.

28  BBC, "Generation Z and the Art of Self-Maintenance," at 24:18 참조.

29  이는 크리스텔 J. 매닝의 연구 결과와도 호응한다. 매닝은 "믿음에 아예 무관심한 젊은 인구가 어느 때보다 많다는 것을 체감한다. 학교에서 토론 주제로 다루거나 중동 또는 플로리다의 종교 광신도에 관해 안 좋은 뉴스가 나온 게 아닌 이상, 이들은 종교에 관해서는 고민하지도 않고 주제를 입 밖으로 꺼내

지도 않는다." Manning, "Gen Z Is the Least Religious Generation. Here's Why That Could Be a Good Thing." *Pacific Standard*, May 6, 2019, https://psmag.com/ideas/gen-z-is-the-least-religious-generation-heres-why-that-could-be-a-good-thing.

30  Linda Woodhead, "The Rise of 'No Religion': Towards an Explanation," *Sociology of Religion* 78, no. 3(Autumn 2017).

31  퓨 리서치 센터는 다른 국가들의 최근 조사 결과를 검토한 뒤 다음과 같이 결론 내린다. "청년 세대가 '종교로 정체화'하고, 신을 믿고, '다양한 종교적 실천'에 참여할 가능성은 기성세대와 비교했을 때 현저하게 낮다. 이는 비단 미국만의 현상이 아니다. 청년 세대의 낮은 종교 참여율은 전 세계 공통이다." Pew Research Center, "The Age Gap in Religion around the World," June 13, 2018, https://www.pewforum.org/2018/06/13/the-age-gap-in-religion-around-the-world/.

32  유럽 전반을 대상으로 한 연구는 Stephen Bullivant's analysis of the European Social Survey 2014-2016 in Bullivant, "Europe's Young Adults and Religion: Findings from the European Social Survey(2014-16) to Inform the 2018 Synod of Bishops," https://www.stmarys.ac.uk/research/centres/benedict-xvi/docs/2018-mar-europe-young-people-report-eng.pdf 참조.

33  Barna Group, "Atheism Doubles among Generation Z," *Millennials and Generations*, January 24, 2018, https://www.barna.com/research/atheism-doubles-among-generation-z/ 참조.

34  Mathew Guest, "The 'Hidden Christians' of the UK University Campus," in *Young People and the Diversity of (Non)religious Identities in International Perspective*, ed. Elizabeth Arwick and Heather Shipley(Cham, Switzerland: Springer, 2019), 51-67쪽. 자세한 논의는 이 책의 2장을 참고.

35  Christel J. Manning, *Losing Our Religion. How Unaffiliated Parents*

*Are Raising Their Children*(New York: New York University Press, 2016), 6쪽.

**36** Nellie Bowles, "These Millennials Got New Roommates. They're Nuns," *New York Times*, May 31, 2019, https://www.nytimes.com/2019/05/31/style/milliennial-nuns-spiritual-quest.html/.

**37** Angie Thurston and Casper ter Kuile, "How We Gather," Sacred Design Lab, 2019, https://sacred.design/wp-content/uploads/2019/10/How_We_Gather_Digital_4.11.17.pdf; Casper ter Kuile and Angie Thurston, "Something More," Sacred Design Lab, 2019, https://sacred.design/wp-content/uploads/2019/10/SomethingMore_F_Digital_Update.pdf.

**38** Manning, "Gen Z Is the Least Religious Generation."

**39** David Brooks, "The Age of Aquarius, All Over Again: Belief in Astrology and the Occult Is Surging," *New York Times*, June 10, 2019, https://www.nytimes.com/2019/06/10/opinion/astrology-occult-millennials.html/.

**40** Michael Schulman, "The Force Is with Them," *New Yorker*, September 16, 2019, 26쪽.

**41** i세대 말뭉치에서 'stuck'이라는 단어의 핵심도 값은 BNC 대비 LL=18.55, COCA 대비 LL=1,717.19이다. 'stagnant'라는 단어의 핵심도 값은 BNC 대비 LL=7.93, COCA 대비 LL=88.97이다.

**42** Sophia Pink, "'Stagnancy Is Scarier Than Change': What I Learned from My Road Trip in Search of Gen Z," *Pacific Standard*, April 8, 2019, https://psmag.com/ideas/road-tripping-to-understand-gen-z.

**43** 미국 응답자 45퍼센트, 영국 응답자 49퍼센트가 이렇게 답했다.

**44** Pink, "'Stagnancy Is Scarier Than Change.'"

**45** 영국 응답자들이 꼽은 6개 항목은 다음과 같다. 행복한 결혼 또는 인생 동반

자와의 만남, 세상에 긍정적인 영향을 남기는 것, 좋은 친구를 사귀는 것, 재미, 살면서 의미 있는 경험을 하는 것, 성공적인 커리어. '살면서 의미 있는 경험을 하는 것' 항목은 영국 설문조사에만 제시되었고 미국 설문조사에서는 빠졌다. 그 외에는 모든 항목이 같았다. 추가된 항목이 있으므로 이 설문조사에 관한 미국과 영국의 결과를 일대일로 비교할 수는 없다.

## 6장. 세상에 목소리를 내다

**1**  지아드 아메드의 발언은 Li Cohen, "From TikTok to Black Lives Matter, How Gen Z Is Revolutionizing Activism," *CBS News*, July 20, 2020, https://www.cbsnews.com/news/from-tiktok-to-black-lives-matter-how-gen-z-is-revolutionizing-activism/에서 인용. 지아드 아메드는 열세 살에 "편견을 타파하고 다양성을 포용하는" 청년들을 위한 사회정의 추구 비영리단체 '리디파이'를 만들어 2020년 비즈니스 인사이더 선정 세상을 바꾸는 청년 인재 15인에 이름을 올렸다. https://www.redefy.org/ 참조.

**2**  Ann M. Pendleton-Jullian and John Seely Brown, *Design Unbound: Designing for Emergence in a White Water World*(Cambridge, MA: MIT Press, 2018) 참조.

**3**  진 트웬지, 『#i세대』, 김현정 옮김, 매일경제신문사, 2018 참조.

**4**  Greg Lukianoff and Jonathan Haidt, *The Coddling of the American Mind: How Good Intentions and Bad Ideas Are Setting Up a Generation for Failure*(London: Penguin, 2018) 참조.

**5**  Kevin Quealy and Claire Cain Miller, "Young Adulthood in America: Children Are Grown, but Parenting Doesn't Stop," *New York Times*, March 13, 2019.

**6**  Janet Adamy, "Gen Z Is Coming to Your Office. Get Ready to Adapt,"

*Wall Street Journal*, September 6, 2018.

**7**    Nosheen Iqbal, "Generation Z: 'We Have More to Do than Drink and Take Drugs,'" *The Guardian*, July 21, 2018에서 인용.

**8**    "Retirement & Survivors Benefits: Life Expectancy Calculator," Social Security Administration, https://www.ssa.gov/cgi-bin/longevity.cgi.

**9**    린다 그래튼·앤드루 J. 스콧, 『100세 인생』, 안세민 옮김, 클, 2020 참조.

**10**    i세대 말뭉치에서 'stressful'이라는 단어의 핵심도 값은 BNC 대비 LL=16.36, COCA 대비 LL=69.25다.

**11**    American Psychological Association, "APA Stress in America™ Survey: Generation Z Stressed About Issues in the News but Least Likely to Vote," press release, October 30, 2018, https://www.apa.org/news/press/releases/2018/10/generation-z-stressed.

**12**    Amy Orben and Andrew K. Przybylski, "The Association Between Adolescent Well-Being and Digital Technology," *Nature Human Behaviour* 3(2019): 173-182쪽. 이와 유사한 결과로 다음을 참조. Andrew K. Przybylski and Netta Weinstein, "A Large-Scale Test of the Goldilocks Hypothesis: Quantifying the Relations between Digital-Screen Use and the Mental Well-Bring of Adolescents," *Psychological Science*, 28(2017): 204-215쪽.

**13**    Sophie Bethune, "Gen Z More Likely to Report Mental Health Concerns," *Monitor on Psychology* 50, no. 1(January 2019), 1-20쪽, https://www.apa.org/monitor/2019/01/gen-z.

**14**    연구 조교 앤절라 리가 MyDigital Tat2에서 여름 인턴십을 할 당시 확인한 발언이다.

**15**    한동안 인종차별이 정신 건강에 미치는 영향에 관해서 연구가 활발히 진행되었다. 지난 50여 년 동안 발표된 문헌 사례로는 다음을 참조. Charles Willie, ed., *Racism and Mental Health: Essays*(Pittsburgh: University of

Pittsburgh Press, 1973); David R. Williams and Ruth Williams-Morris, "Racism and Mental Health: The African American Experience," *Ethnicity and Health* 200, no. 5(3/4): 243-268쪽; Alex L. Pieterse, Helen A. Neville, Nathan R. Todd, and Robert T. Carter, "Perceived Racism and Mental Health among Black American Adults: A Meta-Analytic Review," *Journal of Counseling Psychology* 59, no. 1(2012): 1-9쪽. 영국 왕립정신의학과협회는 2018년 권고와 함께 보고서를 발표했다. "Racism and Mental Health," https://www.rcpsych.ac.uk/pdf/PS01_18a.pdf.

16  "Racism and Mental Health"(web page), Young Minds, https://youngminds.org.uk/find-help/looking-after-yourself/racism-and-mental-health/.

17  Wes, "Black Mental Health Matters," June 18, 2020, Young Minds, https://youngminds.org.uk/blog/black-mental-health-matters/.

18  온라인 학습 플랫폼 '스투닥stuDoc'이 비즈니스 인사이더와 함께 2020년 6월 5일부터 6월 8일까지 소규모 표본을 대상으로 설문조사를 진행했다. 대상자는 미국의 18세부터 32세 학생 108명이었다(포스트 밀레니얼과 어린 밀레니얼이 모두 포함된다). 이들에게 최근 미국 내 인종 갈등이 정신 건강에 영향을 미쳤는지를 묻자 60퍼센트가 그렇다고 응답했다. 64퍼센트는 블랙라이브스매터가 광범위한 지지를 받은 것을 보고 희망을 얻었다고도 답했다. Dominic-Madori Davis, "The Action Generation: How Gen Z Really Feels about Race, Equality, and Its Role in the Historic George Floyd Protests, Based on a Survey of 39,000 Young Americans," *Business Insider*, June 10, 2020, https://www.businessinsider.com/how-gen-z-feels-about-george-floyd-protests-2020-6.

19  Bethune, "Gen Z More Likely to Report Mental Health Concerns."

20  Richard A. Friedman, "Teenagers Aren't Losing Their Minds,"

*New York Times*, September 7, 2018, https://www.nytimes.com/2018/09/07/opinion/sunday/teenager/anxiety-phones-social-media.html/.

21  앞서 언급된 미국심리학회의 SIA 조사 결과와도 호응한다.

22  다나 보이드, 『소셜시대 십대는 소통한다』, 지하늘 옮김, 처음북스, 2014.

23  Sarah Ogilvie, ed., *Tree Speak: Words of Stanford Dictionary*, Stanford University, 2017, https://words.stanford.edu/

24  Lily Zheng, "When Ducks Drown: Shifting Paradigms of Mental Health," *Stanford Daily*, February 1, 2016.

25  Tiger Sun, "Duck Syndrome and a Culture of Misery," *Stanford Daily*, January 31, 2018; Karen Kurosawa, "Stanford 'Places I've Cried' Gains Over 1000 Members," *Stanford Daily*, January 22, 2018.

26  Zheng, "When Ducks Drown."

27  Raisa Bruner, "How Halsey's Unflinching Honesty Turned Her into Pop's Most Approachable Star," *Time*, October 8, 2020, https://time.com/collection-post/5896372/halsey-next-generation-leaders/.

28  Umair Akram, Jennifer Drabble, Glhenda Cau, Frayer Hershaw, Ashileen Rajenthran, Mollie Lowe, Carissa Trommelen, and Jason G. Ellis, "Exploratory Study on the Role of Emotion Regulation in Perceived Valence, Humour, and Beneficial Use of Depressive Internet Memes in Depression," *Scientific Reports* 10(2020): 899쪽, https://doi.org/10.1038/s41598-020-57953-4.

29  Cary Funk and Alec Tyson, "Millennial and Gen Z Republicans Stand Out from Their Elders on Climate and Energy Issues," Pew Research Center, June 24, 2020, https://www.pewresearch.org/?p=302449.

30  "Leadership Team," American Conservation Coalition, https://

주

www.acc.eco/leadership-team.

31   Jeff Brady, "'Light Years Ahead' of Their Elders, Young Republicans Push GOP on Climate Change," NPR, September 25, 2020, https://www.npr.org/2020/09/25/916238283/light-years-ahead-of-their-elders-young-republicans-push-gop-on-climate-change.

32   Bruner, "How Halsey's Unflinching Honesty Turned Her Into Pop's Most Approachable Star."

33   2020년 6월 5일부터 6월 7일까지 소셜 플랫폼 '유보Yubo'가 미국 포스트 밀레니얼 3만 8919명(연령대는 13세부터 25세까지로, 13~18세의 십대 청소년을 포함)을 대상으로 설문조사를 진행했다. 응답자의 88퍼센트는 흑인 미국인이 나머지 시민들과 다른 대우를 받는다고 생각했다. 조사에 참여한 사람 중 백인은 36퍼센트, 흑인/아프리카계 미국인은 19퍼센트, 히스패닉/라틴계는 18퍼센트, 혼혈 인종은 12퍼센트, 아시아인은 4퍼센트, 북미 원주민은 1퍼센트였다. 응답자 90퍼센트 가까이가 블랙라이브스매터를 지지한다고 밝혔다. 83퍼센트는 미국 경찰이 지나치게 권력을 남용한다고 생각했다. 77퍼센트는 흑인 미국인들의 평등을 지지하며 관련 시위에 참여한 경험이 있었다. 62퍼센트는 흑인 평등을 지지하는 평화 시위에 참여해 체포당하더라도 감수할 의향이 있다고 응답했다. Davis, "The Action Generation." 참조.

34   Charlie Warzel, "GenZ Will Not Save Us," *New York Times*, June 22, 2020, https://www.nytimes.com/2020/06/22/opinion/trump-protest-gen-z.html/ 참조.

35   Cathy J. Cohen and Joseph Kahne, *Participatory Politics: New Media and Youth Political Action*(Oakland, CA: Youth and Participatory Politics Research Network, June 2012), vi.

36   Henry Jenkins, Sangita Shresthova, Liana Gamber-Thompson, Neta Kligler-Vilenchik, and Arely Zimmerman, *By Any Media Necessary: The New Youth Activism*(New York: New York University Press, 2016), 272쪽.

**37** 존 팰프리·우르스 가서, 『그들이 위험하다』, 송연석, 최안규 옮김, 웅진씽크빅, 2010.

**38** Veronica Terriquez and May Lin, "Yesterday They Marched, Today They Mobilized the Vote: A Developmental Model for Civic Leadership among the Children of Immigrants," *Journal of Ethnic and Migration Studies* 46, no. 4(2019): 747-769쪽 참조.

**39** 앞서 인용한 2020년 6월 유보 설문조사에 따르면, 포스트 밀레니얼은 소셜 미디어를 활용해 블랙라이브스매터 운동과 아프리카계 미국인들을 위한 평등, 정의에 대한 지지를 표현하고 있다. 플랫폼별 비율은 인스타그램 73퍼센트, 틱톡 26퍼센트, 트위터 25퍼센트, 페이스북 13퍼센트였다. Davis, "The Action Generation."

**40** Taylor Lorenz, "The Political Pundits of TikTok," *New York Times*, February 27, 2020, https://www.nytimes.com/2020/02/27/style/tiktok-politics-bernie-trump.html. 뮌헨공과대학교 연구진에 따르면, 민주당보다 공화당을 지지하는 틱톡 사용자가 정치 콘텐츠를 더 많이 생성하고 그러한 영상으로 더 많은 반응을 얻는 것으로 나타났다. 민주당 지지자들은 다른 당파와의 논쟁에 훨씬 적극적으로 참여했다. 사용자 중 Z세대 비중이 얼마나 되는지는 확실치 않다. Juan Carlos Medina Serrano, Orestis Papakyriakopoulos, and Simon Hegelich, "Dancing to the Partisan Beat: A First Analysis of Political Communication on TikTok," *Southampton'20: 12th ACM Conference on Web Science*, July 7-10, 2020, https://arxiv.org/pdf/2004.05478.pdf 참조.

**41** Taylor Lorenz, Kellen Browning, and Sheera Frankel, "TikTok Teens and K-Pop Stans Say They Sank Trump Rally," *New York Times*, June 21, 2020, https://www.nytimes.com/2020/06/21/style/tiktok-trump-rally-tulsa.html.

**42** "Meet the TikTok Grandma behind the 'No-Show Protest' Campaign," *BBC News*, June 22, 2020, https://www.bbc.co.uk/

news/av/world-us-canada-53145618.

43 Kellen Browning, "TikTok Grandma Who Helped Tank Trump Rally Now Works for Biden," *New York Times*, June 26, 2020, https://www.nytimes.com/2020/06/26/technology/tiktok-grandma-trump-biden.html/.

44 Bruner, "How Halsey's Unflinching Honesty Turned Her Into Pop's Most Approachable Star."

45 Gallup, Inc., "The First Amendment on Campus 2020 Report: College Students' Views of Free Expression," https://www.knightfoundation.org/reports/free-expression-college-campuses.

46 *The First Amendment on Campus 2020 Report: College Students' Views of Free Expression*(Chicago: Gallup, 2020), 1쪽.

47 Eschwar Chandraseharan, Umashanthi Pavalanathan, Anirudh Srinivasan, Adam Glynn, Jacob Eisenstein, and Eric Gilbert, "You Can't Stay Here: The Efficacy of Reddit's 2015 Ban Examined through Hate Speech," *Proceedings of the ACM on Human-Computer Interaction* 2017 1, no. 2: 31-53쪽.

48 표현의 자유가 저널리즘에 갖는 함의에 관한 러스브리저의 논의는 *Breaking News: The Remaking of Journalism and Why It Matters Now* (Edinburgh: Canongate, 2018) 참조.

49 Henry Jenkins, Mizuko Ito, and danah boyd, *Participatory Culture in a Networked Era: A Conversation on Youth, Learning, Commerce and Politics*(London: Polity Press, 2016), 25쪽.

50 Francis Fukuyama, *Identity: Contemporary Identity Politics and the Struggle for Recognition*(London: Profile Books, 2018), 183쪽.

51 Veronica Terriquez, Tizoc Brenes, and Abdiel Lopez, "Intersectionality as a Multipurpose Collective Action Frame: The Case of

the Undocumented Youth Movement," *Ethnicities* 18, no. 2(2018): 260-276쪽 참조.

52  Nathan Gardels(Jim Fishkin의 연구에서 인용), "The Antidote of Deliberative Democracy Is Gaining Ground," *World Post*, January 31, 2020, http://www.berggruen.org/the-worldpost/articles/weekend-roundup-peak-populism-is-approaching/.

53  Claire Cain Miller and Sanam Yar, "Young People Are Going to Save Us All from Office Life," *New York Times*, September 17, 2019, https://www.nytimes.com/2019/09/17/style/generation-z-millennials-work-life-balance.html/.

54  고립된 노동을 비롯해 21세기의 외로움 문제에 관해서는 노리나 허츠, 『고립의 시대』, 홍정인 옮김, 웅진지식하우스, 2021 참조.

## 7장. 디지털 시대의 생존법

1  캘리포니아 베이 지역 히피 문화에서 비롯된 인터넷 낙관론에 관해서는 Fred Turner, *From Counterculture to Cyberculture*(Chicago: University of Chicago Press, 2006) 참조.

2  Susan Svriuga, "Georgetown Students Vote in Favor of Reparations for Enslaved People," *Washington Post*, April 12, 2019, https://www.washingtonpost.com/education/2019/04/12/georgetown-students-vote-favor-reparations-slaves/.

3  Amy Binder and Jeffrey Kidder, "If You Think Campus Speech Is All Angry Confrontation, You're Looking in the Wrong Places," *Washington Post*, October 30, 2018, https://www.washingtonpost.com/news/monkey-cage/wp/2018/10/30/if-you-think-campus-speech-is-all-angry-confrontation-youre-looking-in-the-

wrong-places/.

**4**    Jonah Engel Bromwich, "We Asked Generation Z to Pick a Name. It Wasn't Generation Z," *New York Times*, January 31, 2018, https://www.nytimes.com/2018/01/31/style/generation-z-name.html/.

**5**    Julie Lythcott-Haims, "Why Boomers and Gen X'ers Are Wrong to Bash Gen Z," *Pacific Standard*, April 22, 2019, https://psmag.com/ideas/why-boomers-and-gen-xers-are-wrong-to-bash-gen-z.

## 부록. 연구 방법론

**1**    학생 수를 비롯한 캠퍼스 정보는(학사 연도 2018~2019년 기준) 각 대학 웹사이트에서 발췌한 것이다.

**2**    Paul Kerswill, "Children, Adolescents, and Language Change," *Language Variation and Change* 8(1996): 177-202쪽; J. K. Chambers, *Sociolinguistic Theory: Linguistic Variation and Its Social Significance* (Oxford: Blackwell, 2003); Penny Eckert, *Language Variation as Social Practice*(Oxford: Blackwell, 2000); S. Tagliamonte, *Teen Talk: the Language of Adolescents*(Cambridge: Cambridge University Press, 2016) 참조.

# 참고문헌

Abbot, *Mary. Family Affairs: A History of the Family in Twentieth-Century England.* London: Routledge, 2002.

Adamy, Janet. "Gen Z Is Coming to Your Office. Get Ready to Adapt." *Wall Street Journal*, September 6, 2018.

Akram, Umair, Jennifer Drabble, Glhenda Cau, Frayer Hershaw, Ashileen Rajenthran, Mollie Lowe, Carissa Trommelen, and Jason G. Ellis. "Exploratory Study on the Role of Emotion Regulation in Perceived Valence, Humour, and Beneficial Use of Depressive Internet Memes in Depression." *Scientific Reports* 10(2020): 899쪽. https://doi.org/10.1038 /s41598-020-57953-4.

Alexander, Elizabeth. "How to Make a Life from Scratch." *New York Times*, July 21, 2018, 18.

Ansari, Aziz, with Eric Klinenberg. *Modern Romance.* London: Penguin Books, 2015.

Appiah, Kwame Anthony. *The Lies That Bind. Rethinking Identity: Creed,*

*Country, Colour, Class, Culture.* London: Profile Books, 2018.

Bailey, Erica, Sandra C. Matz, Wu Youyou, and Sheena S. Iyengar. "Authentic Self-Expression on Social Media Is Associated with Greater Subjective Well-Being." *Nature Communications* 11, 4889 (2020). https://doi.org/10.1038/s41467-020-18539-w.

Barna Group. "Atheism Doubles among Generation Z." *Millennials and Generations*, January 24, 2018. https://www.barna.com/research/atheism-doubles-among-generation-z/.

Bartlett, Jamie. *The Dark Net: Inside the Digital Underworld.* New York: Melville House, 2014.

Bates, Laura. *Men Who Hate Women: From Incels to Pickup Artists, the Truth about Extreme Misogyny and How It Affects Us All.* London: Simon and Schuster, 2020.

Bauman, Zygmunt. *Liquid Life.* Cambridge: Polity Press, 2005.

Baym, Nancy K. *Personal Connections in a Digital Age.* London: Polity Press, 2015.

BBC. "Apple Martin: Teen Tells Off Her Mum, Gwyneth Paltrow, for Sharing Photo without Permission," March 27, 2019. https://www.bbc.co.uk/newsround/47718465.

BBC. "Gamers Meet in Real Life at Bedside of Terminally-Ill Friend," September 29, 2018. https://www.bbc.co.uk/news/world-us-canada-45651739.

BBC. "Generation Z and the Art of Self-Maintenance," September 30, 2019. https://www.bbc.co.uk/sounds/play/m0008wnn.

Beck, Julie. "It's 10 p.m. Do You Know Where Your Friends Are?" *Atlantic*, August 20, 2019.

Beck-Gernsheim, Elisabeth. "On the Way to a Post-familial Family: From a Community of Need to Elective Affinities." *Theory,*

*Culture & Society* 15, no. 3-4(August 1998): 53-70쪽.

Belew, Kathleen. *Bring the War Home: The White Power Movement and Paramilitary America.* Cambridge, MA: Harvard University Press, 2018.

Berger, Peter, Brigitte Berger, and Hansfried Kellner. *The Homeless Mind: Modernization and Consciousness.* New York: Random House, 1973.

Bethune, Sophie. "Gen Z More Likely to Report Mental Health Concerns." *Monitor on Psychology* 50, no. 1(January 2019), 1-20쪽. https://www.apa.org/monitor/2019/01/gen-z.

Bosker, Bianca. "Crowdsourcing the Novel." *Atlantic*, December 2018.

Bowles, Nellie. "These Millennials Got New Roommates. They're Nuns." *New York Times*, May 31, 2019. https://www.nytimes.com/2019/05/31/style/milliennial-nuns-spiritual-quest.html/.

boyd, danah. "Friendship." *In Hanging Out, Messing Around, and Geeking Out: Kids Living and Learning with New Media.* Edited by Mizuko Ito, Sonja Baumer, Matteo Bittanti, danah boyd, Rachel Cody, Becky Herr Stephenson, Heather A. Horst, Patricia G. Lange, Dilan Mahendran, Katynka Z. Martínez, C. J. Pascoe, Dan Perkel, Laura Robinson, Christo Sims, and Lisa Tripp, 79-116쪽. Cambridge, MA: MIT Press, 2010.

boyd, danah. *It's Complicated: The Social Lives of Networked Teens.* New Haven, CT: Yale University Press, 2014.

Bromwich, Jonah Engel. "We Asked Generation Z to Pick a Name. It Wasn't Generation Z." *New York Times*, January 31, 2018. https://www.nytimes.com/2018/01/31/style/generation-z-name.html/.

Brooks, David. "The Age of Aquarius, All Over Again: Belief in Astrology and the Occult Is Surging." *New York Times*, June 10, 2019. https://

www.nytimes.com/2019/06/10/opinion/astrology-occult-millennials.html/.

Brooks, David. "A Generation Emerging from the Wreckage." *New York Times*, February 26, 2018. https://www.nytimes.com/2018/02/26/opinion/millennials-college-hopeful.html/.

Brown, Callum G. *Religion and the Demographic Revolution*. Suffolk, UK: Boydell Press, 2012.

Browning, Kellen. "TikTok Grandma Who Helped Tank Trump Rally Now Works for Biden." *New York Times*, June 26, 2020. https://www.nytimes .com/2020/06/26/technology/tiktok-grandma-trump-biden.html/.

Brubaker, Rogers. *Trans: Gender and Race in an Age of Unsettled Identities*. Princeton, NJ: Princeton University Press, 2016.

Bruner, Raisa. "How Halsey's Unflinching Honesty Turned Her into Pop's Most Approachable Star." *Time*, October 8, 2020. https://time.com/collection-post/5896372/halsey-next-generation-leaders/.

Bullivant, Stephen. "Europe's Young Adults and Religion: Findings from the European Social Survey(2014-16) to Inform the 2018 Synod of Bishops." https://www.stmarys.ac.uk/research/centres/benedict-xvi/docs/2018-mar-europe-young-people-report-eng.pdf.

Byron, Ellen. "20-Somethings Embrace Clean Living." *Wall Street Journal*, March 12, 2018.

Campbell, W. Joseph. *1995: The Year the Future Began*. Berkeley: University of California Press, 2015.

Carr, Nicholas. *The Shallows: What the Internet Is Doing to Our Brains*. London: W. W. Norton & Co., 2011.

Case, Anne, and Angus Deaton. *Deaths of Despair and the Future of Capitalism.* Princeton, NJ: Princeton University Press, 2020.

Chambers, J. K. *Sociolinguistic Theory: Linguistic Variation and Its Social Significance.* Oxford: Blackwell, 2003.

Chandraseharan, Eschwar, Umashanthi Pavalanathan, Anirudh Srinivasan, Adam Glynn, Jacob Eisenstein, and Eric Gilbert. "You Can't Stay Here: The Efficacy of Reddit's 2015 Ban Examined through Hate Speech." *Proceedings of the ACM on Human-Computer Interaction* 2017 1, no. 2: 31-53쪽.

Clydesdale, Tim. *The First Year Out: Understanding American Teens after High School.* Chicago: University of Chicago Press, 2007.

Coates, Ta-Nehisi. *Between the World and Me.* New York: Spiegel & Grau, 2015.

Cohen, Cathy J., and Joseph Kahne. *Participatory Politics: New Media and Youth Political Action.* Oakland, CA: Youth and Participatory Politics Research Network, 2012. https://www.researchgate.net/publication/255702744_Participatory_Politics_New_Media_and_Youth_Political_Action.

Cohen, Li. "From TikTok to Black Lives Matter, How Gen Z is Revolu tionizing Activism." *CBS News,* July 20, 2020. https://www.cbs news.com/news/from-tiktok-to-black-lives-matter-how-gen-z-is-revolutionizing-activism/.

Coleman, Marilyn. *Family Life in Twentieth-Century America.* Westport, CT: Greenwood, 2007.

Craig, Shelley L., Lauren McInroy, Lance T. McCready, and Ramona Alaggia. "Media: A Catalyst for Resilience in Lesbian, Gay, Bisexual, Transgender, and Queer Youth," *Journal of LGBT Youth* 12, no. 3(2015): 254-275쪽.

Crenshaw, Kimberlé Williams. "Demarginalizing the Intersection of Race and Sex: A Black Feminist Critique of Antidiscrimination Doctrine, Feminist Theory and Antiracist Politics," *University of Chicago Legal Forum*, no. 1(1989): 139-167쪽.

Davenport, Lauren D. "Beyond Black and White: Biracial Attitudes in Contemporary U.S. Politics." *American Political Science Review* 110, no. 1(February 2016): 52-67쪽.

Davenport, Lauren D. *Politics Beyond Black and White: Biracial Identity and Attitudes in America.* Cambridge: Cambridge University Press, 2018.

Davenport, Thomas H., and John C. Beck. *The Attention Economy.* Cambridge, MA: Harvard Business Review, 2002.

Davidoff, Leonore, and Catherine Hall. *Family Fortunes: Men and Women of the English Middle Class 1780-1850.* London: Routledge, 2002.

Davis, Dominic-Madori. "The Action Generation." *Business Insider*, June 10, 2020. https://www.businessinsider.com/how-gen-z-feels-about-george-floyd-protests-2020-6.

Delevingne, Cara. "Cara Delevingne: 9 Moments That Changed My Life." *British Vogue*, June 2018.

Delevingne, Cara. "Cara Delevingne Gushes Over Ashley: 'I'm the Luckiest Girl in the World.'" Interview at Girl Up Hero Awards. October 13, 2019. https://www.eonline.com/videos/297220/cara-delevingne-gushes-over-ashley-i-m-the-luckiest-girl-in-the-world.

Dyson, George. *Analogia: The Entangled Destinies of Nature, Human Beings and Machines.* London: Allen Lane, 2020.

Eckert, P. *Language Variation as Social Practice.* Oxford: Blackwell, 2000.

Eddo-Lodge, Reni. *Why I'm No Longer Talking to White People about Race.* London: Bloomsbury Circus, 2017.

Eubanks, Virginia. *Automating Inequality: How High-Tech Tools Profile, Police, and Punish the Poor.* New York: St Martin's Press, 2017.

Evans, Claire L. *Broad Band: The Untold Story of the Women Who Made the Internet.* New York: Portfolio, 2018.

Evaristo, Bernadine. *Girl, Woman, Other.* London: Penguin, 2019.

Fineman, Martha Albertson. "Vulnerability and Social Justice." *Valparaiso University Law Review* 53, no. 2(2019): 341-369쪽.

Fischer, Claude S. *America Calling: A Social History of the Telephone to 1940.* Berkeley: University of California Press, 1994.

Fiske, Susan T., and Hazel Rose Markus. *Facing Social Class: How Societal Rank Influences Interaction.* New York: Russell Sage Foundation, 2012.

Frankenberg, Ruth. *White Women/Race Matters.* Minneapolis: University of Minnesota Press, 1998.

Friedman, Richard A. "Teenagers Aren't Losing Their Minds." *New York Times*, September 7, 2018. https://www.nytimes.com/2018/09/07/opinion/sunday/teenager-anxiety-phones-social-media.html/.

Fukuyama, Francis. *Identity: The Demand for Dignity and the Politics of Resentment.* New York: Farrar, Straus and Giroux, 2018.

Fukuyama, Francis. *Identity: Contemporary Identity Politics and the Struggle for Recognition.* London: Profile Books, 2018.

Funk, Cary, and Alec Tyson. "Millennial and Gen Z Republicans Stand Out from Their Elders on Climate and Energy Issues." Pew Research Center, June 24, 2020. https://www.pewresearch.org/?p=302449.

Gallup, Inc. "The First Amendment on Campus 2020 Report: College

Students' Views of Free Expression." https://www.knightfounda
tion.org/reports/free-expression-college-campuses.

Gardell, Matthias. *Gods of the Blood: The Pagan Revival and White Separatism.* Durham, NC: Duke University Press, 2003.

Gardels, Nathan. "The Antidote of Deliberative Democracy Is Gaining Ground." *World Post*, January 31, 2020. https://www.berggruen. org/the-worldpost/articles/weekend-roundup-peak-populism-is-approaching/.

Gardner, Howard, and Katie Davis. *The App Generation: How Today's Youth Navigate Identity, Intimacy, and Imagination in a Digital World.* New Haven, CT: Yale University Press, 2013.

Gawande, Atul. "The Blight: How Our Economy Has Created an Epidemic of Despair." *New Yorker*, March 23, 2020.

Gee, Elisabeth, Lori Takeuchi, and Ellen Wartella. *Children and Families in the Digital Age: Learning Together in a Media Saturated Culture.* London: Routledge, 2018.

George, Madeleine J., and Candice L. Odgers. "Seven Fears and the Science of How Mobile Technologies May Be Influencing Adolescents in the Digital Age." *Perspectives on Psychological Science* 10, no. 6, (2015): 832-851쪽.

Giddens, Anthony. *The Consequences of Modernity.* Stanford, CA: Stanford University Press, 1990.

Giddens, Anthony. *Modernity and Self-Identity: Self and Society in the Late Modern Age.* Stanford, CA: Stanford University Press, 1991.

Golombok, Susan. *Modern Families: Parents and Children in New Family Forms.* Cambridge: Cambridge University Press, 2015.

Golombok, Susan. *We Are Family: What Really Matters for Parents and Children.* London: Scribe, 2020.

Gratton, Lynda, and Andrew Scott. *The 100-Year Life: Living and Working in an Age of Longevity.* London: Bloomsbury, 2017.

Greenfield, Susan. *Mind Change: How Digital Technologies are Leaving their Mark on Our Brains.* New York: Random House, 2015.

Guest, Mathew. "The 'Hidden Christians' of the UK University Campus." In *Young People and the Diversity of (Non)religious Identities in International Perspective,* edited by Elizabeth Arweck and Heather Shipley Cham, Switzerland: Springer, 2019.

Guest, Mathew, Kristin Aune, Sonya Sharma and Rob Warner, *Christianity and the University Experience: Understanding Christian Faith.* London: Bloomsbury Academic, 2012.

Guest, Mathew, Alison Scott-Baumann, Sariya Cheruvallil-Contractor, Shuruq Naguib, Aisha Phoenix, Yenn Lee, and Tarek Al-Baghal. *Islam on Campuses: Perceptions and Challenges.* SOAS University of London, 2020. https://www.soas.ac.uk/representingislamon campus/publications/file148310.pdf.

Hamilton, Laura. *Parenting to a Degree: How Family Matters for College Women's Success.* Chicago: University of Chicago Press, 2016.

Hammack, Phillip L. "The Future Is Non-binary and Teens Are Leading the Way." *Pacific Standard,* April 8, 2019. https://psmag. com/ideas/gen-z-the-future-is-nonbinary.

Harris, Malcolm. *Kids These Days: Human Capital and the Making of Millennials.* New York: Little, Brown, 2017.

Haug, Claire. "What's a Normal Family, Anyway?" *New York Times,* February 5, 2019. https://www.nytimes.com/2019/02/05/style/ the-edit-normal-unconventional-family.html/.

Hertz, Noreena. *The Lonely Century: Coming Together in a World That's Pulling Apart.* London: Sceptre, 2020.

Hond, Paul. "Portrait of a Gen Z Activist." *Columbia Magazine*, Fall 2020. https://magazine.columbia.edu/article/portrait-gen-z-activist.

Hunt, Elle. "Meet the Numtots: The Millennials Who Find Fixing Public Transport Sexy." *Guardian*, July 5, 2018. https://www.theguardian. com/cities/2018/jul/05/meet-the-numtots-the-millennials-who-find-fixing-public-transit-sexy-urbanist-memes.

Iqbal, Nosheen. "Generation Z: 'We Have More to Do Than Drink and Take Drugs.'" *Guardian*, July 21, 2018. https://www.theguardian. com/society/2018/jul/21/generation-z-has-different-attitudes-says-a-new-report.

Ito, Mizuko. "Contributors versus Leechers: Fansnubbing, Ethics and a Hybrid Public Culture." In *Fandom Unbound*, edited by Mizuko Ito, D. Okabe, and I. Tsuji. New Haven, CT: Yale University Press, 2012.

Ito, Mizuko, Sonja Baumer, Matteo Bittanti, danah boyd, Rachel Cody, Becky Herr Stephenson, and Heather A. Horst. *Hanging Out, Messing Around, and Geeking Out.* Cambridge, MA: MIT Press, 2013.

Ito, Mizuko, Crystle Martin, Rachel Cody Pfister, Matthew H. Rafalow, Katie Salen, and Amanda Wortman. *Affinity Online: How Connection and Shared Interest Fuel Learning.* New York: New York University Press, 2018.

Jenkins, Henry. *Fans, Bloggers and Gamers: Exploring Participatory Culture.* New York: New York University Press, 2006.

Jenkins, Henry, Mizuko Ito, and danah boyd. *Participatory Culture in a Networked Era: A Conversation on Youth, Learning, Commerce, and Politics.* Cambridge: Polity Press, 2016.

Jenkins, Henry, Shangita Shresthova, Liana Gamber-Thompson, Neta Kligler-Vilenchik, and Arrely Zimmerman. *By Any Media*

*Necessary: The New Youth Activism*. New York: New York University Press, 2016.

Kafka, Franz. *The Neighbour, trans. Tanya Ellerbrock*. The Kafka Project, 2021[1917]. http://www.kafka.org/index.php?aid=163.

Kahne, Joseph, Nam-Jin Lee, and Jessica T. Feezell. "The Civic and Political Significance of Online Participatory Cultures among Youth Transitioning to Adulthood." *Journal of Information Technology & Politics* 10, no. 1(2013): 1-20쪽.

Kaplan, Bruce Eric. "He's Less of a Parent and More of a Fixer" (cartoon). *New Yorker*, August 20, 2018: 39.

Kelly, Kevin. *The Inevitable: Understanding the 12 Technological Forces that Will Shape Our Future*. New York: Penguin, 2017.

Kerswill, Paul. "Children, Adolescents, and Language Change." *Language Variation and Change* 8(1996): 177-202쪽.

Klinenberg, Eric. *Palaces for the People: How Social Infrastructure Can Help Fight Inequality, Polarization, and the Decline of Civic Life*. New York: Crown, 2018.

Kreiss, Daniel, Megan Finn, and Fred Turner. "The Limits of Peer Production: Some Reminders from Max Weber for the Network Society." *New Media & Society* 13, no. 2(2011): 243-259쪽.

Kurosawa, Karen. "Stanford 'Places I've Cried' Gains Over 1000 Members." *Stanford Daily*, January 22, 2018.

Lantos, Eva. "TikTok: Fears Videos May 'Trigger Eating Disorders.'" *BBC News*, June 22, 2020. https://www.bbc.co.uk/news/uk-wales-52919914.

Lasch, Christopher. *Haven in a Heartless World*. New York: Basic Books, 1977.

Laqueur, Thomas. *Making Sex: Body and Gender from the Greeks to Freud*.

Cambridge, MA: Harvard University Press, 1992.

Lauricella, Alexis, Drew Cingel, Leanne Beaudoin-Ryan, Michael B. Robb, Melissa Saphir, and Ellen Wartella. *The Common Sense Census: Plugged-In Parents of Tweens and Teens.* San Francisco: Common Sense Media, 2016.

Lee, Angela. "A Day in the Loop: A Look into Teen Media Lifestyles." Unpublished paper, 2020.

Lee, Angela. "Generation Z and Collective Online Communities: On 'Subtle Asian Traits.'" Unpublished paper, 2019.

Lee, Angela. "Tumblr Helped Me Plan My Eating Disorder. Then It Helped Me Heal." *Pacific Standard*, April 29, 2019. https://psmag. com/ideas/tumblr-helped-me-plan-my-eating-disorder-then-it-helped-me-heal.

Lenhart, Amanda, and Mary Madden. *Teen Content Creators and Consumers.* Washington, DC: Pew Research Center, 2005.

Lesthaeghe, Ron. "The Unfolding Story of the Second Demographic Transition." *Population and Development Review* 36, no. 2(2010): 211-251쪽.

Levin, Dan. "Young Voters Keep Moving to the Left on Social Issues, Republicans Included." *New York Times*, January 23, 2019. https:// www.nytimes.com/2019/01/23/us/gop-liberal-america-millennials.html/.

Levine, Madeline. *Ready or Not: Preparing Our Kids to Thrive in an Uncertain and Rapidly Changing World.* San Francisco: Harper, 2020.

Lin, Kat. "The Story of the Subtle Asian Traits Facebook Group." *New Yorker*, December 22, 2018. https://www.newyorker.com/culture/ culture-desk/the-story-of-the-subtle-asian-traits-facebook-group.

Livingstone, Sonia, and Alicia Blum-Ross. *Parenting for a Digital Future: How Hopes and Fears about Technology Shape Our Children's Lives*. New York: Oxford University Press, 2020.

Lorenz, Taylor. "The Political Pundits of TikTok." *New York Times*, February 27, 2020. https://www.nytimes.com/2020/02/27/style/tiktok-politics-bernie-trump.html/.

Lukianoff, Greg, and Jonathan Haidt. *The Coddling of the American Mind: How Good Intentions and Bad Ideas are Setting Up a Generation for Failure*. London: Penguin, 2018.

Luthar, Suniya S., and Shawn J. Latendresse. "Children of the Affluent: Challenges to Well-Being." *American Psychological Science* 14, no. 1(2005): 49-53쪽.

Lythcott-Haims, Julie. *How to Raise an Adult: Break Free of the Overparenting Trap and Prepare your Kid for Success*. New York: Henry Holt, 2015.

Lythcott-Haims, Julie. "Why Boomers and Gen X'ers Are Wrong to Bash Gen Z." *Pacific Standard*, April 22, 2019. https://psmag.com/ideas/why-boomers-and-gen-xers-are-wrong-to-bash-gen-z.

Macaulay, Rose. *Crewe Train*. London: Virago Press, 1926; repr. 2000.

Madge, Nicola, Peter J. Hemming, and Kevin Stenson. *Youth on Religion: The Development, Negotiation and Impact of Faith and Non-Faith Identity*. London: Routledge, 2013.

Maffesoli, Michel. *Time of the Tribes: The Decline of Individualism in Mass Society*. London: Sage, 1996.

Malik, Nesrine. "Interview Olivette Otele," *Guardian*, October 16, 2020. https://www.theguardian.com/books/2020/oct/16/olivette-otele-discussions-of-cancel-culture-are-very-middle-class-activists-just-survive-and-support-each-other.

Manning, Christel J. *Losing Our Religion. How Unaffiliated Parents Are Raising Their Children*. New York: New York University Press, 2016.

Manning, Christel J. "Gen Z Is the Least Religious Generation. Here's Why That Could Be a Good Thing." *Pacific Standard*, May 6, 2019. https://psmag.com/ideas/gen-z-is-the-least-religious-generation-heres-why-that-could-be-a-good-thing.

Markus, Hazel Rose, and Paula M. L. Moya, eds. *Doing Race: 21 Essays for the 21st Century*. New York: W. W. Norton & Co., 2010.

Markus, Hazel Rose, and Alana Conner. *Clash!: How to Thrive in a Multicultural World*. New York: Plume, 2014.

McCulloch, Gretchen. *Because Internet*. New York: Riverhead Books, 2019.

McGonigal, Jane. *Reality Is Broken: Why Games Make Us Better and How They Can Change the World*. London: Vintage, 2012.

McLaughlin, Erin. " 'On Fleek' Inventor Kayla Newman AKA Peaches Monroe on Her Beauty Line." *Teen Vogue*, March 9, 2017.

Miller, Claire Cain, and Sanam Yar. "Young People Are Going to Save Us All from Office Life." *New York Times*, September 17, 2019. https://www.nytimes.com/2019/09/17/style/generation-z-millennials-work-life-balance.html.

Milroy, Lesley, and Matthew Gordon. *Sociolinguistics: Method and Interpretation*. Oxford: Blackwell, 2003.

Mol, Hans. *Identity and the Sacred: A Sketch for a New Social-Scientific Theory of Religion*. New York: The Free Press, 1977.

Moskowitz-Sweet, Gloria, and Erica Pelavin. "Gen Z's Message to Parents—'Put Your Phone Down.'" *Pacific Standard*, April 22, 2019. https://psmag.com/ideas/put-down-the-phone-andreconnect-with-your-child.

Nagel, Angela. *Kill All Normies: The Online Culture Wars from 4chan and Tumblr to Trump and the Alt-Right.* Winchester, UK: Zero Books, 2017.

Noble, Safiya. *Algorithms of Oppression: How Search Engines Reinforce Racism.* New York: New York University Press, 2018.

Ogilvie, Sarah, ed. "Tree Speak: Words of Stanford Dictionary." Stanford University, 2017. https://words.stanford.edu/.

Ogilvie, Sarah, and Dave Martin. "Oxford English Dictionary: Building Dictionaries with Crowdsourcing." Podcast recorded January 2019. https://www.youtube.com/watch?v=ZmoyLCftpAs.

Ogilvie, Sarah, ed. "iGen Corpus." Electronic resource accessed October 2020. https://igencorpus.ling-phil.ox.ac.uk/.

O'Neil, Cathy. *Weapons of Math Destruction: How Big Data Increases Inequality and Threatens Democracy.* New York: Broadway Books, 2017.

Orben, Amy, and Andrew K. Przybylski. "The Association between Adolescent Well-Being and Digital Technology." *Nature Human Behaviour* 3(January 14, 2019): 173-182쪽.

Painter, Nell Irvin. *The History of White People.* New York: W. W. Norton & Co., 2010.

Palfrey, John, and Urs Gasser. *Born Digital.* New York: Basic Books, 2016.

Parker, Kim, Nikki Graf, and Ruth Igielnik. "Generation Z Looks a Lot Like Millennials on Key Social and Political Issues." Pew Research Center. http://www.pewsocialtrends.org/2019/01/17/generation-z-looks-a-lot-like-millennials-on-key-social-and-political-issues/.

Pendleton-Jullian, Ann M., and John Seely Brown. *Design Unbound:*

*Designing for Emergence in a White Water World.* Cambridge, MA: MIT Press, 2018.

Perrin, Andrew, and Monica Anderson. "Share of U.S. Adults Using Social Media, Including Facebook, Is Mostly Unchanged since 2018." Pew Research Center. https://www.pewresearch.org/fact-tank/2019/04/10/share-of-u-s-adults-using-social-media-including-facebook-is-mostly-unchanged-since-2018.

Pew Research Center. "The Age Gap in Religion around the World." June 13, 2018. https://www.pewforum.org/2018/06/13/the-age-gap-in-religion-around-the-world/.

Pew Research Center. "The American Family Today." December 17, 2015. https://www.pewsocialtrends.org/2015/12/17/1-the-american-family-today/.

Pink, Sophia. " 'Stagnancy Is Scarier Than Change': What I Learned from My Road Trip in Search of Gen Z." *Pacific Standard*, April 8, 2019. https://psmag.com/ideas/road-tripping-to-understand-gen-z.

Przybylski, Andrew K., and Netta Weinstein. "A Large-Scale Test of the Goldilocks Hypothesis: Quantifying the Relations between Digital- Screen Use and the Mental Well-Being of Adolescents." *Psychological Science* 28(January 13, 2017): 204-215쪽.

Putnam, Robert. *Bowling Alone.* New York: Simon & Schuster, 2001.

Putnam, Robert, with Shaylyn Romney Garrett. *The Upswing: How America Came Together a Century Ago and How We Can Do It Again.* New York: Simon and Schuster, 2020.

Quealy, Kevin, and Claire Cain Miller. "Young Adulthood in America: Children Are Grown, but Parenting Doesn't Stop." *New York Times*, March 13, 2019.

Radesky, Jenny. "What Happens When We Turn to Smartphones to Escape Our Kids?" *Pacific Standard*, April 22, 2019. https://psmag.com/ideas/what-happens-when-parents-cant-put-their-phones-down.

Reeves, B., N. Ram, T. N. Robinson, J. J. Cummings, L. Giles, J. Pan, A. Chiatti, M. J. Cho, K. Roehrick, X. Yang, A. Gagneja, M. Brinberg, D. Muise, Y. Lu, M. Luo, A. Fitzgerald, and L. Yeykelis. "Screenomics: A Framework to Capture and Analyze Personal Life Experiences and the Ways That Technology Shapes Them." *Human-Computer Interaction* 36, no. 2(2021): 150-201쪽.

Romano, Aja. "Harry Potter and the Author Who Failed Us," *Vox*, June 11, 2020. https://www.vox.com/culture/21285396/jk-rowling-transphobic-backlash-harry-potter.

Roof, Wade Clark. *Spiritual Marketplace. Baby Boomers and the Remaking of American Religion*. Princeton, NJ: Princeton University Press, 1999.

Rooney, Ben. "Women and Children First: Technology and Moral Panic." *Wall Street Journal*, July 11, 2011. https://blogs.wsj.com/tech-europe/2011/07/11/women-and-children-first-technology-and-moral-panic/.

Rusbridger, Alan. *Breaking News. The Remaking of Journalism and Why It Matters Now*. Edinburgh: Canongate, 2018.

Russett, Cynthia. *Sexual Science: The Victorian Construction of Womanhood*. Cambridge, MA: Harvard University Press, 1991.

Sandhu, Rajdeep. "Should BAME Be Ditched as a Term for Black, Asian and Minority Ethnic People?" *BBC News*, May 27, 2018. https://www.bbc.co.uk/news/uk-politics-43831279.

Schulman, Michael. "The Force Is with Them." *New Yorker*, September

16, 2019.

Scott-Baumann, Alison, Mathew Guest, Shuruq Naguib, Sariya Cheruvallil-Contractor, and Aisha Phoenix. *Islam on Campus: Contested Identities and the Cultures of Higher Education in Britain.* Oxford: Oxford University Press, 2020.

Sepetys, Kristina. "Have Headphones Made Gen Z More Insular?" *Pacific Standard*, April 29, 2019. https://psmag.com/ideas/have-headphones-made-gen-z-more-insular.

Serrano, Juan Carlos Medina, Orestis Papakyriakopoulos, and Simon Hegelich. "Dancing to the Partisan Beat: A First Analysis of Political Communication on TikTok." *Southampton '20: 12th ACM Conference on Web Science*, July 7-10, 2020. https://arxiv.org/pdf/2004.05478.pdf.

Snook, Jennifer. *American Heathens: The Politics of Identity in a Pagan Religious Movement.* Philadelphia: Temple University Press, 2015.

Sun, Tiger. "Duck Syndrome and a Culture of Misery." *Stanford Daily*, January 31, 2018.

Svriuga, Susan "Georgetown Students Vote in Favor of Reparations for Enslaved People." *Washington Post*, April 12, 2019. https://www.washingtonpost.com/education/2019/04/12/georgetown-students-vote-favor-reparations-slaves/.

Tagliamonte, S. *Teen Talk: the Language of Adolescents.* Cambridge: Cambridge University Press, 2016.

Taylor, Brandon. *Real Life.* New York: Riverhead Books, 2020.

Taylor, Charles. *Sources of the Self: The Making of Modern Identity.* Cambridge, MA: Cambridge University Press, 1989.

Taylor, Charles. *The Ethic of Authenticity.* Cambridge, MA: Harvard University Press, 2002.

ter Kuile, Casper. *The Power of Ritual: Turning Everyday Activities into Soulful Practices*. London: William Collins, 2020.

ter Kuile, Casper, and Angie Thurston. "Something More." Sacred Design Lab, 2019. https://sacred.design/wp-content/uploads/2019/10/SomethingMore_F_Digital_Update.pdf.

Terriquez, Veronica, Tizoc Brenes, and Abdiel Lopez. "Intersectionality as a Multipurpose Collective Action Frame: The Case of the Undocumented Youth Movement." *Ethnicities* 18, no. 2(2018): 260-276쪽.

Terriquez, Veronica, and May Lin. "Yesterday They Marched, Today They Mobilized the Vote: A Developmental Model for Civic Leadership among the Children of Immigrants." *Journal of Ethnic and Migration Studies* 46, no. 4(2019): 747-769쪽.

Thompson, Becky, and Sangeeta Tyagi, eds. *Names We Call Home: Autobiography of Racial Identity*. New York: Routledge, 1996.

Thurston, Angie, and Casper ter Kuile. "How We Gather." Sacred Design Lab, 2019. https://sacred.design/wp-content/uploads/2019/10/How_We_Gather_Digital_4.11.17.pdf.

Trappelides, Thanos, Aqsa Ahmed, Tamara Krivskaya, Anca Usurelu, Jabeel Mahmoud. "Issues of Belonging in the iGeneration." Unpublished manuscript, Richardson Institute, Lancaster University, 2019.

Trilling, Lionel. *Sincerity and Authenticity*. Cambridge, MA: Harvard University Press, 1972.

Trotter, David. *Literature in the First Media Age: Britain between the Wars*. Cambridge, MA: Harvard University Press, 2013.

Turkle, Sherry. *Alone Together*. New York: Basic Books, 2011.

Turkle, Sherry. *Reclaiming Conversation: The Power of Talk in A Digital*

*Age*. London: Penguin, 2015.

Turner, Fred. *From Counterculture to Cyberculture: Stewart Brand, the Whole Earth Network, and the Rise of Digital Utopianism*. Chicago: University of Chicago Press, 2006.

Twenge, Jean. *Generation Me*. New York: Atria, 2014.

Twenge, Jean. *iGen: Why Today's Super-Connected Kids Are Growing Up Less Rebellious, More Tolerant, Less Happy—and Completely Unprepared for Adulthood—and What That Means for the Rest of Us*. New York: Atria Books, 2017.

"Under the Hood: TikTok's Rampant Growth Strikes Wrong Note." *FTWeekend*, July 25/26, 2020, 14.

US Social Security Administration. "Retirement & Survivors Benefits: Life Expectancy Calculator." https://www.ssa.gov/cgi-bin/longevity.cgi.

Wade, Lisa. *American Hookup: The New Culture of Sex on Campus*. New York: W. W. Norton & Co., 2017.

Wagner, Tony. *Creating Innovators*. New York: Scribner, 2012.

Ware, Vron. *Beyond the Pale: White Women, Racism and History*. London: Verso, 1992.

Ware, Vron. *Out of Whiteness: Color, Politics, and Culture*. Chicago: University of Chicago Press, 2002.

Warzel, Charlie. "Gen Z Will Not Save Us." *New York Times*, June 22, 2020. https://www.nytimes.com/2020/06/22/opinion/trump-protest-gen-z.html/.

Watkins, S. Craig. *The Young and the Digital: What the Migration to Social-Network Sites, Games, and Anytime, Anywhere Media Means for Our Future*. Boston: Beacon Press, 2009.

Web MD. "Pro Anorexia Sites: The Thin Web Line." Accessed April

28, 2019. https://www.webmd.com/mental-health/eating-disorders/anorexia-nervosa/features/pro-anorexia-web-sites-thin-web-line.

White, Ethan Doyle. "Northern Gods for Northern Folk: Racial Identity and Right-Wing Ideology among Britain's Folkish Heathens." *Journal of Religion in Europe* 10, no. 3(2017): 241-273쪽.

Wilkerson, Isabel. *Caste: The Lies That Divide Us*. London: Allen Lane, 2020.

Williams, Patricia J. *The Alchemy of Race and Rights: Diary of a Law Professor*. Cambridge, MA: Harvard University Press, 1991.

Wineburg, Sam, Sarah McGrew, Joel Breakstone, and Teresa Ortega. "Evaluating Information: The Cornerstone of Civic Online Reasoning.'" Stanford Digital Repository, 2016. https://purl.stanford.edu/fv751yt5934.

Wolf, Maryanne. *Reader, Come Home: The Reading Brain in a Digital World*. New York: HarperCollins, 2018.

Woodhead, Linda. "The Rise of 'No Religion' in Britain: The Emergence of a New Cultural Majority." *Journal of the British Academy* 4(2016): 245-261쪽.

Woodhead, Linda. "The Rise of 'No Religion': Towards an Explanation." *Sociology of Religion* 78, no. 3(Autumn 2017): 247-262쪽.

Wu, Nicholas, and Karen Yuan. "The Meme-ification of Asianness." *Atlantic*, December 27, 2018. https://www.theatlantic.com/technology/archive/2018/12/the-asian-identity-according-to-subtle-asian-traits /579037.

Wuthnow, Robert. *Sharing the Journey. Support Groups and America's New Quest for Community*. New York: The Free Press, 1994.

Zheng, Lily. "When Ducks Drown: Shifting Paradigms of Mental

Health." *Stanford Daily*, February 1, 2016.

Zuckerman, Ethan. *Digital Cosmopolitans: Why We Think the Internet
Connects Us, Why It Doesn't, and How to Rewire It.* New York: W. W.
Norton & Co., 2014.

# GEN Z

**디지털 네이티브의 등장**

**1판 1쇄**  2023년  1월  2일
**1판 2쇄**  2023년  2월  1일

**지은이** 로버타 카츠, 세라 오길비, 제인 쇼, 린다 우드헤드 ▪ **옮긴이** 송예슬
**책임편집** 김수현 ▪ **편집** 임혜원 박영신
**디자인** 김하얀 ▪ **저작권** 박지영 형소진 이영은 김하림
**마케팅** 정민호 이숙재 박치우 한민아 이민경 안남영 왕지경 김수현 정경주 김혜원
**브랜딩** 함유지 함근아 김희숙 고보미 박민재 박진희 정승민
**제작** 강신은 김동욱 임현식 ▪ **제작처** 한영문화사

**펴낸곳** (주)문학동네 ▪ **펴낸이** 김소영
**출판등록** 1993년 10월 22일 제2003-000045호
**주소** 10881 경기도 파주시 회동길 210
**전자우편** editor@munhak.com ▪ **대표전화** 031)955-8888 ▪ **팩스** 031)955-8855
**문의전화** 031)955-2689(마케팅) 031-955-8868(편집)
**문학동네 카페** http://cafe.naver.com/mhdn
**인스타그램** @munhakdongne ▪ **트위터** @munhakdongne
**북클럽문학동네** http://bookclubmunhak.com
**ISBN** 978-89-546-9046-1 03300

* 잘못된 책은 구입하신 서점에서 교환해드립니다.
  기타 교환 문의: 031)955-2661, 3580

www.munhak.com